U0129269

共舞身心靈

—— 身、心、靈三個層面工作的
理論、意義、應用、與技術

鄭錠堅著

文史哲學集成
文史哲出版社印行

國家圖書館出版品預行編目資料

共舞身心靈：身、心、靈三個層面工作的
理論、意義、應用、與技術 / 鄭錠堅著. --
初版 -- 臺北市：文史哲,民 104.02
　　頁；　公分（文史哲學集成；673）
　　ISBN 978-986-314-247-8（平裝）

1.靈修

192.1　　　　　　　　　　　104002212

文史哲學集成　673

共 舞 身 心 靈

── 身、心、靈三個層面工作的
理論、意義、應用、與技術

著　　　者：鄭　　　錠　　　堅
出 版 者：文　史　哲　出　版　社
　　　　　http://www.lapen.com.tw
　　　　　e-mail:lapen@ms74.hinet.net
登記證字號：行政院新聞局版臺業字五三三七號
發 行 人：彭　　　正　　　雄
發 行 所：文　史　哲　出　版　社
印 刷 者：文　史　哲　出　版　社
臺北市羅斯福路一段七十二巷四號
　　　　郵政劃撥帳號：一六一八○一七五
　　　　電話886-2-23511028・傳真886-2-23965656

實價新臺幣四八○元

中華民國一○四年（2015）二月初版

導言：活出完整的生命光譜

　　修行大師奧修曾經說過：人是一道彩虹，他擁有所有的顏色，擁有許多層面與許多向度，人的存在是一種偉大的複合體。而修行者的目的就是要走向這複合體的和諧境界，活出完整的生命光譜。

　　奧修所說的「彩虹」，原本是隱喻人體的七個脈輪及相應的「七個身體」，但這七輪七體如果進一步歸納，不管從任何的角度來看，都不超出身、心、靈三個層面的工作範疇。是的！共舞身心靈，活出完整的生命光譜。

　　即便分開來說，身、心、靈三個層面的工作，也各自具有意義豐盈的大千世界。

　　身體不只是身體，不要小看我們自己的身體。奧修說身體是可見的靈魂，靈魂是不可見的身體。而從歷史文化的角度來說，不管東方或西方，身體工作都有著悠久深邃的修行傳統。從身體工作自己，從身體工作進入真理世界，身體便是一個「神器」、是一座「聖殿」。

　　至於心，則是現實人生與人類所有行為的「根」與「源」。人，其實是觀念的動物；人會有怎麼樣的作為，其實都是因為他的內心具備了怎麼樣的觀念。觀念指導行

爲。所以一切正確健康的生存狀態及一切偏差錯亂的生存模式，其實都源自於內心正確或錯亂的指令；心，是人生的總舵。那麼，心的治療便變得是一件很重要的工作，從內心工作自己，因爲只有「核心」擺正了，一切的生活與行爲才不會錯位及脫序。

靈性更是生命道路的「祕密花園」。它是始點，也是終點；是生命的本質，也是終極的追求；它是「巖上無心雲相逐」，也是「未到家時路覺遙」；它是「一朝風月」，也是「萬古長空」。靈性，是一個怎麼說也無法說清楚卻引得無數英雄競折腰的不可思議世界。

而這三個層面是一個整體的關係。

身、心、靈是三而一、一而三的整體關係。

所以「生命」的定義就是：身、心、靈一體、和諧的生存狀態。

所以，分說，是身、心、靈；合說，就是一體性的生命。

「身心靈」，就是生命。

而本書就是一本討論如何達成這「生命的一體性」的具體法門及實踐功夫的「技術手冊」。至於對筆者來說，這是一本集大成的論著，因爲書中內容幾乎含概了筆者這些年所學習過的重要修行知識。

筆者從二十三歲開始決定走上「學道」的人生方向，多年來，一直未改初衷（靈的方向）；後來花了頗多的年月學習、整理了十數個「自我了解」及「生命治療」的工

具，成了日後筆者自助助人的利器良兵（心的治療）；直到最近七、八年，更密集的做了許許多多的身體工作——靈性舞蹈、靜心、放鬆練習、動氣功、瑜珈、跑步禪、運動禪——才開始修補多年來因爲過度勞心及懶惰而失去能量的身體，所以「運動中心」是個人最晚才開發的生命機制（身的工作）。而這些年月的經驗，其中相當重要的一部分就記載在《共舞身心靈》的內容之中。所以本書可說是筆者這些年的遭遇與實踐、思考與修行的整合意見。

接下來，我們嘗試從幾個不同的視野去分析本書的內容，目的是爲了方便讀者能夠更靈活、具體的使「用」這本「靈修技術手冊」。寫作本書，筆者最希望能夠做到的，是對讀者來說，這是一本可「用」、實「用」、有「用」的工具書。《共舞身心靈》不是一本單純的理論性的書，筆者更希望它具備很強的工具性格，因此一直強調它的實「用」價值——能夠對不同修行背景、經驗、門戶、根器的讀者，都有所幫助與啓發，都能夠「用」上它。所以筆者建議：閱讀本書，如果喜歡從頭到尾一章一章的讀，當然很好；但也可以更自由的閱讀，選擇參考下面三個分析表，然後去挑選自己喜歡的章節，跳著讀，也無不可。因爲修行的路徑是寬廣的，每個眾生的因緣是不同的，從不同的管道入手，都有可能是最佳的方便法門。法，基本上沒有「好與不好」的問題，只有「適合或不適合」的差別。總之，希望你能夠更自由、享受的閱讀、使用這本技術手冊及心得報告。

好了！我們開始從不同角度去分析本書的內容，希望提供讀者更靈活的閱讀自由。

首先，在時間的跨度上，本書內容兼具古典的學說與現代的知識。

接著，在學派的向度上，本書的內容與精神同時吸收了孔老、儒佛、中外、東西、等不同修行傳統的靈魂與血液。但書中所討論的某些個別功夫與理論，卻超越了單一文化傳統的範圍。

如果從學術屬性及定位去分析，本書固然有純粹學理的說明（體），但更多的篇幅是用在修行功夫與具體技術的討論上（用）。

那麼，下文的第一個表，先從「傳統教派」的角度去分析、整理：

傳統教派	本書的相關內容	相關章節
儒家的傳統	《易經》	第十章第 1 節
道家的傳統	《老子》	第十章第 2 節
佛家的傳統	「四聖諦」 「七支坐法」	第十章第 1 節 第十一章附 1
奧修的傳統	禪坐心法 各種靜心技術 靈性舞蹈	第十一章第 1 節 第十一章第 2 節 第十一章附 2
第四道的傳統	「四個身體」理論 「七個中心」理論	第五章 第六章
其他	「身體語言學」的自我了解技術	第九章第 1 節

上表所列舉的儒、道、佛、奧修、第四道等五個生命傳統，是筆者學習最深及本書使用最多的五個知識、文化、與真理系統。至於在書中，這五個偉大傳統的內容所隸屬

的章節，只是從個別的觀念、功夫的角度加以整理，也是為了方便讀者容易檢閱；其實像儒、道、奧修、第四道的內涵及精神，是幾乎遍佈全書所有的章節的。

　　而且正如上文所說的，書中有些個別的修行觀念及功夫的內涵與重要性，是超越教派的藩籬的；所以第二個表，即從「修行觀念及功夫」的角度去分析本書的內容。在表中，基本上是把「道、原理、體」的修行觀念與「術、功夫、用」的修行功夫二分，以方便讀者使用與檢索：

學術定位	本書談及的修行觀念及功夫	相關章節
道、原理、體	身心靈工作的「一體性」及「分別相」	第三章、第四章 第六章附表
術、功夫、用	能量「節約」與能量「食物」的觀念	第七章、第八章
術、功夫、用	跑步禪、放鬆練習	第九章第2、3節
術、功夫、用	痛苦智慧	第十章第1節
術、功夫、用	八不律	第十章第2節
道、原理、體 術、功夫、用	心靈經驗、頭腦作用、緩衝器、及覺知在當下的觀念及功夫	第十二章

　　從上表所列舉的觀念及功夫中，可以看出整理「道、原理、體」的篇幅只佔少數，而大部分的文字都集中在「術、功夫、用」的討論上；這就是筆者一再強調《共舞身心靈》是一本可以拿來「用」的書。讀者可以自行閱讀有感興趣的部份。最後，我們也把全書十二章的內容摘要成第三個表，作為進入正文之前最終一回的巡禮與導覽：

第壹章	這一章是基本問題的說明。
第貳章	這一章是合說。先談「整體」。 說明身、心、靈的「一體性」── 身心靈合一的基本生命原理。
第參章	這一章是分說。再談「局部」。 討論身、心、靈的「分別相」── 分別介紹身體工作、情感工作、靈性工作及鬆、靜、空等等的身、心、靈面面觀。
第肆章	本章談論身、心、靈工作的工作目標之一 ── 第四道的「四個身體」的靈性成長理論。 所謂「四個身體」，是指肉體、靈體、智體、因果體。
第伍章	本章談論身、心、靈工作的另一個工作目標 ── 第四道的「七個中心」的說法。 所謂「七個中心」，分別是本能中心、性中心、運動中心、情感中心、理智中心、高等情感中心、及高等理智中心。
第陸章	第七章說明基礎工作之一，分別介紹如何從身、心、靈三個層面去「節約」生命能源。
第柒章	第八章說明基礎工作之二，介紹「節約」之後，如何攝取能量「食物」的技法。
第捌章	本章開始談身體工作（身）的具體技術 ── 跑步禪及放鬆練習。 跑步禪是「動功」，放鬆練習是「靜功」。
第玖章	本章開始談內心工作（心）的治療技術 ── 痛苦智慧及八不律。 痛苦智慧是「診斷系統」，八不律是「治療系統」。
第拾章	本章開始談靈性工作（心）的實修技法 ── 禪坐心法、七支坐法及靜心技術、靈性舞蹈。 禪坐心法、七支坐法是佛門常課，靜心技術、靈性舞蹈是奧修技巧。
第拾壹章	最後一章談論身、心、靈工作可能達至的生命境界，從正、反兩方面談論關於心靈經驗、頭腦作用、緩衝器、及覺知在當下種種的靈修問題。

　　那麼，你選定好怎麼樣的閱讀方式了嗎？你準備好怎麼樣的跳舞方法了嗎？你準備好怎麼樣的舞步去與身心靈一體的生命場域翩躚起舞呢？你又將舞動出怎麼樣絢爛璀璨的生命光譜呢？好了，別多想，共舞身心靈，來跳舞罷！

共舞身心靈

── 身、心、靈三個層面工作的理論、意義、應用、與技術

目　　次

壹、研究方法暨基本名言

一、撰寫方法說明

首先要說明撰寫本書研究方法、方向與態度。

這是一篇談到修行、靈修、生命治療種種觀念的文章，重點在提出筆者個人淺薄的實修經驗，以供同修的參考；所以內容雖有引用前輩的意見，但目的不僅在客觀學術資料的研究與分析，所以在方法的使用上：不固守西方客觀論證、解析分類的研究路線，而隨時兼採東方實修體證、經驗分享的討論方式。愈能兼顧學問系統的客觀化與主體性，就愈有可能迫近修行世界的整體性奧祕。因此本文旨在同時提出主觀理念與整理客觀知識。

另外，修行除了有「共法」，還有「個性」，心靈成長與修行功夫畢竟是非常個人化的事情；所以本文在主題的討論上，有時不免會碰觸到修行功夫的複雜內容與獨特狀態。

二、基本名言分析

本書內容討論到「修行」、「靈修」、「生命治療」、「生命成長」等等核心名言的基本觀念。

　　先說「修」字。許慎《說文解字》：「修，飾也。」段玉裁則注說：「飾，即今之拭字。拂拭之，則發其光采。」所以從文字本身的角度，「修」即有去除塵垢、修正錯誤，還原生命本質與潛能的含義。

　　接著，所謂「修行」，即修正行為。行為需要修正，必然是發生了錯誤或偏差；而行為長期的錯誤或偏差，便會讓身、心產生疾病或傷害，因此需要治療及修正。所以「修行」此一基本名言，本身即含有生命治療的意義。在古老的《論語》的〈憲問篇〉曾提到：「修己以敬」、「修己以安人」、「修己以安百姓」；修己，即修正自己的行為，所以儒家思想也含藏了修行與生命治療的生命種子。順便提及一個相關的觀念：「修己」意義接近內聖，而「安人、安百姓」意義接近外王；內聖外王是中國文化理想所在，是古代學術的總綱[1]；由此可見，修行之道與中國文化思想核心的內聖外王之道，有著生命意義上非常緊密的關聯。

　　至於「靈修」，靈魂或靈性的修正。這是更接近本體意義或第一義的說法。因為靈魂、靈性、佛性、或生命本體被遮蔽，讓身、心遭受扭曲、傷害而需要修正，這是更深層意義的生命治療了。

　　跟著說「生命成長」，不管是內在品格或外在能力的成長，都必須在健康的生命基礎上才能抽枝發芽。健康的

---

1 見韋政通《中國哲學辭典》頁 188。（大林出版社，民 72 年 7 月五版。）

心靈，健康的身體，才會有健康的人生及成長，這是簡明而必然的因果關係。所以生命成長必須建基在「生命治療」工作的成效上。所以生命治療是必須築構的基礎，也是趨向靈性的道路。那麼，所謂「生命治療」的具體內容為何？這正是本論文所要討論的問題。生命治療，可以分為三個層面的工作，三管齊下，即是身、心、靈三個方向的治療與修行。

貳、身、心、靈的一體性

　　一般談到修行或靈修，雖然法門萬千，但未必能夠即時想起具體的方法及內容，好作為實修的依據。所以本書旨在確立修行、靈修、生命治療清晰，簡明、具體的工作方向，好讓不同教派、門戶的修行者一想到修行、靈修、生命治療這些基本名言，便能夠出現明確的工作內容及觀念。

　　首先定義的，所謂修行、靈修、生命治療，即包含了身、心、靈三個層面的工作。

　　關於修行，有一項很重要的基本原理：「一體性」或「身心靈的一體性」。原來宇宙萬象是一個整體，身、心、靈是合一的，個體與局部只是頑固的假象。這幾乎是整個東方人文傳統的共同發現。

　　在東方的修行傳統裡，雖然各家各派法門的偏向不同，有的偏重身法，有的偏重心法，有的身心合修；有的不假外求，不立法門，直接透入、安住內心本質的覺醒，從自性上修、從根源上修；有的傾向身體工作，有的傾向情感治療，有的傾向靈性修煉。但不管修行的法門偏重身、心、或靈，本節要說明的，是身、心、靈是整體生命的三個局部，身、心、靈是一而三、三而一的生命工作。因此

同時兼顧身、心、靈三個層面的修行是最究竟、完整的生命治療。在《身心合一》一書中，治療師肯恩‧戴特沃德（Ken Dychtwald）即一再強調身體與心靈的一體性與互動性：

> 肢體正是一個儲存情感和信念的倉庫。[1]
>
> 愈來愈多證據顯示：我們的情感和態度會直接影響姿勢、動作、呼吸和成長……例如……非常緊張沮喪。這樣的心情下，伴隨而來的是腹部不適，也許還有呼吸急促的現象。……經年累月之後，你的腹部和胸部肌肉為了反映這種緊張狀態，在壓力和阻礙下便開始變形。[2]
>
> 心靈轉化為物質和物質轉化為心靈似乎是一種循環回饋系統……[3]
>
> 思想與細胞之間存在著極為直接的相互關係，而且超出你所相信的程度。[4]
>
> 人們長久以來就以一顆「破碎的心」來形容情人分手後的感受，「恰巧」最近的研究也顯示孤獨寂寞和心臟病確實有著密切關係。所以一顆破碎的心可能引發冠狀動脈阻塞，不停的騷擾會使人頭痛欲裂，而過於嚴肅的個性則要當心關節炎……我們的

1　見肯恩‧戴特沃德著，邱溫譯《身心合一 —— 肢體心靈和諧的現代療法》頁 14。（生命潛能，1998 年 9 月初版。）
2　同註 1，頁 23 至 24。
3　同註 1，頁 26。
4　同註 1，頁 27。

身體是一本活生生的自傳。[5]

生命的「一體性」不只包含身、心兩方面，甚至含蓋了靈性的層面。肯恩發明了「肢體心靈」（Bodymind）一詞，意思說肢體本身即擁有心靈，身、心是合一的。肯恩甚至進一步指出「肢體心靈」潛藏了靈性的種子與本質。他說：

愈能了解自己肢體心靈的特性，就會擁有更高的自覺。[6]

肯恩更認為像「心電感應、預知能力、回溯能力、超越空間的洞察力、移情共振」等等的「超感覺」都是

正常肢體心靈中從未發揮的潛能罷了……[7]

在《身心合一》的最後一章，肯恩引用神話學家坎伯的說法──如果能夠成功開發肢體心靈中第七個能量中心（頂輪），就可以達到最高的精神層次，稱為「**三摩地、極樂至福、神性意識、或宇宙意識**」。[8]凡此種種，都是說明身、心、靈三個生命層面的一體性。

我們所擁有的身體，不只是一具身體；我們所進行的種種身體治療，也不只是治療身體而已。那麼，身體不只是身體，身體是甚麼？我還是喜歡用中國人的說法，身體是天授「神器」。此外，肯恩還從「食物、燃料」的角度

---

5 同註 1，前言，頁 X IV。
6 同註 1，頁 21。
7 同註 1，頁 250 至 251。
8 同註 1，頁 268 至 269。

說明身、心、靈一體的關係：

> 肢體心靈會攝取、處理三種基本類型的燃料。第一
> 個層次就是我們吃進體內的物質。……第二個更重要
> 的層次是我們所吸收的資訊。我們攝取了哪些資訊、
> 如何加以吸收、如何加以處理，同樣也會影響我們的
> 生命狀態。肢體心靈營養的第三個層次就是能量、
> 情緒和精神的層次。……這是最重要的層次……[9]

第一種食物是屬於「身」的食物，第二種食物是屬於
「心」的食物，第三種食物是屬於「靈」的食物。由此可
知，我們的生命同時需要身、心、靈的營養、治療、與照
顧。關於「食物理論」的內容，下文會詳細討論。

除了肯恩的看法，關於身、心、靈的一體性，印度修
行大師奧修也曾提出深邃的洞見：

> 你的身體是能量，你的心理是能量，你的靈魂也是
> 能量……差異僅在不同的節奏、不同的波長，如此
> 而已。……如果這三種能量能夠和諧地一起運作，
> 你就是健全的、完整的；如果它們無法和諧運作，
> 你就是生病的、不健全的，你將不再完整。相反的，
> 成為完整就是至善。……幫助你的身體、心理和意
> 識處在一種和諧的節奏，親密無間地舞動，沒有絲
> 毫的衝突……當這三種能量同心協力的運作，「第
> 四的」就會出現，它向來會出現在前三種能量和諧

---

9 同註 1，頁 277。

運作的時候……在東方，我們只是稱它為「第四的」
—— turiya，沒有賦予它任何名稱……領悟「第四的」
就是領悟神，讓我們這樣說：當你是一個抵達高峰
的有機整體時，神就存在……當你違逆自己，變得
支離破碎之時，神就不存在。……完整的一體感就
是神。……整體大於部分的總合，整體透過部分來
呈現……這個部分不是一個神學的問題，不可能由
邏輯的論證得出解答。你必須去感受美……去感受
自己身心靈的舞蹈。[10]

我給靜心的定義是：當身心靈節奏一致地運轉，那
就是靜心，因為那引生了「第四的」。……你的身
體、心理和意識必須是個合作無間的整體。那麼有
一天「第四的」就會出乎意料地降臨，那就是觀照，
或者稱之為神、涅槃、道、隨你怎麼稱呼都行。[11]

　　奧修不但認為身、心、靈是一體的，而且主張身、心、
靈的治療與整合會帶來終極的靈性經驗；但不管稱為道、
涅槃、神性、或終極靈性，都是無法論證、解釋、說明的。
神性的經驗只能參與，無法解釋。這是真理的「不可說明
性」。[12]所以老子說：「道可道，非常道」[13] —— 如果真理

10 見奧修《身心平衡》頁 245 至 248。（生命潛能，2003 年 8 月出版。）
11 同註 10，頁 253。
12 關於真理的「不可說明性」，請參考拙著〈「太極兩儀三才八卦論」
　　的深層思考 —— 中國文化原型的物理詮釋〉頁 34 至 36。（見〈萬竅
　　—— 中華通識學刊〉第一期，中華大學通識教育中心，民國 94 年 5
　　月出版。）

可以說明，就不是恆常不變的真理本身。印度詩哲泰戈爾
也說：

> 缸裡的水是透明的，
>
> 海中的水卻黝黑；
>
> 微小的真理有清晰的言詞，
>
> 偉大的真理卻只有偉大的沉默。[14]

儘管身、心、靈的終極境界是一體、沉默、無法說明
的，但對從事生命治療的道上行者來說，還是得從不同的
生命層面去分途說明與學習。總之，「一體性」原理告訴
我們：不管從身、心、或靈哪一個法門入手，入口的通道
或許有所偏重，但不同的通道總會指向實相真如，從局部
進入整體，不同的局部都有可能帶領我們進入不可言喻的
生命境地。

---

13 見老子《道德經》第一章。
14 見泰戈爾名著《漂鳥集》176 號詩。

參、身、心、靈三個層面
工作的基礎理論

上章「總說」，本章「分說」。

談完「整體」，再談「局部」。

上章處理身心靈的「一體性」，本章討論身心靈的「分別相」；修行除了要有核心意義的整而不分，也需要實踐功夫的分類殊途；一而三，三而一；在這一節，我們開始比較身、心、靈三條不同修行途徑的不同重點。

一、身體工作、情感工作、靈性工作

生命同時需要身、心、靈的營養、治療、與照顧，具體來說，生命治療的法門包括了「身體工作」（Bodywork）、「情感工作」（Emotional work）、與「靈性工作」（Spiritual work）。

身體工作對應於「身」的治療與照顧。包括種種武術、太極拳、導引氣功、瑜珈、按摩、靈性舞蹈等等的放鬆及治療技術。身體工作是非常根本而重要的療程，許多修行人常常忘了身體健康、放鬆、均衡的重要。進一步，奧修

大師曾說：「**身體是可見的靈魂。**」[1]身體的治療及工作有著超出我們理解的精細、深刻、重大的意義與層次，因為身體的工作直達靈魂的國度。但身體工作必須很溫柔、敬重的回應身體的需要，身體工作必須是「溫柔、順從」的，奧修說：「有一個非常基本的了解是：身體隨時準備好傾聽你 —— 可是你從不曾與它說話，不曾與它有任何溝通。你待在身體中、使用它，但卻不曾感謝它。身體服侍你，而且是盡一切智慧在服侍你。自然深知身體比你來得有智慧，因為自然把一切重要的都交給身體，而不是交給你，譬如呼吸、心跳，或者是血液循環、食物的消化作用 —— 你並不擁有這些作用的控制權，否則，事情早被你攪得一團糟。」[2]「一旦你開始與身體溝通，事情將變得非常容易。身體是無法硬來的，你必須說服它……讓舒服成為你的準則。身體是神賜給你的美妙禮物，對抗它就是否定神。身體是一座神龕……我們被珍藏在其中，它是廟宇，我們活在其中，無微不至地照顧它是我們的責任。傾聽身體，順從身體，絕對不要以任何方式壓制身體……一旦你開始了解自己的身體，百分之九十九的痛苦就會消失無蹤……」[3]身體工作是深刻的，身體工作不只是身體工作，因為「深入自己的身體，你會在那個深處發現自己的靈魂，靈魂就

---

1 同見奧修《身心平衡》頁3。（生命潛能，2003年8月出版。）
2 同註1，頁8至9。
3 同註1，頁11至12。

隱藏在身體的深處。」[4]

　　情感工作對應於「心」的治療與照顧。即是從生命外部的治療深入到內部的治療，從以身體爲重心的治療深入到以情感爲重心的治療。包括種種移除、鍵出「痛苦指令」[5]的心理治療及諮商，與種種亂語、混亂呼吸、跑步、震動、有意識的發瘋[6]等等的發洩與治療技術。很多教派忽略了情感治療的重要而直接在靈性上下功夫，因此難有成就。因爲痛苦指令壓制、干擾著正常、健康的身體、品格、智力、與本性，讓明鏡蒙塵、五蘊不空，靈性又如何滋長？還原本來面目呢？一個不健康心靈，是不可能蛻變成真正覺醒的心靈的；同理，一位全然覺醒的佛，正意味著完全健康與正常的心靈狀態。

　　靈性工作對應於「靈」的治療與照顧。包括禪坐、冥想、靜心等等放下妄念、塵想、頭腦作用的法門及技術。身體工作與情感工作最終必然走向靈性的開發；前者是舟筏、橋樑，後者才是真正想要到達的地方；前者是準備，後者才是收割。當然，每個人天賦具足圓滿的靈性、神性、或佛性，靈性本身不用治療，而所謂靈性的治療，意思指清除、放下遮蔽內在靈性的種種妄念塵想、無明習染，這

---

4 同註 1，頁 14。
5 「痛苦指令」是筆者常用的治療學名詞。簡單的說，即指生命早年受外在環境傷害或痛苦事件影響，造成生命內在的盲目指令，指令會壓制著生命的能力與健康，甚至造成行爲上的偏差錯亂。愈早期鍵入的錯誤指令，對生命的傷害愈大。
6 亂語、混亂呼吸等等發洩技術，都是屬於奧修種種不同的「靜心」（Meditation）法門。

一切的妄想習染，奧修總稱爲「頭腦作用」；雖然靈性本自具足，但要學習徹底放下層層障蔽的頭腦作用，當然是一件殊不容易的靈性工作。

　　還有一個觀念有待澄清：前文既稱身、心、靈是整體如一的，那麼將生命治療細分爲身體工作、情感工作、靈性工作，只是因爲每個治療法門的偏重不同而予以分類，其實真正強而有力的法門必然是兼顧身、心、靈三個方面的，從其中之一入手，都能夠進一步深入整體生命的開發與照顧。

二、放鬆、止怨、忘言 — 鬆、靜、空

　　在這一節，我們要點出三種修行工作的主題與重點。

　　原來身心靈雖然一體，但這三方面的治療與修行仍然各有不同的重點與主題 — 不同的通道各有不同的入口。身體工作（身）的主題在「放鬆」，情感工作（心）的主題在「止怨」，靈性工作（靈）的主題在「忘言」。

　　種種身體工作都是爲了達到「放鬆」的效果。我們用一個「鬆」字代表。

　　大部分人的身體都是緊張、硬化的，我們往往擁有一個過分「嚴肅」的身體。《身心合一》一書曾說：

> 生理和情感上的創傷會導致肌肉及筋膜組織緊縮、硬化……肢體的活動將喪失原有的協調與活力……肢體的持續僵硬也會使感情的彈性範圍縮小……一直置身於那種強烈的心境下，或者一再重複那種心

境，那麼就會養成一般所謂的「習慣模式」（habit pattern），而肌肉結構也就固定下來……有些肌肉會縮短變厚……生理上的姿勢便無法改變了……這種定型的生理反應也會造成固定的情感反應模式。由於情感無法在身體內部自由流轉，其流通範圍便日益縮小，以致侷限在封閉的狹小區域內……生活、行動、生存方式都以一成不變的態度回應。[7]

這種受限、封閉、一成不變的生存方式，就是佛家所稱的「我執」罷，上段文字只是從生理的角度解釋「我執」的形成。《身心合一》進一步以身體工作中的「按摩技術」為例，指出通過深度按摩放鬆身體後會出現的效應：

每當胸部肌肉得到舒展時，被遺棄或被忽略的感覺就一再出現；按摩背部上方則會產生強烈的憤怒情緒；按摩下顎會釋出悲傷；按摩臀部釋出性壓抑；至於按摩肩膀則會傾訴無窮盡的負擔和透不過氣的責任。[8]

一具僵硬、緊張的身體固然會讓生存品質下降，不健康的身體往往是生活痛苦的根源；而且不健康的身體代表生命飽含了未曾清除的負面情緒，身體正是內心情緒的倉庫；那麼痛苦的身與心又怎麼可能發展出高度的靈性呢？我們可以這麼說：一具不放鬆的身體同時封鎖住內心與靈

---

7 見肯恩・戴特沃德著，邱溫譯《身心合一 —— 肢體心靈和諧的現代療法》頁 11。（生命潛能，1998 年 9 月初版。）
8 同註 7，頁 14。

性的自由。這樣的說法正是根據「一體性」的生命原理而立論的。

　　總之，身體工作的主要功能在「放鬆」緊張的肌肉、筋骨、關節、臟腑，好讓能量與情感能在人體組織中自由流動。放鬆的身體才是健康的身體，健康的身體才是自由的身體，自由的身體才不會障礙自由的內心與靈性。

　　接著，情感工作是為了達到「止怨」的情緒狀態。我們用一個「靜」字代表。

　　正如前文所說，取消、移除、鍵出過去的痛苦指令，目的在停止怨懟、憎恨、憤怒、恐懼等等的負面情緒，此之謂「止怨」，正是情感工作的主要目標，讓心靈回復平「靜」狀態。如果心靈充斥著過去經驗造成的負面情緒，會被僵化、錯誤的情感反應模式抓牢，而且會產生大量的身心性疾病（所謂身心性疾病，簡單的說：心靈的紊亂使身體產生了疾病。據研究約百份之七十的內科疾病都屬於身心性疾病的範圍）；如果說心靈是人類生命機制的核心與樞紐，那麼負面情緒、痛苦指令便是破壞、干擾這核心與樞紐的首惡。因此「止怨」便是清除負面情緒與痛苦指令的工作。一個沒有負面情緒與痛苦指令的心靈是安「靜」的，健康的心靈不需要「說話」，只有神經錯亂的心靈才會喋喋不休。[9]

　　最後，靈性工作最主要是幫助修行者進入「忘言」的

---

9 關於身心性疾病與痛苦指令等問題，可參考美國修行大師 L・羅恩・賀伯特的名著《戴尼提 ── 現代心靈健康科學》一書。（快樂出版，2001 年 8 月二版。）

境界。我們用一個「空」字代表。

　　前文說過，靈性是不需要治療的，所謂靈性治療意謂去除包圍、蔽障靈性的習染，一切的習染奧修統稱為「頭腦的作用」。用「忘言」一詞代表停止頭腦的作用是準確的，因為頭腦作用最主要的表達方式就是「語言」。讓頭腦停止說話，「空」出一個無障礙空間，飽滿的靈性便會自然的浮現與閃耀。這就是種種靈性工作的共同目標。

　　關於頭腦的作用，奧修師父有太多精闢的話語，聊舉數例：

> 如果你聽頭腦的話，永遠也不會滿足；如果你不聽頭腦的話，此刻就滿足了。……頭腦永遠都會保持悲慘的狀態，想要得更多，這個慾望是永無止盡的。[10]
> 頭腦就是你一切緊張、焦慮、擔憂的來源。它無法平靜……這就是數千年來東方在靈性上的實驗之精髓所在：頭腦或平靜，選擇權在你手上。平靜是非常普通、平凡、簡單的現象……但是頭腦不斷的在旁邊給予評論：「一定還有更好的。別停下來，繼續追尋。」你必須對頭腦說：「閉嘴！」……說你對這種「還要更多、更多……」的胡言亂語沒有興趣。……頭腦想要更多更多，卻變得愈來愈擔憂。沒有頭腦的話，你便活在平靜之中，在愛之中，在寧靜之中。當你過著這樣的生活，它就會變得愈來

---

10 見奧修《奧修說自我──從幻象中解脫》頁 98。（布波出版，民國　93 年 7 月初版。）

愈多，愈來愈深。[11]

生命的目的不是被奴役，而是要品嚐自由。像真理這樣的東西的確存在，但是你用頭腦將永遠無法認識它，因為這個頭腦充滿了被重複好幾世紀的謊言。當你完全把頭腦放在一邊，你就可以找到真理，以新鮮的眼光來看存在，就像新生的小孩一樣……你和存在深深地和諧一致的片刻就會來臨……[12]

頭腦是生命中最有意義的東西之一，但只有在它是僕人的時候，當主人的時候則否。你的頭腦一旦成為主人，問題就來了……我並不是要去摧毀你的頭腦，它是存在中進化最高的東西之一。我的意思是：「要小心不要讓僕人變成主人。」記住：第一個出現是你的存在，其次是你的心，第三才是你的頭腦……頭腦是邏輯……它非常有用……你應該使用它，而不是被它使用，這差別很大。[13]

要給頭腦安上一個開關是有可能的，讓你在不需要它的時候就可以把它關掉。它會在兩方面有所助益：帶給你以前從不知道的平靜、寧靜……因為頭腦一直在喋喋不休所以是不可能的，它一直都讓你很忙碌。其次，它可以讓你的頭腦休息……它就更有能力以更有效率、更聰明的方法把事情做好……

---

11 同註 10，頁 101。
12 同註 10，頁 110 至 111。
13 同註 10，頁 102。

頭腦和存在 —— 都得到益處，你只需要學習如何讓
頭腦停止運作，如何對它說：「夠了，現在去睡覺
罷。我醒著，別擔心。」需要頭腦的時候才使用它，
那它就會很新鮮、很年輕、充滿能量和活水……頭
腦因為休息過了而充滿力量，它使用的每一個字都
燒著熊熊烈火……[14]

　　閱讀完奧修的意見，應對空、忘言、停止頭腦作用有
了更深刻的了解。其實從人腦科學的角度，也可以找到忘
言、停止頭腦作用的理論根據。

　　人腦分由左腦與右腦組成，而左、右腦分別負責不同
的功能。左腦稱為語言腦、理性腦，科學腦，或意識腦；
右腦稱為圖像腦、感性腦、藝術腦、或無意識腦；左、右
腦中間由腦樑連接，整合生命的一體性機能，如下圖：

圖1：左、右腦功能圖[15]

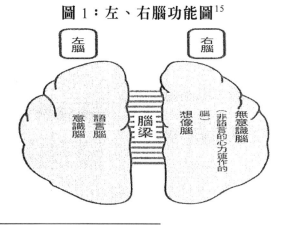

---

14 同註 10，頁 93。
15 見七田真著、盧兆麟譯《右腦智力革命》頁 35。（創意力文化，1997
　　年 8 月初版。）

據研究，人類生命真正的潛力是在右腦：

> 右腦可說是無意識的心……表現右腦最恰當的是
> 「非語言的心」……人的才能及創造力的真正機制
> （Mechanism），事實上不在於左腦，是要培養右
> 腦得來。[16]

而且右腦潛伏了四項特別機能，稱非語言性的右腦爲
「天才腦」也不爲過，如下圖：

圖 2：右腦特別機能圖[17]

問題是現代人由於受累生累世業力牽引及整體教育環
境影響，都是左腦人，左腦是強勢腦，語言與理性一直被
教育或強調，成了像前文奧修說的「僕人成了主人」的頭
腦作用。所以種種靈性治療的工作與法門，譬如禪坐，都
是要讓左腦「萬念攝於一念，一念歸於無念」，意指讓語
言性的左腦功能趨緩、停擺、關閉、休息，然後非語言性
的右腦功能才能得到釋放、開啓、湧現。所以忘言、停止

16　同註 15，頁 36。
17　同註 15，頁 56。

頭腦作用的靈修境界，也是有科學根據的。

　　總之，身體工作的目的在放鬆。情感工作的目的在止怨。靈性工作的目的在忘言。也就是鬆、靜、空的生命境界。

三、煉精化氣、煉氣化神、煉神還虛、煉虛合道

　　在這一節，嘗試用道教內丹的觀念，對照身、心、靈工作的漸進及合修。

　　宋元之後，道教修練內丹外丹派別林立，名目繁多，本文重點，也不在辨析其中的真偽優劣；只是所謂的「內丹」，講究人體能量（氣）的修養，其實頗為接近本文所談的身體工作、情感工作、甚至靈性工作；所以稍加詮釋，也可以加強對身、心、靈三個層面工作含義的了解。

　　宋代的修真之士白玉蟾即提出「初關煉形忘形養氣，中關煉氣忘氣養神，上關煉神忘神養虛」的理論[18]，確立了形、神、氣、虛的修煉模式；到了明末伍守陽，更在白玉蟾的基礎上，正式整理出「煉精化氣，煉氣化神，煉神還虛」的修煉方法[19]。筆者在伍氏的三句話後面再加一句：「煉虛合道」，藉以加強身、心、靈工作的實踐義涵。

　　先嘗試解釋精、氣、神及虛、道等基本名言。

　　精，筆者個人淺見，指生命的原始能量或性能量。

　　氣，指更精純或更深入的能量。但精（性衝動）如何

18 見卿希泰主編《中國道教》第三卷頁 334。（上海東方出版中心，1994 年 1 月初版。）
19 同上註。

轉化為氣（內在能量），下文詳說。

　　神，指純粹無染的精神狀態或心靈狀態。

　　虛，指解離我執、物我兩忘、虛靈無滯的生命境界。接近前文所說的「忘言」。

　　道，終極圓滿的真理大道。

　　進一步解釋，煉精化氣：即將原始的生物性能量（性能量）修煉、轉化為更精純的內氣。這接近通過中脈（中醫理論稱為「衝脈」，指由會陰穴通至頂門百會穴的一條能量通道）的「亢達里尼」修行技法。原來從修行的觀點，性能量有兩種可能性，奧修說：

> 生命力位於性中心，儲藏在性中心（the muladhar），它可以被用作性能量，那麼它就產生出一個特殊的生命，一個生物層次的生命……但這是生物層次的，如果這個同樣的能量往上移，亢達里尼的通道就會被打開。性中心是第一個打開的，它可以朝向生物的繁殖而打開，或是朝向靈性的產生而打開。性中心有兩個開口，一個是較低的，一個是較高的。[20]

　　奧修所說的性中心（又稱第一能量中心或海底輪），即中國人說的會陰穴（位於肛門與生殖器的中間點），性能量從會陰穴升起，若通過生殖器，即可能誕生一個新生命──一個嬰兒；若性能量不通過生殖器，沿著亢達里尼的能量通道上升，經歷七個能量中心，最後如能成功到達

---

20 見奧修《靜心冥想》頁 126 至 127。（奧修出版社，1989 年 12 初版。）

高等理智中心（又稱第七能量中心或頂輪），即中國人所稱的百會穴，也可能誕生一個新生命，一個全新的靈性嬰兒 —— 一個佛。這就是「煉精化氣」的具體含義。奧修曾說先天的能量都是由上而下，但修行的能量卻要由下而上[21]，正所謂「逆天而行」，這就是修行的艱難處。在修煉的過程中，煉精化氣屬於人體經絡的鍛鍊，是氣功道的範圍，接近身體工作，隸屬「身」的生命治療。

煉氣化神：意謂內氣的修煉愈來愈精純、愈來愈深入、經脈愈來愈通暢，身心合一，健康的身體帶動健康的心靈，也慢慢進入愈來愈純淨、精微的精神狀態 —— 化神。當然，這三句道教的名言其實都接近氣功道的領域，傾向身體工作的範疇，但練功練到「煉氣化神」的境界，已經達到情感工作的「止怨」效果，所以本文將第二句話隸屬於「心」的生命治療。

第三句煉神還虛：指精神修養的鍛鍊漸漸進入解離我執、物我兩忘、一片虛靈無礙的生命境界。這接近靈性工作的「忘言」，也接近莊子所說的「坐忘」，當然是靈性工作的範圍了。

第四句煉虛合道：「我」徹底「死」去，一片虛空，回歸大道，終極的片刻來臨，跳進真理大海。這當然是靈性工作的終極目標。

因此最後兩句話隸屬於「靈」的生命治療。

---

21 同註 20，頁 116。

　　討論完身、心、靈三個層面的工作的基本含義之後，在下文，我們接著處理三個層面工作的目標與技術的相關問題。

肆、身、心、靈三個層面

工作的工作目標（上）

—「四個身體」理論：肉體、靈體、智體、因果體

跟著討論修行工作的「目標」。

關於「目標」，我們先行介紹一個說法：第四道的「四個身體」理論。

四個身體 —— 肉體、靈體、智體、因果體 —— 可以說是身、心、靈工作的目標、趨向、及要達成的生命境界。

「第四道」是由希臘裔修行大師葛吉夫（George Ivanovitch Gurdjieff 1872～1949）及其弟子俄國數學家彼得·鄔斯賓斯基（Peter D·Ouspensky 1987～1947）所創立的修行教派。筆者個人覺得，第四道的修行風格是非常智性而且特異的，葛吉夫提出了許多讓人吃驚卻又引人深思的修行理論及真理訊息[1]。「四個身體」理論即其中之一

---

1 關於第四道的理論可參考 Peter D·Ouspensky 著，黃承晃等譯《探索奇蹟》（方智，1999 年 7 月初版）、Peter D·Ouspensky 著，楊翠華譯《第四道》（楊翠華出版，1997 年 5 月再版）、及 George Ivanovitch Gurdjieff 著，黃承晃譯《來自真實世界的聲音》（方智，2000 年 7 月初版）等書。

2。

　　第四道認為完全發展的人（完美人格）包含了「四個身體」。四個身體彼此的關係是既獨立又互動的，而且愈高階的身體是由愈精細的物質組成。

　　所謂四個身體，由低而高，即：肉體、靈體、智體、因果體。又稱第一身體、第二身體、第三身體、第四身體。

　　肉體在某些特殊狀況、努力、覺知下會產生一個新的組織 —— 靈體，靈體的出現是為意識活動提供一個比肉體更容易及更靈敏反應的工具，而且靈體的意識有完全力量控制肉體。

　　靈體在某些特殊狀況、努力、覺知下會產生一個新的組織 —— 智體，智體的意識有完全力量控制第一、二身體，而且智體取得真理的能力是第一、二身體難以達到的。

　　智體在某些特殊狀況、努力、覺知下會產生一個新的組織 —— 因果體，因果體的意識能完全控制前三個身體與它自己；因果體包含了超越的第一因 —— 自外於一切外在的因果，是覺者，是自由人，是隨心所欲的「身體」。

　　所謂「四個身體」的含義，我們先做一個最基本的了解：

　　第一身體，肉體，當然指生理性、生物性的軀體。

　　第二身體，靈體，指人類生命機制中掌握內在情感與

---

2 下文所談的「四個身體」理論的內容見 Peter D・Ouspensky 著，黃承晃等譯《探索奇蹟》的第 2 章、第 5 章、第 9 章、第 16 章（方智，1999年 7 月初版）。

欲望的強大自我意志。

　　第三身體，智體，傾向指人類生命機制中真正理智、明智以及更進化的自我。

　　第四身體，因果體，指真我、超越意識、絕對意志、終極自我的出現。如下表：

表 1：四體表[3]

第一身體 肉體	第二身體 靈體	第三身體 智體	第四身體 因果體
肉身 「車」 （身體）	自然身體 「馬」 （感覺、欲望）	精神體 「駕駛」 （理智）	聖體 「主人」 （真我、超越意識、終極意志）
生物性身體 physical body carnal body	情感性身體 astral body natural body	精神性身體 mental body spiritual body	真理性身體 causal body divine body

　　討論到此，再重提主題，把身、心、靈三個層面工作的觀念放進來，表 1 可以進一步轉換成表 2：

表 2：四體與身心靈表

第一身體 肉體	第二身體 靈體	第三身體 智體	第四身體 因果體
肉身 生物性身體	自然身體 情感性身體	精神體 精神性身體	聖體 真理性身體
身 身體工作的目標	心 情感工作的目標	靈 靈性工作的目標	

　　簡單的說：肉體是「身」的工作對象，靈體是「心」的工作方向，智體與因果體是「靈」的工作目標。

　　第四道認為：人不是天生就有更精緻、更高級的身體，

---

3 表一取材自《探索奇蹟》頁 57，同註 2，但內容稍有增益。

只有內、外在條件都成熟的情況下才能修成。靈體及以上的身體是極奢侈的器具,只有少數人能付得起發展的代價。

　　只擁有肉體的人,肉體統治了生命的所有機能,一切受制於肉體這部自動機器,肉體又受制於外在環境;所以生命在肉體的層次,人是環境的動物。

　　擁有四個身體的人,由高等身體來指揮與決定;這時生命將發展出一個完整、永久的覺性意識,展現生命真正的意志與自由,而且不受偶發因素與外在環境影響。透過第四身體的獲得,人得到永生不朽;這是許多修行道路的目標。但肉體死後繼續存在的可能性,與如何實現能否實現是兩回事。

　　這是一個基本原則:人如能夠發展出更高的身體,即由較高身體駕馭較低身體。所以,擁有兩「體」的人,他的第二身體比他的肉體活躍;這意指他「靈體」的意識有超越肉體的力量。擁有三「體」的人,他的第三身體比靈體和肉體活耀,這意指他「智體」的意識對靈體和肉體具有完全的控制力。擁有四「體」的人,活耀的是他的第四身體,這意指他「因果體」的意識對智體、靈體和肉體具有完全的控制力。

　　這是四種不同的情況:在第一種情況,所有生命功能由肉體控制,肉體是活耀的,其他一切相比之下是被動消極的。在第二種情況,第二身體對肉體有控制力。在第三種情況,第三身體對靈體與肉體有控制力。在最後一種情況,第四身體對前面三體有控制力。一個具有兩體、三體、

四體的人，最活耀的身體活得最久；也就是說，相對於較低的身體，它是超越死亡的。如下表：

發　展　　　　表3：四體關係表[4]			
肉體自動機器受外在影響而運作	情感、欲望內在生命機制	思想、理智更核心的生命力量	終極意識真正的「自我」
第一身體	第二身體	第三身體	第四身體
肉體服從情感與欲望	服從思想、理智的情感與欲望	思想、理智服從超越意識與終極意志	真我超越意識終極意志
駕　馭			

關於四體的關係，第四道創始人葛吉夫有一個很好的比喻，也就是前文表一所說的車、馬、駕駛、與主人的說法。

葛吉夫說人是一個很複雜的組織，由四個部分組成；四個部分互相連結，或互不連結，或連結得很糟。車和馬，由車轅連結起來；馬和駕駛，由疆繩連結起來；御者和主人，由主人的聲音連結起來。但駕駛必須聽見並了解主人的聲音，他必須知道如何駕駛；而馬兒必須被訓練到能服從疆繩；至於馬和車之間的關係，馬必須被適當的束縛。所以在這複雜組織的四個部分之間，有三個連結處。

任何一個連結處發生鬆脫，這個生命組織便不能夠整體一致地工作。因此連結處的重要性並不比「四體」的重要性少些。所謂修行，便是同時對「身體」和「連結處」

---

4 表三取材自《探索奇蹟》頁59，同註2，但內容稍有改動。

下功夫。

　　對自己下工夫，必須由駕駛開始，駕駛便是理智。為了能夠聽見主人（真理）的聲音，這駕駛首先必須「不睡著」，也就是說他必須是覺醒的。然後或許他會發現主人說的是一種他聽不懂的語言，當他學會這種語言，他就會了解主人。同時他必須學會駕駛馬匹（情感、欲望），將牠綁向馬車，餵牠，梳理牠，並將車子（身體）保持在良好的狀況中。

　　如果駕駛不在一個隨時聽命做事的狀態，那麼他了解主人又有何用？主人告訴他往哪兒走，但他動不了，馬兒也沒有餵，也沒上鞍，而且他也不知道疆繩放在那裡？馬，就是我們的情感。車，就是我們的肉身。理智必須學會控制情感，情感總是引領肉身走，這是修行工作必須遵行的程序。

　　有時候會發生這種情況：「身體」的狀況良好，但「連結處」卻不發揮作用；生命不由「主人」的意志所掌控，而是由偶發事件主導。正是所謂「身」不由「己」。所以整體的修行工作，便是同時對「身體」和「連結處」下功夫。見下圖：

圖 3：四體與連結處

A1	B1	A2	B2	A3	B3	A4

A1A2A3A4：指四體，或車、馬、駕駛、主人。
B1B2B3：指四體的連結處，或車轅、疆繩、主人的聲音。

　　換成本文主題的語言：所謂修行，不只要做好身、心、靈三個方面的工作，同時要照顧身、心、靈的連結及其一體性。

　　對筆者來說，「四個身體」理論有兩個啟發：

　　1.在修行的道路上，愈往高階的「身體」發展，愈接近真正的覺醒、自由、終極意識、絕對意志、與不朽。

　　2.但同時要注意生命整體性的發展（四個身體與三個連結處），而且第一點與第二點是不矛盾的，對生命愈能整體性的照顧，往更高階「身體」發展的可能性就愈高。

　　這就是身、心、靈三個層面工作的目標 ── 「四個身體」理論。

　　進一步，從「四個身體」理論可以引申出下一個跟身、心、靈工作有關的重要觀念：

　　「節約」，生命能源的節約。

　　第四道認為：修行工作到某一程度，會發現能量不夠用，要繼續工作必須大量增產。人類有機體就像一座化學工廠，此一工廠具有極大的生產潛力，但一般情況下工廠生產都未達極限，只有一部分機器被使用，所以生產能量只夠維持生存，而且工廠的營運顯然極不經濟，許多珍貴的生命能源都浪費在負面的情緒及沒有意義的事情上。譬如，人的身體常常容易緊張，這是一件浪費能量的事情；人的情緒往往容易悲觀，這是一件浪費能量的事情；人的頭腦常常容易過度使用，這也是一件浪費能量的事情。這不正是上一節討論「放鬆、止怨、忘言」的含義嗎？這就

是「節約」生命能源的意思，讓能量以一種特別的方式存儲、結晶、穩定下來，把生命有機體帶往一個更高的層次。

　　內在的靈體或智體的成長也像肉體成長一樣，需要吸收良好營養及維持身體健康，更高身體的成長必須從種種「食物」[5]裡獲取能量。肉體所需物質剩餘的可用來滋養靈體，靈體的剩餘物質便能用來形成智體，到因果體也一樣。所以剩餘物質一定要非常非常多，而「四體」所需要的物質、能量都是一樣的；所有高等身體的成長所需的物質與能量，都必須經由肉體來生產。因此人體工廠的運作必須經濟有效。有效利用工廠生產的能量，不要浪費在沒有必要的事情上，保留給修行道路的需要。所以，修行工作必須懂得「節約」，而四體或身、心、靈的不同層面都有不同的節約要點。

　　但在談論「節約」的觀念與技術之前，在下一章，本書將會介紹另一個修行工作的「目標」：第四道的「七個中心」理論。而且進一步嘗試連線「四個身體」與「七個中心」的相互關連性。

---

5 關於身心靈「食物」的觀念，詳見本書第柒章。

伍、身、心、靈三個層面
工作的工作目標（下）
──「七個中心」理論：本能、性、運動、情感、理智、高等情感、高等理智中心

　　第四道另一個關於修行工作「目標」的說法：「七個中心」理論。

　　所謂七個中心，包括五個「低等中心」及兩個「高等中心」。五個低等中心是：本能中心、運動中心、情感中心、理智中心及性中心；兩個「高等中心」則是：高等情感中心及高等理智中心。筆者認為「中心」的涵義是指人類生命中強大的機制、本質、傾向、功能、意識或腦，是的！腦！人類生命中總共有七個不同功能的「腦」。我們首先介紹低等中心不同的「腦」功能。

　　以本能、運動、情感、理智四個低等中心為主要運作導向的生命狀態是屬於無意識的、機械性的生命層次。在這個自然狀態下的眾生，看待世界的方式及行為動機各不相同，彼此也互不了解，每個人都有一個最活躍、強勢的「重力中心」。這四種生命狀態又可以稱為本能人、運動

人、情感人、及理智人。至於性中心,第四道的創始人葛
吉夫曾說「實際上它(筆者按:指性中心)從未獨立工作,
因為它經常依賴其他中心……當性中心以它自己的能工作
時,是一件非常大的事,但這很少發生。」[1]筆者的看法,
其他四個低等中心意義接近四種性格的慣性及類型,而性
中心則是一種先天的本能,但性的能量常常被其他中心「盜
用」。所以,暫時撇開性中心不談,先行了解自己的性格
是受哪一個低等中心支配,這是靈性成長很重要的首部工
作:自我了解。但在詳細介紹四個低等中心的性格內涵之
前,先要說明每個低等中心又細分為三個部分:

> (1) **機械部分**:人性中不太需要注意力運作的慣性部
>   分。
> (2) **情感部分**:注意力會鎖定在某個特定的對象上,
>   譬如,運動中心作用時所熱愛的運動遊戲、本能
>   中心飢餓時遇到的美食、情感中心啟動時的熱戀
>   對象或理智中心埋首工作時的研究課題。
> (3) **理智部分**:注意力比較受「自覺」控制的部分,
>   這是有意識的開端。[2]

所以四個中心各分三個部分,分析起來便是十二種人
格類型,一一介紹如下:

---

1 見 Peter D·Ouspensky 著,黃承晃等譯《探索奇蹟》(方智,1999 年
　 7 月初版)頁 76。
2 四個中心的三個部分的說法見 Susan Zannos 著、劉蘊芳譯《人的形貌
　 ── 身體與性格探索》頁 64。(方智,2000 年 11 月初版。)

（一）本能中心的功能及性格

四個低等中心各有正、負兩個面相。[3]

本能中心的正、負面是「舒適、愉快與不舒適、不愉快」。

本能中心又稱「本能腦」，負責維持人類有機體的生存功能諸如控制消化、呼吸、新陳代謝……種種生理系統；本能中心也監控身體能量的流動及補充，以及接受種種感官知覺。

本能中心是人類與其他動物共享的動物性心智。葛吉夫稱本能中心爲「一匹狼」，意思指本能中心必須被餵飽，一旦本能中心被嚴重忽視或當它感到生存受威脅時，本能中心便會出面掌控整個人類有機體，截斷能量流向其他中心。譬如：當人重感冒或飢餓時，便會不想活動或一心只想進食，而對其他中心的活動諸如說話、閱讀、思考、戀愛、運動全無興趣，直到回復健康或吃飽爲止。這是因爲本能中心把所有能量搶走的緣故。

另外，以本能中心作爲「重力中心」的性格傾向的人不喜歡被觀察，只有在藏匿自己時才覺得安全。

1.本能中心的機械人格 —— 健康主義者

本能中心的機械部分是一出生即充分齊備的，而且完全不需要任何注意力即能自行運作。

---

3 本節關於四個低等中心的性格內涵見《人的形貌 —— 身體與性格探索》第四章至第八章，同註 2。

　　本能中心的機械人會投注大量注意力在均衡飲食、養生運動、排毒療法……上面，因為這種人很在乎身體的正常運作，性格通常溫和友善、平穩被動、沉悶而不喜冒險、喜歡安安穩穩的過日子。

2.本能中心的情感人格 ── 享樂主義者

　　本能中心的情感人對感官享受很熱中、很有感情，所以會導致耽溺於慾望、壞習慣而造成健康的破壞。這一部分的心智十分強大，讓人很難克服癮頭。本能中心的情感人也許容易染上毒癮或酗酒，但也可以從事跟舒適環境或愉悅感受相關的工作，譬如：美食家、品酒師、室內設計、服裝設計、藝品製作、香料製作……等相關的行業。這類型的人大都很有吸引力，也可能是體貼關懷的媽媽；但性格容易極端，很難抵抗「享樂」的誘惑。

3.本能中心的理智人格 ── 特殊能力者

　　性格重心在本能中心理智人格的人多少帶有一點人格的神祕感，這種人喜歡保持神祕，往往讓人心生畏懼、難以親近，而且精於計算，個性極度謹慎，甚至可能擁有特殊的異能。其實真正的原因是這種人天生具有動物求生意志最靈敏的部分，這是一種為了生存而產生的高度警覺性格。但過度精於生存之道不免讓人感到陰沉、精準、專斷、封閉、自私的性格傾向。

（二）運動中心的功能及性格

　　運動中心的正、負面是「動與靜」。

　　運動中心又稱「運動腦」，負責控制後天學習的動作。運動腦與本能腦合作但不同 —— 嬰兒出生即能做到的是本能腦的功能（如吸奶），需要後天學習的則由運動腦負責（像握住奶瓶）。運動腦學會一項能力之後即交給慣性，所以運動中心容易變得盲目而不覺察。

　　運動中心是很容易觀察的機能，運動智慧也是人類與其他高等動物所共享，但在人體卻顯得更為發達；譬如，沒有人能跑得過一匹馬，但馬絕不可能像人類一樣跳出精巧的舞步。總之運動中心是一種需要後天學習的智慧，一種控制動作和處理空間的智慧。

1.運動中心的機械人格 —— 穩定、慣性的工作型人格

　　運動中心的機械部分負責儲存學會的動作記憶 —— 上下樓梯、繫鞋帶、開車、游泳、操作鍵盤、走路、說話、看電影……等等整套不需要絲毫覺知就能夠完成的動作；所以以這個部分作為「重力中心」的人也有同樣的性格傾向。葛吉夫把人類稱為「熟睡的機器」，正是指運動中心的機械人格有著非常穩定、安祥、慣性的個性，這種人能容忍極度重複、繁瑣、枯燥的工作；他們是「世上的鹽」，但最大的缺點是缺乏覺察力的習慣性性格。

2.運動中心的情感人格 —— 運動愛好者

　　運動中心的情感人格對各種運動深感興趣，譬如：各種運動比賽、電玩、開車、自助旅行、遊樂場活動……這個族群倒不一定是運動員，只是代表了對運動及競賽心醉神馳的人類心智。運動中心的情感人格的外觀特徵也很容

易辨認 —— 動作或手勢誇張、走起路來大搖大擺、或腳上像裝了彈簧；內在性格也像各個中心的情感人格一樣缺乏穩定性。

3.運動中心的理智人格 —— 掌握工具心智的設計師或發明家

跟其他中心的理智人格一樣，這個族群的性格特徵是：專注、緩慢、小心翼翼、完成工作後不喜重複。運動中心的理智人格是科技的主要創造者，他們是現代科技掛帥的經濟體制下的搶手人物。這種人掌握了工具心智，就是他們發明出更好、更簡單、也更有效率的做事方法。他們精於組裝複雜的機具、研發新創的運動技巧、構思電玩的新軟體、研發新式引擎、而且也對空間關係非常敏銳……建築師、工程師、外科醫生等即深具這方面的能力。

下面的兩個例子可以清楚比較出三種運動中心人格的相互關係。第一個是學習騎腳踏車的例子：小孩子學騎腳踏車一定是運動中心的情感人格打頭陣 —— 對該項運動產生強烈的興趣，接著交給理智人格從事專注、深入的學習，等到學會了以後即交給運動記憶，慢慢的騎腳踏車便變成運動中心機械人格的習慣性動作了。第二個人類飛行史也是很明顯的例子：當初整個世代對飛行這件事產生集體的狂熱（運動中心的情感人格），接著便是漫長的技術研發與突破時期（運動中心的理智人格），等到飛行已經成了人類日常生活的一部分，人們便開始因為在機場等候登機而感到無聊、打呵欠了（運動中心的機械人格）。

（三）情感中心的功能及性格

情感中心的正、負面是「喜歡與不喜歡」。

情感中心又稱「情感腦」，負責人際交往、情感流通、審美能力、圖像思考、價值判斷、倫理道德……等等的情感型心智。情感中心（右腦心智、圖象腦）與理智中心（左腦心智、文字腦）很難彼此了解，理智中心強調客觀與冷靜，情感中心或情緒機能卻總是處於愉悅或不愉悅的狀態，保持中立的情緒並不存在。人類的情感能量又異常強大，常常凌駕身體安全及生存關切之上（尤其以負面的情感能量為然）。而且情感中心的運作速度極快，除非當事人極度警覺，否則很難觀察及駕馭這個部分的人類心智。

1.情感中心的機械人格 ── 社會規範與感情的忠誠者

這個部分的人類心智存儲了根深蒂固的文化禮儀、集體規範及社會感情。往往當我們進入一個完全不同文化背景的社會時，便能夠發現這一部分的心智力量是何等獨特而頑固。譬如：中國社會及美國社會對性及金錢的禁忌態度剛好相反。因此，以情感中心的機械人格作為「重力中心」的人們的性格總會顯得舉止友善、愛照顧人、積極溫暖、穿著得體、平穩安定，他們可能是禮儀專家或時尚顧問；但太過約定俗成的情感人格也可能流於膚淺、遲鈍、缺乏創意。

2.情感中心的情感人格 ── 強烈的情感佔有者

這個中心的情感人格就是對「情感」非常有興趣，他們喜歡情感愈強烈愈好。這個族群的性格愛恨分明、喜怒

無定、難耐無聊，也容易落入負面的失控情緒之中。當然，情感中心的情感人格也可能展現高貴、利他、博愛、及慈悲的情懷，宗教的情操即座落在此。但歷史告訴我們，宗教情懷在有些時候也可能轉變成殺人工具。總之，這個族群的性格熱力四射但擺盪強烈，戀人在墜入情網時會幹出的許多傻事，就是受這個部分的心智控制。如果這些情海眾生受情感中心的理智部分駕御，便比較能夠發揮正面價值。

3.情感中心的理智人格 —— 真誠無私的愛人者

完全不同於情感人格，情感中心的理智人格個性安靜、內斂、寬恕、慈悲、能夠考慮什麼才是真正對別人好。情感中心的情感人格想要被了解，理智人格則想要去了解；情感人格想要被愛，理智人格想要愛人。能夠真誠無私關懷別人的，正是情感中心的理智部分。但這個族群的人看似冷漠，他們超然的感情常被誤會為缺乏感情。情感中心的理智人格也是真正具備審美能力者，性格自制而溫暖，而且也是通往人類高等中心的入口管道。

（四）理智中心的功能及性格

理智中心的正、負面是「是與否、真或偽」。

理智中心又稱「理智腦」，是人類獨有的心智能力及目前文明的強勢腦 —— 左腦，也是用來區隔我們與其他「比我們守規矩的動物」的差別。但第四道認為這也是人類最近發展出來最脆弱及最不可靠的心智部分；廣泛的說，理智中心總是在「比較」。

　　理智中心以文字、概念、數字、理論、和抽象思考運作，理智中心也常把其他認知方法貶到較低的地位。雖然必須四個中心聯手才能收發語言，但理智中心顯然是個關鍵；問題是理智中心強大的語言功能能夠讓符號代表任何事物，符號變成了真實！（譬如實驗狗一聽到伴隨食物的鈴聲就會流口水，又如現代人習慣用數字符號決定一個人的價值。）這就不只是一種能力，也泛濫成一種災難！當然不是說這種智慧全不可取，但過度發展的理智機能確實會造成許多重大的人生障礙。第四道認為理智中心即使在最佳表現時也不怎麼聰明，卻一直被現成的教育體制神化，造成許多錯誤的心智運用。

1.理智中心的機械人格 ── 資訊收集者（記憶性心智）

　　這個族群善於儲存資訊、計算數字，但不會思考！譬如他們喜歡背誦許多名句，但不懂實行，也不了解其中的深義。「重力中心」在理智中心機械人格的人們可能博得聰慧的美譽，他們是吸收及提取資訊的高手，但這種人其實並不怎麼聰明，只是消息非常靈通。現代教育體制花了太多心力在這一部分的訓練，其實這只是理智中心最基本的能力 ──「記憶性心智」，而不是真正的「思考」。

2.理智中心的情感人格 ── 嗜知者（情感性心智）

　　理智中心的情感人格個性生動活潑、趣味十足，他們不喜枯燥無味的收集資訊，卻對各種理論、觀念、新知、思維方式深感興趣。這個族群可能擁有豐富的藏書，往往也是搶手的朋友及夥伴、議論時事的高手、酒館裡的清談

者、或熱衷傳達觀念給別人的課堂老師。人們容易被熱力四溢的知性人格吸引，理智中心的情感人可以成為有效的博學家，但他們掌握的是「情感性心智」，最大的問題是欠缺思考的深度及研究的專注。

3.理智中心的理智人格 —— 深（沉）思者（思考性心智）

理智中心的理智部分是人類心智中真正的「思考」，卻很少人加以使用 —— 對知性事物保持注意力常被視為無聊及苦差事。當我們打起精神唸書或集中精神研究時，便是理智中心的理智人格工作的時候。理智中心是四種智慧中最慢的一種，而這個中心的理智人格又是運作速度最慢中的最慢。理智中心的機械人格擅長提供答案，但理智人格則了解根本沒有答案，他們真實懂得事情的複雜性而不願妄下斷語。這個族群的人常常很安靜，要等很久才會開金口，諷刺的是，人類心智中真正聰明及真正能夠思考的部分常常看似笨頭笨腦。這個族群掌握了人類的「思考性心智」，他們是深思熟慮者，而不只是堆砌數據而已。

「記憶性心智」幫助我們定義及標誌事物，但過度使用反會造成人類的災難；「情感性心智」讓人類保持強烈的好奇心；「思考性心智」則從事真正的對比、判斷、分析、研究、以及保持覺醒，這也是航向靈性進化的智性船帆。

（五）窗口理論及重力中心

一一介紹完四個低等中心的三種人格狀態，總共十二種人格類型之後；接著，筆者要說明一個相關的說法 —— 窗

口理論。[4]

　　每個人都有一或數個「重力中心」作為他的生命主題及性格類型，每個「重力中心」就像一個窗口，不同的窗口會看到不同的生命景觀，卻看不到「實體」或「全相」，就像「瞎子摸象」的寓言。上文所介紹的十二個「窗口」的人格類型，見下表的整理：

表4：四個中心的三種人格一覽表

	本能中心	運動中心	情感中心	理智中心
機械人格	健康主義者	穩定、慣性的工作型人格	社會規範與感情的忠誠者	資訊收集者（記憶性心智）
情感人格	享樂主義者	運動愛好者	強烈的情感佔有者	嗜知者（情感性心智）
理智人格	特殊能力者	掌握工具心智的設計師或發明家	真誠無私的愛人者	深思者（思考性心智）

　　從「中心」的角度看，本能中心掌控先天求生的能力，運動中心負責後天動作的學習，情感中心主導感情、人際關係與審美能力，理智中心管理理智、文字資訊及思考判斷。

　　從「人格」的視野說，四個中心的機械人格都有穩定、盲目、慣性的性格傾向；四個中心的情感人格則都是個性強烈、魅力四射、喜惡分明，但性格極不穩定的族群；至於四個中心的理智人格的性情則偏向審慎、緩慢、冷靜、專注、及深沉。你有找到你的「窗口」嗎？這十二種人格類型哪一種最接近你觀看世界的方式？但，如果我們愈能揚棄我們觀看世界的習慣，生命即愈能進化，離開窗口，

4 關於窗口理論的說明及例子，見《人的形貌 —— 身體與性格探索》頁66至69，同註2。

直接開門走出去,才有機會看到世界的「實體」或「全相」。
當然這是一個非常艱難的過程。

　　窗口理論讓我們了解人群認知世界的方式存有很大的
差異,不同類型的人具有不同了解世界的模式,彼此之間
幾乎不可能了解;他們往往從不同的角度去認識同一事
物,可能造成終其一生的爭論不休,卻不了解其實是對同
一事物持有不同的態度,實際上是一個人看到了一面,而
另一個人看到了另一面。事實上,每一個中心都是獨立的,
譬如一個運動中心不需要依賴本能、理智、或感情,它本
身就是一個獨立的腦、一個充分自足的原動力、也是一個
接收裝置。當然,從低等中心的角度來說,這個接收裝置
仍然是未覺醒的,它們只能從自己的窗口看事情,看不到
世界的實相,當然也同樣看不到自己本身的侷限。

（六）低等中心與高等中心的運作速度

　　第四道有一段關於七個中心的「運作速度」的觀察是
很有意思的。[5]

　　第四道認為所有中心之中,理智中心的運作速度是最
慢的。不錯!只要想想思考的速度是不可能快得過運動神
經、情緒反應、及本能需求的。

　　接下來,本能、運動、情感三個高速運作中心的速度
不相伯仲,但有時候情感中心會以更高速、更精細的能量

---

5 關於七個中心的運作速度的資料見《探索奇蹟》頁 250 至 253,同註 1。

來運作，但這種情況較少發生。

　　運作速度更快的是性中心。性中心往往比本能、運動、情感中心的速度更快，不是嗎？只要想想性衝動被點燃的經驗。以速度而言，性中心擁有最大的優勢，因此許多修行工作都是從性中心開始引發能量。請參考上文關於「煉精化氣」的一段文字解釋。[6]

　　但高等情感中心的運作速度比性衝動更快！這當然是生命進入更覺知、更成熟的進化階段了。還不止此，高等理智中心的運作速度比高等情感中心還要快了一倍！而高等理智中心的運作速度比起最慢的理智中心要快了至少整整八倍！也就是說，理智中心要花八分鐘思考一個問題，高等理智中心卻能在一分鐘內進入覺知狀態。

　　第四道認為兩個高等中心在人類身上已經完全發展，而且時時刻刻都在作用，問題是高等中心的作用無法達到普通的意識層次 —— 低等中心；也就是說，高等中心與低等中心沒有連結，離線了！這兩個高等中心的存在正是無數先哲致力開發的內在寶庫，這是人類潛伏高等力量的可能性；事實上高等中心已經完全覺醒與發展，尚未發展的反而是低等中心，低等中無法通向更高的意識層面。從諸中心不同的運作速度來看，即可以清楚解釋這種「斷線情形」 —— 兩個高等中心的速度太快，五個低等中心（即使包括性中心）總是無法跟上，所以不管在性愛、情感、生

---

6 見上文頁 31 至 33。

理、運動、或思考活動中，我們都無法聽見高等情感及高等理智中心召喚我們的內在聲音。在日常活中，這種「斷線情形」甚至嚴重到低等中心無法真實的紀錄及描述高等中心偶而出現的經驗，因為彼此的速度差太多了！這就是老子所說「道可道，非常道」的真義。我們如何向聾子解釋音樂、跟盲人說明陽光呢？

　　所以從這個角度來說，靈性成長的關鍵即在加快低等中心的運作速度（這需要節省更多的生命能量才能辦到），才能讓高等中心與低等中心得到一個真正的連結。要讓低等中心加速運作，前提是要讓五個低等中心回到正常而且屬於自己的工作上；問題是低等中心常常處於錯誤的工作狀態，消耗了龐大的命能量，而且造成生命的痛苦。

（七）低等中心的錯誤工作

　　前文提到，每個低等中心都是一個獨立的腦，各自擁有獨立的工作與機能。事實上，讓每個中心回到自己的工作上這件事本身就是一件很偉大的事情，但這種正常工作的情形很少發生；大部分的時間低等中心都處於錯誤工作的狀態，而消耗掉龐大的生命能源。[7]

　　人類的低等中心經常錯誤工作 —— 一個中心接替另一個中心的工作。正常健康的人每個中心各司其職，但在一個身、心、靈不平衡的人身上，各個中心互相代勞的情形

---

7 關於低等中心的錯誤工作的資料見《探索奇蹟》頁 76 至 77、146 至 149、368，同註 1。

屢見不鮮，這就是我們說的身心失衡或神經病 —— 每個中心都拼命把工作推給別人，同時又拼命搶別人的工作做。

譬如：情感中心替理智中心工作會導致不必要的緊張、激動、和匆忙，取代了理智中心該有的冷靜判斷與深思熟慮。而且用情感中心去「思考」，會出現白日夢或沒用的想像等等的心智失常現象。

相反的，如果理智中心替情感中心工作會在原該當機立斷的情境裡躊躇不前，使人無法掌握有利時機。因為思考的速度太慢了，它只懂按章執行，而不懂因時制宜、隨機應變，同時理智中心也不了解情感的微妙差異。是的！情感中心是靈感和直覺思考的根源，它能夠做迅速而準確的判斷，理智中心卻缺乏這種能力。

同樣的，理智中心也不能取代運動中心。如果一個人試圖用頭腦慎重執行每一個習慣性動作，他會發現工作品質立即降低。譬如正在打鍵盤，運動中心控制的手指會自動找出需要的字，但如果每打一字之前，問：ㄅ在哪裡？ㄆ在哪裡？逗點在哪裡？句號在哪裡？他會立即出錯，不然會打得很慢，因為理智中心永遠趕不上慣性運動的速度。

相對的，運動中心若取代理智中心工作，就會產生機械閱讀、機械聽課、習而不察、出現缺乏真正用心思考的低功率學習的情形。

性中心的錯誤工作也非常常見。事實上，性中心極少獨立工作，它經常依賴其他中心運作，其它中心也經常奪取性中心的能，而因此產生完全錯誤的工作並充滿了無用

的興奮，然後反過來給了性中心無用的能，讓性中心根本無法正常工作。譬如：由於性中心無法正常工作，性需求得不到滿足，於是把能交給了理智中心而產生了性幻想；又如：得不到滿足的性能量交給運動中心，會由於性苦悶而產生暴力型的運動競賽或政治角力的遊戲。相反的，如果用理智中心去做性中心的工作會導致性無能（因為理智中心的運作速度太慢了），如果用情感中心去做性中心的工作會導致太多情感的傷害。所以，當性中心以自己的能工作時是一件非常大的事，但這很少發生，相反的人生充斥了許多因性中心不能正常運作而衍生的各種問題。其實性就是性，性，不好也不壞，從某個角度來說，性是一種本能、一個工具，它理當獨立存在；但人類的文化傳統為性附加了太多的條件、設定、理由、與價值，讓人們對性的看法變得不是太罪惡，就是太神聖，性失去了他的本來面目。

不只性中心充滿錯誤工作，理智中心的錯誤與超載情形也屢見不鮮。

如果人的身體及頭腦不要那麼緊張，自然會感受到靈性的喜樂及放鬆 —— 靈魂是永遠不緊張的。但理智中心的超載讓現代人陷入深深的緊張情緒之中。時代愈文明，理智中心就愈超載，造成其他中心缺乏能量供應，就失靈了，就不動了；這種情形會造成緊張，因為一個應該工作的中心被閒置了，這樣會造成本身的緊張，為了解除緊張，該中心本身沒做的工作只好交給其他中心來代勞（譬如性中心、情感中心的工作交給理智中心，便造成性無能及無

情）；另一個可能是能量被理智中心抽光，理智中心的超量工作造成其他中心不是能量變異便是能量匱乏。

父親做小孩的工作，小孩做父親的工作，這就是心智混亂的原因。如果每個中心都規規矩矩做自己的工作，即會出現身、心、靈的放鬆。頭腦不是唯一的中心，頭腦的邏輯不同於心的邏輯，如果把理智中心當作唯一的中心來操作，就會破壞了整體的寧靜、放鬆、與和諧。但我們的整個教育體系只考慮到一個中心 —— 頭腦、數學、理性的中心，這是一種嚴重的偏差錯亂。

正是由於五個低等中心種種的錯誤工作造成龐大的生命能源的浪費，於是變成缺乏能量去加快低等中心的運作速度，無法使低等中心與高等中心取得同步及一致。所以低等中心的錯誤工作不但是造成種種生命痛苦及負面情緒的根源，也是導致身、心、靈無法整合（甚至彼此充滿矛盾）的根本原因，同時也是內在靈性無法進一步擴展及蛻變的理由所在。

最後要附加一點說明：就是要學習觀察四個中心的「習慣」。一個成年人全身上下都是習慣，四個低等中心都充斥著習慣，一個人不去研究他自己的習慣，就無法認識自己。當然，觀察及研究自己的習慣是非常困難的，因為我們必須要先行超越它們，才能進行觀察與紀錄，人必須暫時脫離習慣，哪怕僅有一分鐘也好。

（八）七個中心與四個身體、七個脈輪的關係

如果整合本章的「七個中心」及上一章的「四個身體」

理論，再加上亢達里尼瑜珈「三脈七輪」的觀念，便可以清楚對比出「七個中心」與身、心、靈三個層面的修行工作的關係及連結。

「三脈七輪」裡的「三脈」即亢達里尼瑜珈所說的中脈、左脈、及右脈。[8]中脈的位置是指脊椎內部一個中空的區域，從肛門至生殖器中間位置的「第一能量中心」一直上達頭頂的「第七能量中心」的一條人體能量的管道，裡面流動著強而有力的亢達里尼精神能量。而另一條能量管道從脊柱底部的右側出發，稱為「伊達」（Ida），即「右脈」，代表陽剛的生命能量；同時「平加拉」（Pingala）的能量管道從脊柱底部的左側出發，即「左脈」，代表陰柔的生命能量。左右脈像兩條蛇一樣沿著脊椎與中脈交纏而上，每一個三脈的交會點即是一個能量中心（chakra）、能量之輪、脈輪、或稱為意識中心。而人體的亢達里尼能量通道有七個主要的交會點，就是「三脈七輪」中的「七輪」。靈性的發展與成長就是逐步讓各能量中心覺醒，精神能量經由中脈而上，由底部到達頭頂為止。

好了！簡單介紹過「三脈七輪」，進一步我們將「三脈七輪」、「四個身體」、與「七個中心」整理成下頁的「一覽表」，以便一窺其中靈性成長的奧祕。

在「一覽表」中，第七能量中心（即頂輪）代表生命最高能量的震動及意識。其實，每一個較下層的能量中心

---

8 本段關於亢達里尼瑜珈「三脈七輪」的觀念見肯恩・戴特沃德著，邱溫譯《身心合一 —— 肢體心靈和諧的現代療法》頁 90 至 94，（生命潛能，1998 年 9 月初版。）

可視爲上一層能量中心的基礎，如果較下層的能量中心尚留有未排除的緊張壓力，可能會損害或阻礙上一層能量中心的的敏感部分。

其中，第五能量中心（喉輪）是一個分水嶺，它比其他低等中心更關切內在溝通、內在影像、內在情感、內在聲音、內在感覺、內在探索、與內在認知。從第一到第四能量中心（從海底輪到心輪）代表人類的本能、衝動、與情感，所以從前四個能量中心發展到第五個能量中心，意義指生命的重點由生存需求、人際交往轉移到自我反省與認同。這是很合理的人生順序。同時，自我反省與認同也應該在第六、七能量中心（眉心輪與頂輪）之前，因爲兩個最高能量中心的重點是在自我反省與認同的基礎上去拓展心智、覺醒、與進化。

第五能量中心可以說是「第一個精神性的能量中心」，人類從這裡開始進一步了解與自己、宇宙及靈性的關係。愈開發更高能量中心的潛能與特性，便愈能夠擁有更高的自覺及意識。

關於「三脈七輪」，請同時參看「一覽表」後的「人體脈輪圖」。

表 5：七個脈輪、七個中心、四個身體、與身心靈工作一覽表[9]

---

9 本「一覽表」的部分內容見 Peter D・Ouspensky 著，黃承晃等譯《探索奇蹟》頁 254 及 368，同註 1。

七個脈輪	七個中心	四個身體	身心靈
第一能量中心：又稱**海底輪**或**第一穴道**，中國醫學稱爲**會陰穴**。 第一能量中心的位置在肛門與生殖器的中間約十元硬幣大小的區域。 與人類本能、原始生命能量、和基本生存需求有關。	本能中心		
第二能量中心：又稱**丹田輪、生殖輪**或**第二穴道**，中國醫學稱爲**長強穴**。 第二能量中心的位置在對應臍下三指輻（即丹田）之脊柱區域。 與性衝動、基本人際互動有關。	性中心		
第三能量中心：又稱**臍輪**、或**第三穴道**，中國醫學稱爲**命門穴**。 第三能量中心的位置在對應肚臍之脊柱區域。 與情緒、感受、認同感、生命驅力有關。	運動中心	肉體 第一身體	身的工作
第四能量中心：又稱**心輪**、或**第四穴道**，中國醫學稱爲**至陽穴**。 第四能量中心的位置在對應兩乳中央之脊柱區域。 與感情或愛情的裝配、加工、表達、熱力有關。	情感中心		
第五能量中心：又稱**喉輪**、或**第五穴道**，中國醫學稱爲**大椎穴**。 第五能量中心的位置在對應肩頭與頸椎交會之脊柱區域。 與思想、知識、溝通、表達、與自我認同有關。	理智中心		
第六能量中心：又稱**眉心輪、額輪**或**第六穴道**，中國醫學稱爲**天目穴**。 第六能量中心的位置在對應兩眉中央上方一指輻之脊柱區域。 與高級心智力量、神祕經驗、和提升自我意識有關。	高等情感中心	靈體 第二身體 靈體的運作不能缺少高等情感中心與低等中心之間適當的連結，或者說高等情感中心是靈體工作時所必須的。	心的工作
第七能量中心：又稱**頂輪**、或**第七穴道**，中國醫學稱爲**百會穴**。 第七能量中心的位置在兩耳及鼻子交會之頭頂區域。 與宇宙意識、靈性進化、和突破自我意識有關。	高等理智中心	智體 第三身體 智體的運作不能缺少高等理智中心與低等中心之間適當的連結。	靈的工作
		因果體 第四身體	

諸中心完整而和諧的工作。
本能、性、運動、情感、和理智中心之中，如果任何一個中心不顧其它中心而強勢發展，會形成單向發展的人，無法進一步進化。如果一個成長者將五個中心完整正確的運作並帶到一個和諧的境界，便能與高等中心連線、結合，進而誕生因果體。

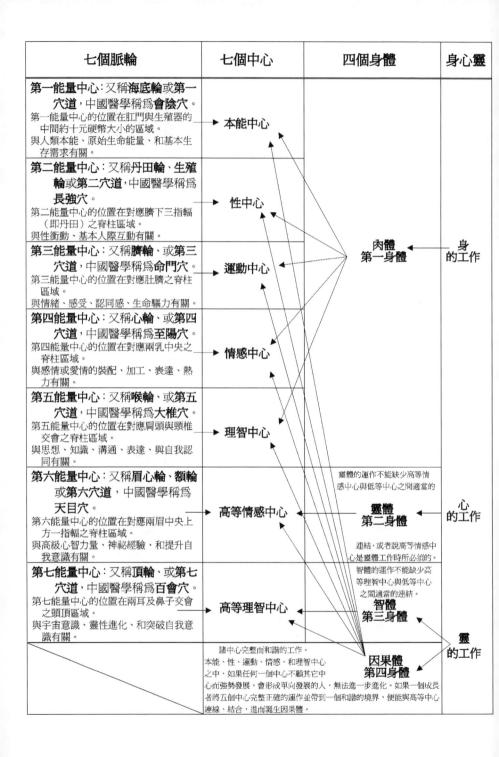

圖 4：人體脈輪圖

1.第一能量中心、海底輪、本能中心

2.第二能量中心、生殖輪、性中心

3.第三能量中心、臍輪、運動中心

4.第四能量中心、心輪、情感中心

5.第五能量中心、喉輪、理智中心

6.第六能量中心、眉心輪、高等情感中心

7.第七能量中心、頂輪、高等理智中心

（九）小　結

　　先後討論過四個中心的功能及性格、窗口理論及重力中心的觀念、低等中心與高等中心的關係、低等中心的錯誤工作、以及七個中心與四個身體及七個脈輪的關係……等等的問題之後，我們應該對七個中心作為身、心、靈三個層面工作的工作目標以及七個中心的靈性成長的內涵，有了比較完整的了解。最後，整理成下列幾個重點，好為身、心、靈工作提供明確的座標：

　　1.首先要了解自己的重力中心、窗口、性格類型、生命主題……自己究竟是通過十二個窗口的哪一個去看世界。「自我了解」永遠是意識成長與靈性蛻變的第一步工作。

　　2.進一步要了解自己低等中心的錯誤工作。「自我了解」工作不只要了解陽光，同時要了解陰影，知道自己生的是什麼病，才能對症下藥，選擇準確的治療法門。

　　3.設法停止低等中心的錯誤工作，藉此節省生命能源

── 有效利用人類有機體所產生的能量，不要浪費在沒有必要的錯誤工作上，而把能量保留給連接低等中心與高等中心的工作上。

4.將節省下來的生命能量，用作加快低等中心的運作速度，等到低等中心與高等中心取得一致、同步、及連結（五個低等中心通向兩個覺醒的高等中心），身、心、靈便開始整合，諸中心便開始完整而和諧的工作，那麼真正、終極的意識進化及靈性蛻變便會開始發生。

最後，我們澄清一個觀念：就是關於「身、心、靈三個層面工作的工作目標」或「生命成長位階」的問題，本文提供了兩個第四道的說法 ──「四個身體」及「七個中心」理論。其實「生命成長位階」的問題是許多修行宗派自古即有的說法，不同宗派、不同視野，即流傳下形形色色的不同意見。譬如奧修曾提出「肉身體、靈妙體、星靈體、心理體、靈性體、宇宙體、涅槃體」的七個體的生命成長位階的理論[10]；傳統佛教也有「六凡四聖」的說法[11]；甚至連最人間性格的儒家也有「聖人、賢者、君子、小人」

---

10 關於七個體的理論，可參考奧修《靜心冥想》。（奧修出版社，1989年 12 月初版。）及《找尋奇蹟 下冊》（奧修出版社，2003 年 4 月初版）等書。

11 佛學中有所謂「十法界」的說法，十法界即包括「四聖」及「六凡」兩類十種不同的生存狀態。「四聖」及「六凡」的主要差別在前者是已經超越輪迴苦海的聖者，後者則是仍然落入無盡輪迴煩惱的眾生。「四聖」即佛、菩薩、緣覺、聲聞四種高度覺醒、進化的生命狀態；「六凡」又稱「六道」，包括天道、阿修羅道、人道、畜牲道、餓鬼道、地獄道六種未覺醒的生命狀態。

這樣的大略的人格位階觀念。因此，本文選擇第四道的理論作為「身、心、靈三個層面工作的工作目標」或「生命成長位階」問題的代表說法，理由有二：1.這是兩個內容詳實易懂的理論；2.這兩個說法同時兼顧了生命整體性的進化與成長，因此符合了本文第三章「身、心、靈的一體性」的基本觀念。當然，如果同時參照其他家派關於「生命成長位階」的看法，可以更能對照出此一問題的全貌，但如此一來便離開了本書的主題，因為本書要討論的是關於「身、心、靈」生命治療的理論及技法，而非專攻人格位階的問題。

附：身、心、靈工作表

表6：身、心、靈工作表

真理、生命的一體性		
身	心	靈
身體工作 （Body Work） ex：武術、太極拳、導引氣功、瑜珈、按摩、跑步……	情感工作 （Emotional Work） ex：心理治療及諮商、種種發洩與治療技術……	靈性工作 （Spiritual Work） ex：禪坐、冥想、靜心……
鬆 放鬆 從生理結構入手節約能源 處理不自主的身體緊張	靜 止怨 從情感創傷入手節約能源 治療情感傷害	空 忘言 從妄想妄念入手節約能源 停止心靈的自言自語
煉精化氣 「身」的生命治療	煉氣化神 「心」的生命治療	煉神還虛、煉虛合道 「靈」的生命治療
食物、空氣 「身」的食物	印象 「心」的食物	能 「靈」的食物
第一身體 肉體 生理、肉體 生物性身體 身體工作的目標 ↓ 車 （完全發展的人包括身心靈 ↓ 肉體工作對下列中心的發展： **本能中心（海底輪）** **性中心　（生殖輪）** **運動中心（臍輪）** **情感中心（心輪）** **理智中心（喉輪）**	第二身體 靈體 情感、欲望 情感性身體 情感工作的目標 ↓ 馬 或四體的發展，及「三」或「四」 ↓ 靈體工作需要下列中心與五個低 等中心完全而適當的連結： **高等情感中心（眉間輪）**	第三身體　　第四身體 智體　　　　因果體 理智　　　　覺性、真我 精神性身體　真理性身體 靈性工作的目標 ↓ 駕駛　　　　主人 之間的平衡與連結。） ↓ 智體工作需要下　因果體的 列中心與高等情　出現是諸 感中心、五個低　**中心完整** 等中心完全而適　**而和諧運** 當的連結：　　　**作的結果** **高等理智中心** **（頂輪）**

陸、身、心、靈三個層面
工作的基礎技術（上）
──「節約」技術

　　討論完身、心、靈三個層面工作的一體性、種種基礎理論、工作目標之後；跟著，我們開始處理身、心、靈三個層面工作的基礎技術 ── 節約，學習從身心靈的不同層面與管道節約生命能源。其實「節約」的觀念與上文第四章第二節「2 放鬆、止怨、忘言」的內容是互相呼應的，只是「放鬆、止怨、忘言」是分論，在本章則收束成一個「節約」的觀念；當然，分論統說，可以彼此補強。進一步，對存儲生命能源來說，「節約」是消極的觀念，積極的作為則是攝取正確的「食物」以補充能源，所以在下一章，我們會進一步討論「食物」與身心靈工作的關係。首先，引用一段第四道大師葛吉夫的意見，可以初步看出生命能源浪費及節約的真實情形：

　　　　大部分的能量也都耗費在完全不必要，而且不管從
　　　　那方面來看都是有害的工作上，如耗費在不愉快的
　　　　情緒活動，表達不愉快的感覺、憂慮、坐立不安、

急躁以及一系列完全無用的自動化反應……

例如，我們的腦子裡首先會有一股不斷流動的思緒，我們既無法停止也不能控制，它也耗費非常多的能量。其次，是我們有機體上有很多沒有必要的肌肉緊張，即使是在什麼事都不做的情況下，肌肉也是繃緊著。一旦我們開始做一件小小的、無關緊要的工作，原本用來應付最艱困最費力工作的整個肌肉系統立即就開始行動。我們從地上拾起一根針，卻用了可以舉起一個和我們體重相當的人的力氣。我們寫一封簡短的信，卻用上足以寫一巨冊書的力氣。但是重點在於我們一直不斷耗費肌肉的能量，即使我們什麼事也沒做。

當我們走路時，我們的肩膀和手臂的肌肉毫無必要緊繃著；當我們坐著時，我們的腳、頸、背以及胃部的肌肉也很沒必要緊繃著；我們甚至還在手、腳、臉和全身緊繃的狀況下睡覺。而且，我們不知道我們耗費了過多的能量在不斷準備從事一些不必要的工作，而沒有將能量花在生活上真實有用的工作上面。[1]

　　從上文已經可以看到在身體、情緒、思想的不同層面的「耗能」狀況；因此，相對的，對生命能源的增產來說，「節約」是一個正確而重要的技術。當然，呼應前文「放

----

1 見 Peter D・Ouspensky 著，黃承晃等譯《探索奇蹟》（方智，1999 年 7 月初版）頁 253。

鬆、止怨、忘言」的內容，「節約」也分成三個層面來談論：

　　1.從生理結構入手節約能源 ── 放鬆。譬如上文提過的按摩技術。

　　2.從情感創傷入手節約能源 ── 止怨。譬如「八不律」的心法及技術。[2]

　　3.從妄想妄念入手節約能源 ── 忘言。譬如放空、靜坐。

一、從生理結構入手節約能源

　　從生理結構的角度思考，最耗能的真正原因：是日常生活裡充滿一些沒有必要甚至有害的身體緊張。譬如一個人勞動一整天會耗費很多能量，但有可能他坐著不動反而會耗費更多！為什麼？因為人體的大肌肉組織比較適應慣性，消耗能量反而較少；而小肌肉組織日常較少使用，一旦有了心理上的習慣性緊張，即使坐著沒動，身體一緊張，耗費的能反而比移動時還多。習慣性的肌肉緊張，造成我們不自覺的坐立難安。

　　所以第一步，我們要努力了解自我生命的緊張慣性。譬如：有人繃緊了腳，有人繃緊了背，有人睡覺時習慣性

---

2 「八不律」是指不要求、不判斷、不計畫、不緊張、不控制、不抗爭、不顧慮、不等待的修行心法及技術。詳見拙文〈從老子哲學印證『八不律』的生命智慧〉。（《萬竅 ── 中華大學通識教育學刊》第 3 期，民國 95 年 5 月 1 日。）

的緊張，有人工作時不自覺的咬牙切齒……每個人的「業力」不同。要了解它。

所以一個人如果有習慣性的緊張，那麼就算他什麼事也不做，甚至躺著不動，所耗費的能量也會比整天勞動的身體還多；如果一個人沒有小肌肉的習慣性緊張，當他不工作或不動時，當然不會花費任何的能。

所以好的身體慣性能節省能量，壞的慣性卻損耗更多能量。

一般情形一個人無法獲得更多的能，能量生產者先天上是不能改變的，而一個佛和一個凡夫所能產生的能量基本上是差不多的。從這個角度來看，佛與凡夫的差別，就是佛非常懂得自覺的「節約」能源。一個凡夫如果慷慨的耗能，就不可能省下珍貴的生命能量去做好當下的心靈工作，唯一的方法就是學習在任何可能之處，練習節省及有效利用能源。

總之，生命能量的主要漏洞之一：是我們不自主的身體緊張，所以身體工作的重點即學習從習慣性的緊張解脫出來，藉以省下珍貴的生命能源。

如果真能學會「節約」的技術，我們能夠比以前更努力工作，卻花費更少的能量。譬如：某人用鐵鎚打鐵，技術不好，往往用了十磅力量，卻只有一磅用在捶打物上，另外九磅的力氣變得完全浪費；所以相對的，如果懂得節約，只花五磅精準的力氣，便能夠把工作做得更好。又譬如：我們可以學會不緊張、不費任何力氣的走路方式 —— 走

路時，感覺身體一的股內在推力，然後交給慣性，輕鬆的走，學會不費任何力氣橫越空間；並且除了腿，學習放鬆身體的其他部位，留意讓身體隨時保持被動，鬆鬆的走，但頭、臉、舌頭、眼睛必須維持鮮活、敏感、與自覺。

因此，如何從生理結構入手節約能源，我們整理幾點簡單的結論：

（1）要學習了解自己習慣性緊張的身體部位及情況；

（2）要學習隨時自覺、觀察自己身體的緊張出現，然後盡可能用最少的身體部位及最節省能量的工作方式來工作；

（3）平時通過一些身體工作的練習，加強放鬆自己身體及節約能源的能力。

二、從情感創傷入手節約能源

同樣的，情感創傷的發作也會嚴重耗能。

從情感創傷入手節約能源，要注意內在的傷痛如被觸及，別讓它氾濫，別讓它控制你，別讓情緒奴役你，別讓負面情緒浪費你的生命能源。

譬如，你不喜歡某人，一看到他的臉就討厭，但努力不要讓這種負面感覺籠罩整個生命。別讓討厭的情緒成了你的主人。討厭別人，對別人來說不見得有影響，但自己的整個心情及生存品質卻首先被破壞了。而且如果每個人都很好，我們就沒有機會實際去面對自己的內在問題，更不可能有機會去治療、調整內在的創痛；所以應該為有練

習對象的出現而感到高興，因爲讓我們不愉快的人出現，
等於是幫助我們碰觸、發現自己的內在問題，而得到進一
步處理的機會；所以說「煩惱即菩提」── 痛苦會產生智
慧，每一個讓我們痛苦的人都是我們的菩薩，因爲他們幫
助我們發現、觸及痛苦的根源。

　　當我們是情緒的奴隸，我們會被許多事情不知不覺的
影響著，我們的內在是如此容易被安排與控制；就像我們
討厭某人，是因爲我們的情緒反應在我們的生命內部，而
不是在外部；對方只是一個觸媒，真正的問題在我們的內
心；也就是說當我們討厭某人，其實是在討厭自己生命內
在的某個部分。而且非常有可能被我們討厭的人，別人會
和他意氣相投，覺得他不該被責怪，這都是內在業力造成
不同觀點的緣故。所以別人的惹人厭和我們自己有關，所
有影響我們的東西都和自己的內在有關，有時候痛苦降臨
到我們身上不見得是件壞事，因爲內在的業力被觸發了，
這是治療它的最好時機。

　　所以治療情感傷害、清除痛苦指令是一個重點。從這
裡，可以導引出一個觀念：我們談「節約」，其實「治療」
可以視爲一個深度的節約。唯有治療好內在的情感創痛，
它才不會一再發病，耗費珍貴的生命能源。

　　第四道對情感創傷引發「耗能」的嚴重性了解得非常
深刻。葛吉夫認爲人體通常會在一天之中生產第二天所需
要的種種能量，但這些能量經常都會浪費在沒有必要的、
不愉快的壞心情、擔憂、懷疑、恐懼、受傷、和易怒……

等等的負面情緒上。這些情緒達到某種強度，可以在半小時甚至半分鐘之內就耗掉所有為了第二天所準備的能量；一次暴怒的發作，或某種暴力情緒都可以立刻引爆人體中的能量及精神物質，而造成生命內在長時甚至永久性的空虛。而且生命能量及精神物質的耗盡，同時導致精神蛻變、成長過程的終止。[3]

綜合以上所說，如何從情感創傷入手節約能源，要注意下列三點：

（1）要學習了解自己情感創傷的源頭、事件、狀況、程度、與來龍去脈；

（2）當內在的傷痛被觸及、地雷被引爆時，注意別讓它氾濫，把它控制在合理的範圍，別讓它成為主人；

（3）平時通過一些情感工作，慢慢治療、清除、鍵出情感創痕及痛苦指令。

三、從妄想妄念入手節約能源

關於放空妄想妄念及頭腦作用，上文第四章第二節中的「忘言」，通過奧修的意見及人腦科學的觀點，已經談了很多。總之，從心理方面入手節約能源，最重要的是不讓「它」想 —— 藉由放空、禪坐等等方式。

當然，要做到不讓「它」想是非常困難的，就像做不

---

3 見《探索奇蹟》頁 255，同註 1。

到放鬆肩膀的壓力一樣，但仍然是有可能的。我們的心靈往往日夜不休的自言自語，即所謂心猿意馬，這同樣是非常耗能的一件事，所以要學會種種技法讓心靈休息，停止心靈的自言自語，不要胡思亂想，從理智與頭腦節省下能量。

　　進一步分析：意念是生命及所有器官的樞紐，停止意念的運作，等於停止所有接觸外界資訊的器官的運作，這就是佛學所謂的「六根清淨」—— 六根即眼根、耳根、鼻根、舌根、身根、意根六種「器官」，六根又稱「六賊」（賊，傷害之意），因為六根對外境的執著，造成對心靈覺醒的傷害。[4]所以停止頭腦作用，可以引發出一連串的因果關係，見下表。

表7：停止頭腦作用因果關係表

停止意念（意根、頭腦作用、妄念妄想） → 停止六根運作（接觸外境與資訊的器官） → 關閉大部分意識頻道 → 僅保留主頻道 → 節省龐大的能量 → 讓精神生命進入高度集中、敏感的意識覺醒及進化過程

　　從上表，我們可以看到從妄想妄念入手節約能源的終極目標。

　　另外，在日常生活裡限制自己只說確實該說的話，也是一種從思想、意念上節約能源的小方法。

　　最後，從妄想妄念入手節約能源，我們整理成下列兩

---

4 「六根、六賊」的說法見《佛光大辭典 上冊》頁1297至1298。（佛光出版社，1989年2月三版。）

點結論：

（1）要學習對頭腦作用隨時喊停的能力。給頭腦、理性一個開關，當不需要使用它時，關掉它。這樣做，既可以省下能量，幫助心靈的覺醒；又可以讓頭腦、理性保持休息、充電、鮮活的狀態。對心靈與頭腦，兩方面，都有好處。

（2）平時通過一些靈性工作的練習，譬如禪坐，加強淨空頭腦的修養。

　　總之，對身、心、靈三個層面的工作而言，「節約」是一個共法、一個基本法、一個基礎技術。節約，是一個非常重要的修行技巧。至於有關「節約」更進階與詳細的修行技法，則留待下文詳論。

　　正如本章開始所說的，對存儲生命能源來說，除了要懂得消極的「節約」，還可以積極的通過「進食」來攝取能量；而且對身、心、靈不同的生命層面，各有不同的食物需求，所以在下一章，我們接著討論身、心、靈的「食物」理論。

柒、身、心、靈三個層面工作的基礎技術（下）
──「食物」理論

一、三種食物、四種食物、及與身心靈的關係

　　治療師肯恩・戴特沃德（Ken Dychtwald）在其名著《身心合一》中談到了一個「食物」理論。他認爲肢體心靈會攝取三種基本燃料：

　　1.食物 ── 我們吃了什麼、如何吃、面對食物的態度……都會影響我們的生命狀態。

　　2.資訊 ── 肯恩認爲這是更重要的食物層次。我們攝取了哪些資訊、如何吸收、處理……同樣會影響我們的生命狀態。

　　3.能量、情緒、精神 ── 這是最重要層次的食物及營養。[1]

　　在肯恩的理論基礎上，進一步細分，可以整理出一個

1　見肯恩・戴特沃德著，邱溫譯《身心合一 ── 肢體心靈和諧的現代療法》，頁 277。（生命潛能，1998 年 9 月初版。）

「四種食物理論」。有機生命都需要攝取四種不同層級的食物：1 食物 —— 第一種食物；　3 印象 —— 第三種食物；2 空氣 —— 第二種食物；　4 能　 —— 第四種食物。

　　在這個理論裡，第一種食物及第二種食物，是從肯恩的「食物」分化出來的；第三種食物相當於肯恩的「資訊」；第四種食物相當於肯恩的「能量、情緒、精神」；但第三種食物及第四種食物（印象與能）其實有重疊的地方，下文詳論。如果進一步從身、心、靈三個不同的層面來觀看，則這四種食物與身、心、靈的關係，如下表所示：

表 8：身心靈食物表

食物、空氣 ——「身」的食物	印象 ——「心」的食物	能 ——「靈」的食物

二、印象與能

　　在第一種食物裡，即像肯恩所說的，我們吃了什麼、如何吃、如何面對食物的態度……都是有學問與技巧的。

　　第二種食物（空氣），則牽涉到種種呼吸吐納的技術。

　　至於空氣可以算是一種食物，但「印象」為什麼也是食物呢？第四道大師葛吉夫認為：一個外在的印象，不論是聲音、視象、或味道，我們都可以從中接收到一定的能量與振動 —— 從外而入的能量就是食物。葛吉夫進一步說：缺乏第一種食物的供應，有機體依然能夠存在相當長的一段時間，已知的斷食案例可長達數十天；即使沒水，

有機體還是能夠存活幾天。但缺乏第二種食物的供應——空氣，有機體只能存活幾分鐘，四分鐘後一定死亡。但如果沒有印象或能量耗光，人一刻也活不了，有機體接收印象的能力被剝奪，會立即死亡。對人類有機體來說，食物愈重要，愈無法離開太長的時間。第四道認為，四種食物中，最重要的是印象和能，不只會影響生存，也會影響生命的進化；所以多接收品質精緻的印象，譬如：大自然的美景、好的藝術品、寧謐的聲音、植物的芬芳、優雅的音樂、溫馨的話語、充滿愛而體貼的人際互動、靈慾合一的性愛、好書……等等，而避免品質粗糙的印象，可以藉此提高生命能量的品質與層級。[2]

　　從第四道的意見，我們可以看出第四種食物（能）是無所不在的；不只食物裡有能，空氣裡有能，尤其每一個印象或資訊裡都飽含能量的存在，可以說能量是所有食物的營養核心；但是能量有清濁、精粗、優劣、好壞之別，好的印象孕含了好的能，壞的印象孕含了壞的能。而且印象或資訊裡飽含的能量，往往比食物與空氣裡的能量更重要或層級更高，這就是第三種食物（印象）與第四種食物（能）重疊的地方。

三、十八界與排毒技巧

　　既然能量有好有壞，所以對印象與能這兩種食物，便

2　這一段關於「食物層級」的文字，部分內容是出自 Peter D・Ouspensky 著，黃承晃等譯《探索奇蹟》頁 236（方智，1999 年 7 月初版）。

不只要懂得吸收，也要懂得排出。因為一個人每天會「吃進」無數的印象與能量，其中自然有優有劣，所以生命成長者除了要懂得選擇食物，還要學會有效的「排毒技巧」。如果吸收印象食物中「能的振動」之後，卻缺乏完善的意識代謝系統或排泄系統，那麼印象的殘留物會在生命內部堆積、發酵成毒素，造成不純淨的能量干擾，危及意識甚至生理上的健康。就像白天工作壓力過重或看了一部恐怖電影，晚上睡覺作惡夢，這就是負面能量干擾意識的現象。又像對某人長期的負面印象（譬如對某人的恨或恐懼），提供長期的負面能量干擾，形成負面的心理素質，長時間下來，會產生種種的身心性疾病。而談論意識代謝系統的功能與操作談得最好的，是佛道兩家（譬如佛家的空性及道家的無為），所以下文我們藉用一個佛學的「十八界理論」，很精細的描述意識代謝系統對「印象與能」的吸收、消化、揀選、與代謝的過程。

　　佛學裡有所謂「六根」、「六塵」、「十二入」、「六識」、「十八界」等說法，一一解釋如下：

　　1.六根 —— 即眼根、耳根、鼻根、舌根、身根、意根
　　　（眼耳鼻舌身意）。

　　用現代語言，即視覺器官、聽覺器官、嗅覺器官、味覺器官、觸覺器官、及思想器官。

　　指有機生命吸收印象食物的六個接收器。

　　根指「生」義。

　　六根又稱六賊（意義見上一章第三節「從妄想妄念入

手節約能源」）。

更進一步細分，六根又有粗細之別：

A.「粗」義，「形質」的意義，稱「浮塵根」或「扶塵根」。

這是肉身所具的六根。

類似今天所說的人體器官。

B.「細」義，「精微」的意義，稱「勝義根」或「浮色根」。

這是託在肉身六根中的六根，凡眼不見，天眼所見。

類似今天所說的神經、細胞。

　2.**六塵** —— 即色塵、聲塵、香塵、味塵、觸塵、法塵
（色聲香味觸法）。

　用現代語言，即所看的東西、所聽的聲音、所嗅的氣
味、所嚐的味道、碰觸的物體、及思考的媒介。

　指提供印象食物的六種外在環境。

　塵指「垢染」義。意思指外在環境會汙染及妨礙心靈
本體的覺醒。

　3.**十二入** —— 六根，是內在的，稱「內六入」。

　　　　　　　六塵，是外在的，稱「外六入」。

　　　　　　　合稱「十二入」。

　指六個接收器與六種外在環境的互動。

　入指「涉入」義。意思指根涉塵，塵涉根，根塵互涉
而生識，又為識所入。如下所示：

眼根	耳根	鼻根	舌根	身根	意根	**六個接收器**
↓ ↑	↓ ↑	↓ ↑	↓ ↑	↓ ↑	↓ ↑	**彼此涉入**
色塵	聲塵	香塵	味塵	觸塵	法塵	**六種外在環境**

4.**六識** —— 即眼識、耳識、鼻識、舌識、身識、意識。

用現代語言,即視覺經驗、聽覺經驗、嗅覺經驗、味覺經驗、觸覺經驗、及思想經驗。

指六個接收器與六種外在環境互動產生的六種印象食物。(這六種印象食物提供能量,也會產生毒素。)

5.**十八界** —— 即六根+六塵+六識。

界指「界限」義。指十八種生命的困陷,造成心靈本體無法覺醒。

另外,還有一個佛學名詞跟「十八界理論」有關的,即「四大」:

6.**四大** —— 即「地、水、火、風」四種構成物質宇宙的基本元素,稱地大、水大、火大、風大。對佛家來說,一切物質都是四大和合而生,而四大的積聚與離散,都是偶然因緣造成,所謂緣聚而生,緣散而滅;因此推論,一切由四大組合而成的物質現象,都是偶然因緣的現象、空性的現象、一時性的現象 —— 不能恆久、穩定存在的。

綜合上述佛學名詞的解釋,我們可以整理出一個「十八界」的印象食物代謝系統的完整結構:

表 9:十八界表

六根:	眼根	耳根	鼻根	舌根	身根	意根	六個接收器	內:內六入	四大和合,緣聚而生,緣散而滅
	↓	↓	↓	↓	↓	↓		↓	↓
六識:	眼識	耳識	鼻識	舌識	身識	意識	六種印象食物	內外交生	內外皆空,識無由生
	↑	↑	↑	↑	↑	↑		↑	↑
六塵:	色塵	聲塵	香塵	味塵	觸塵	法塵	六種外在環境	外:外六入	四大和合,緣聚而生,緣散而滅

這就是佛學的「十八界理論」[3]，其中隱藏了「印象與能量」食物的吸收與代謝的觀念。

從上表中，可以清楚看到「六根」觸動「六塵」，即產生「六識」。

用現代的語言來說：就是視覺器官看到東西即產生視覺經驗，聽覺器官聽到聲音即產生聽覺經驗，嗅覺器官聞到氣味即產生嗅覺經驗，味覺器官嚐到味道即產生味覺經驗，觸覺器官撫摸物體即產生觸覺經驗，思想器官思考事情即產生思想經驗。

用更簡要的語言來說：有機體的「六個接收器」碰觸「六種外在環境」，即產生「六種印象食物」，所以六種印象食物是由接收器與外在環境內外交生的。但，就像上文說的，「六個接收器」與「六種外在環境」都是由四大組合而成的物質現象，所謂「四大和合，緣聚而生，緣散而滅」啊！所以「內六入」與「外六入」都是偶然因緣的現象、空性的現象、一時性的現象；如果內外皆空，那麼由內（六入）外（六入）交生的「六種印象食物」（六識）不也同樣是偶然因緣的現象、空性的現象、一時性的現象嗎？因（六根、六塵）是空性的，那果（六識）怎麼可能不是空性的現象呢？也就是說，了解了「印象」從何而生，那麼對人間的一切現象都不應該有所執著啊！因為一切印象都是空的！

---

3 本文關於「十八界理論」的陳述，主要是參考于凌波《簡明佛學概論》中篇·第二章的內容。（東大圖書，民 80 年 3 月初版。）

　　從人類意識系統的排毒方法來說：通過「十八界理論」，我們了解到一切人間現象（包括感官經驗、情感經驗、知識思想、價值觀念、自我認同……等等）都是不需執著的空性現象，所以在吸收印象食物（六識）的能量後，便要放下所有印象與經驗啊！通過觀想、禪坐等等修行技法來放空現象 —— 空根、空塵、進而空識 —— 等於是排出「印象與能」食物吸收後的殘渣，不讓印象的殘留堆積成毒素，避免堵塞、污染心靈的純淨與自由，以及意識的成長與蛻變。

　　所以，通過對「十八界理論」的認識，我們要學會放空印象、蒸發印象、排出印象；能量不只要懂得吸收，也要懂得代謝；一方面我們感激所有印象與經驗（不管正面或負面）都提供給我們美好的生命能源，但另方面也要學會把一切人間印象與經驗還諸天地之間。即像我們感激當下這一頓美好的食物，但之後總要吸收與排泄罷，總不會停留在這一次美好的經驗，於是拒絕排出，也拒絕繼續進食，而讓美好轉變成痛苦。

四、控制戲與能量食物的爭奪

　　從上文一直談下來，我們知道「能量食物」是四種食物的核心，所有食物、空氣、印象的攝取，都是為了「能」的獲得；而從「十八界理論」中得知，能量不只要吸收，也要懂得代謝。接著，還有一個重要問題跟「能量」有關的，就是人間充滿「能量食物爭奪的戰爭」啊！因為能量，

人間變成巧取豪奪的修羅場。

　　其實日常生活中充滿爭奪能場的例子。譬如公車上的漂亮女孩，不只吸引他人的目光，也吸取了注目者的能量。又如熱戀中的男女，甘願把能量奉獻給對方，造成良性的能量相互吸取，從而導至精神及情緒的亢奮。又如上課或開會時，聽者如果專心聽講，注視講者，等於把能量供應給演講的人，如此一來，講者由於得到能量的補充，會愈講愈興奮與精采；相反的，如果聽者精神渙散，目光都不看講者，等於截斷對講者的能量供給，講者失去能量與信心，會愈講愈差；所以這裡有一個小技巧：聆聽者專心注目的動作，等於是進行善意的能量供給。又像一個家庭裡的家暴者或一個國家裡的暴君，等於是通過種種不同形式的暴力行為，掠奪子女或百姓的能量，如此一來，家暴者或國暴者掠奪的能量愈來愈多，便愈會感到自信、強壯、偉大、跋扈、專橫、與自大狂。

　　能量食物的攝取是為了維繫生存與靈性蛻變，如果一個人的能量食物不足會顯得脆弱、不安、空虛，於是便會不自覺的通過種種巧取豪奪的手段，去參與競爭能量的遊戲，慢慢的爭奪能量變成一個普遍的現象，帶給世界無窮的紛爭與衝突。這也是人類世界暴力相向的真正原因。因為能量匱乏而去奪取別人的能量，人便會產生強烈的支配他人的控制慾；從生命內在的角度來看，控制慾並不是完全為了外在的物質性目的，其實控制、壓倒別人，是為了接收別人身上的能。人生戰場裡輸家的能往往流向贏家，

而輸家的能場被奪取後，便會感到身體虛弱、智力降低、內心充滿不安全感，於是又會想盡辦法去奪取別人的能量。通常，奪取能量的策略是：首先假裝是對方的朋友，跟著開始批評、挑毛病、想盡辦法摧毀對方的信心，對方一屈服，能量便流向自己。大多數人一生的時間都花在竊取、搜捕別人的能上。愛情世界裡，也會經常出現一種能場競爭的模式：開始時雙方都自願送出全部的能，但如果身心不夠強健，經不起一再付出，男女關係便會變質成實質上的權力鬥爭 —— 要求對方先愛自己、先對自己好，或付出愛後要求對方回報。所以結論是：世界是一個龐大的能量系統，人類在其中一直無意識的爭奪能，好填補內心的空虛與不安全感，由此引發各種規模的衝突 —— 家庭、職場、國際紛爭、國族戰爭⋯⋯整個人類社會投入一場規模龐大的能量爭奪戰。

　　而能量爭奪的第一個戰場往往發生在原生家庭的親子兩代之間，這種親子之間的戰爭稱爲「控制戲」（Control Drama）[4]，「控制戲」造成人生戰場的源頭，也讓生命從痛苦的陰影中開始。本文引用 James Redfield 的「控制戲」理論，藉以說明親子之間爭奪能量食物的模式，並進一步提出解決之道。

　　「控制戲理論」可以視爲是「原生家庭負面經驗的分析理論」。要了解人生陰影的源頭，先從錯誤的第一步開

---

4 關於「控制戲理論」，主要參考 James Redfield 著、李永平譯《聖境預言書》之「6 清理過去的一生」。（遠流，1996 年 4 月初版三刷。）

始。筆者常愛用的一個比喻：「許多人的背後都有一座痛苦指令製造工廠，工廠裡各有一正、副廠長，他們的代號通常是爸爸、媽媽。」父母是人，是人就有人性的弱點，「虎毒不食兒」、「天下無不是的父母」都是八股的謊言；對幸運的人來說，家庭是資產與禮物；對不幸的人來說，負面家庭經驗便是必須要面對的人生課題。James Redfield 的「控制戲」理論討論了四種負面的親子互動，包括：

1.脅迫者、2.審問者

3.冷漠者、4.乞憐者

也等於是四種原生家庭能場爭奪的模式。分析童年時期形成的無意識的「控制戲」，認清家庭中大人小孩能場的爭奪方式。從生命進化的角度重新詮釋家庭歷史，找出真正的自我；而且找到陰影源頭之後，便可以開始正視、反省、革除自己控制別人的手段與惡習，進一步重新連結被切斷的宇宙能源。接下來，我們分別說明四種「控制戲」的內容，四種「控制戲」又因強度與性質的不同，可以進一步歸納成兩大類：

積極、強勢的控制戲

1.脅迫者（intimidator）

通過言詞、精神、武力威脅、肢體暴力，強迫別人順從自己的意志，當別人恐懼、屈服時，便吸取了別人的能。在原生家庭負面經驗中，脅迫者的父母通常扮演家暴者的腳色，通過打罵吸取孩子的能量。

2.審問者（interrogator）

專挑對方言行裡的毛病，不斷批評，一步步摧毀對方的世界，造成對方怯懦不安，失去信心，藉以吸取對方的能。在原生家庭負面經驗中，審問者的父母通常利用嘮叨、批評、監視、言語攻擊的方式，接收孩子的能量。

消極、弱勢的控制戲

3.冷漠者（unconcerned man）

冷漠者通常與人保持距離，裝作冷漠，裝 cool，吸引別人的注意及好奇，讓別人的能流向自己。在原生家庭負面經驗中，冷漠者的父母通常會利用冷漠、漠視、疏離的方式，孤立孩子，讓孩子乞討愛，能量便流向冷漠者父母。

4.乞憐者（poor me drama）

乞憐者通常扮演苦肉計及悲劇腳色，甚至暗示對方該對自己的苦難負責，讓別人背負自己的情感十字架，讓別人忍不住愧疚，讓能量流向自己。在原生家庭負面經驗中，乞憐者的父母通常會長期催眠某一個孩子，這個孩子會特別同情父母親的苦難，站在父母的一邊，每每在父母流淚痛苦的時候，把能量與愛供應給父母；而自己由於長期能量匱乏，並感染了父母的悲劇人生，而註定了開啟另一齣乞憐者的人生悲劇。其實孩子不知道沒有人需要為別人的痛苦負責，尤其父母更不應該讓孩子為長輩的痛苦人生負責。

在原生家庭的負面經驗中，性格強勢的父母會利用第一、二種控制戲「豪奪」孩子的能；性格弱勢的父母會利用第三、四種控制戲，利用孩子的好奇與同情「巧取」孩子的能。但，事實上，在能量爭奪的戰場中，孩子也有反

制之道，譬如下面幾個可能性：

1.脅迫者的父母製造乞憐者的子女

有些家暴型的父母打罵子女，會愈打愈覺得情緒高昂、愈打愈覺得充滿力氣，這是因為通過打罵與脅迫奪取了孩子的能；於是被責打的子女哀求、哭叫，只要父母一心軟，開始對孩子同情、擁抱、甚至覺得愧疚，孩子便成功從父母身上取回部分的能量，這同時是孩子的自保之道與反制之道，但也從此決定了孩子習慣當乞憐者的性格悲劇。

2.審問者的父母製造冷漠者的子女

遇到嘮叨、批評、監視、習慣用言語攻擊的父母，子女通常會用冷漠者的角色自保，慢慢的變成習慣性的漠不關心與人際疏離。因為只要父母覺得不了解孩子、稍感好奇，孩子便成功取回部分的能，但也定型了子女長大後的冷漠者性格。冷漠者子女習慣在自己與別人之間築起高牆、封鎖內心，因為他們覺得這樣做是最安全的，而且可以吸引別人的好奇與能量。

3.冷漠者的父母製造審問者的子女

冷漠者的父母整天在忙自己的事情，不理小孩，隔開與子女之間的親密互動，等於是拒絕供應任何能量給孩子；在這樣家庭氣氛中長大的子女不能擺出矜持的態度，因為這樣不能吸引冷漠者父母的注意，所以子女只好扮演審問者的強勢角色，探究父母隱私、挑剔父母言行裡的毛病、迫使父母對自己另眼相看，好吸取父母的能量。但也種下了審問者子女長大後愛與別人玩「智力戰爭」的不良

習慣 ── 習慣用聰明的頭腦控制別人、奪取能量。

4.乞憐者的父母製造脅迫者的子女

乞憐者的父母要把他們的痛苦拷貝、感染給子女，但如果遇到性格強勢的子女，不甘背負上一代的情感十字架，便反而會回過頭來攻擊父母的軟弱、批評父母的無能，極端的甚至會出現家暴父母的行為。不管父母終於受不了放下乞憐者的角色，而加入兩代之間的暴力戰爭（語言的或肢體的），或許父母繼續停留在乞憐者的姿態而甘於受辱；總之脅迫者子女都已經成功反制了乞憐者父母的情感陷阱。

但這樣的子女長大後已經慣於攻擊行為，不懂人與人之間可以擁有柔軟的情感關係，而變成習慣性的暴力脅迫者。

看完父母子女兩代之間爭奪能場的模式，讓我們忍不住感慨人間許許多多的情感傷害與戰爭的源頭，原來只不過是由於能量的匱乏。其實「能量食物」對生命是非常重要的，現代人由於普遍能量不足，所以造成更嚴重的能量爭奪現象。好了，我們已經了解了控制戲的內容，現在應該是去了解自己在原生家庭的真正身分或陰影源頭的時候了，做一個自我反省罷，了解自己，是生命重新出發的第一步；在下文，作者安排了兩個「練習」，希望能夠幫助讀者反思自己在原生家庭裡「控制戲」的真正角色及涉入程度。

▲練習一：評量你的生命經驗在四種「控制戲」裡的涉入程度。

每一種戲勾選一個選項。根據結果再進行練習二的書寫。

表 10：控制戲評量表

脅迫者的控制戲
1 六歲之前，曾受父母或其他人言詞、精神、或肢體暴力長時間的威脅，造成人格中極大的創痕，對後來人生的發展形成嚴重的負面影響。
2 與上項情況相同，但發生在六歲之後的某些人生階段。
3 六歲之後，曾遭受一到幾次頗嚴重的暴力脅迫事件。
4 父或母親有中度的脅迫者性格。
5 父或母親有一點點的脅迫者性格。
6 在家庭與重要的人際關係裡，並沒有遇過脅迫者。

審問者的控制戲
1 六歲之前，一直遭受父母或其他人長時間在言語上的責備與壓力，自信心受損嚴重。
2 與上項情況相同，但發生在六歲之後的某些人生階段。
3 六歲之後，曾遭受一到幾次頗嚴重的語言攻擊事件。
4 父或母親有中度的審問者性格。
5 父或母親有一點點的審問者性格。
6 在家庭與重要的人際關係裡，並沒有遇過審問者。

冷漠者的控制戲
1 六歲之前，長期缺乏愛與照顧，在冷淡、疏離的環境中長大。
2 與上項情況相同，但發生在六歲之後的某些人生階段。
3 六歲之後，曾遭受一到幾次頗嚴重的情感背叛事件。
4 父或母親有中度的冷漠者性格。
5 父或母親有一點點的冷漠者性格。
6 在家庭與重要的人際關係裡，並沒有遇過冷漠者。

乞憐者的控制戲
1 六歲之前，便目睹父母其中一方嚴重的情感受傷，並長時間感受哀傷、聽到哭訴，性格容易悲觀低潮。
2 與上項情況相同，但發生在六歲之後的某些人生階段。
3 六歲之後，曾遭遇一到幾次父母或朋友頗嚴重的情感受傷事件而深受影響。
4 父或母親有中度的乞憐者性格。
5 父或母親有一點點的乞憐者性格。
6 在家庭與重要的人際關係裡，並沒有遇過乞憐者。

在上表的六種選項中，選項 1 是指涉入四種控制戲最深而且生命受傷最重的，選項 6 是涉入程度最淺的，依此類推。勾選之後，可能有些朋友會發現自己在原生家庭的經驗中曾經涉入兩種甚至以上的控制戲，這是有可能的，生命陰影的源頭可能是複雜的。好了！清楚定位自己的生命課題與痛苦源頭之後，便可以進一步進行更縝密的反思與書寫：

▲練習二：回想、反思你的原生家庭是否曾有出現過任何一或多種「控制戲」，嘗試寫下其中的心路歷程與來龍去脈。又是否對你後來的性格發展、人際關係、情緒模式、生活挫折……造成任何的負面影響？嘗試寫下你的生命故事。

該是清理自己過去生命源頭、認識真正自我的時候了。接著，對於如何解決能場爭奪的戰爭，本文提供幾點意見，作為結論：

1.通過反思、探索真正的自我，為出生在自己的家找出精神上的真正原因。了解是超越控制戲的第一步。

2.靈性的蛻變與進化是最究竟的解決方法，學習正面補充能量的修行技法，是超越控制戲的最後一步。讓自己成為真正的自由人，為生命尋找更高的定位 ── 關懷者、協助者、溝通者、傾聽者、擁抱者……

3.在人間爭奪能量的戰場中，也要懂得自保的技巧 ── 戳破。當某人要通過某種控制戲企圖吸取我們的能量時，我們可以輕輕、簡捷、但明確的戳破對方的意圖，用

語盡量明快而冷靜，譬如面對審問者時，說：「你不要再挑毛病、耍嘴皮子了，你說了那麼多就是爲了要控制我，你不會得逞的。」說完就走，離開現場，留下錯愕的對方，真正的企圖被拆穿，遊戲就玩不下去了。

五、結論 —— 四種食物的正確攝取技術

談完「四種食物」理論種種相關的觀念之後，最後，我們做一個結論，整理如何攝取身、心、靈食物的正確態度及方法；尤其能量食物補充的正途，不應是巧取豪奪，而是尋找、開發更高層能源的功夫及技術：

1.首先，要有「整體」食物的觀念 —— 人類有機體的食物包括了食物、空氣、印象、與能量四個層面。唯有均衡、正確的攝取四種食物，身、心、靈才會得到真正的營養與進化；尤其修行者，要建立起屬於自己攝取食物、空氣、印象、能量的技術及習慣；唯有完整的進食，才能發展完整的生命。

2.正確攝取第一種食物 —— 食物。

即像前文說的，我們吃了什麼、什麼時候吃、如何吃、如何面對食物的態度……都是有學問與技巧的。

3.正確攝取第二種食物 —— 空氣。

「空氣食物」的攝取關係到種種「呼吸吐納」的法門，譬如腹式呼吸、胸式呼吸、導引呼吸、脈動呼吸、觀想呼吸、混亂呼吸……等等，下文有機會再詳談。

4.正確攝取及代謝第三種食物 —— 印象。

　　要懂得選擇精美的「印象食物」，避免進食粗劣的「印象食物」；而且還要學會放空、蒸發、排出殘留的印象；因為印象與能量不只要懂得吸收，也要懂得新陳代謝的途徑。

　5.正確攝取第四種食物 ── 能量，及超越
　　能量爭奪的遊戲。
　　單從「能量食物」的角度來說，正確攝取的途徑有三：
　　　A.回歸大自然可以得到能的補充
　　　　比如登上峰頂、進入處女林，都會被注入大量能流；往往登山者都有過這種亢奮、高昂的精神經驗。
　　　B.從美感經驗與愛的經驗可以得到能的補充
　　　　對美的欣賞（不管是大自然、藝術、或情感的美），達到愛的程度，會讓人感到一種對天地萬物的大愛，等於進入一種能量的連結、回流、與一體感。其實，愛的作用一直被誤解，愛不只是道德律或利他主義，而且是連結、補充能量的最佳方法，所以愛也是真正的利己主義。當然，這裡講的愛是那種情不自禁的興奮、幸福、與不要求回報的愛。
　　　C.從修行法門可以得到能的補充
　　　　這是學習開發更高層生命能源的正途。
　　除了懂得正確攝取「能量食物」，也要學會超越能量爭奪的遊戲 ── 控制戲。了解、面對束縛自己的控制戲的來龍去脈，然後通過靈性的蛻變與進化超越它；當然，如果遇到別人意圖奪取我們的能量時，也要懂得洞察、戳破、與自保。

　　本章談論「食物理論」，也接近尾聲了。

　　下一章開始，我們開始討論身、心、靈工作具體的技術與功夫。「知」固然重要，「做」才是主題；「道」當然是根本，但「術」是道的延伸、完成、與具體化；所以「道」等於在談「如何可能」的原理，「術」則進一步去談「落實可能」的方法；所以下文的重點是在整理身、心、靈修行工作具體的「做法與作為」。那麼便從放鬆身體的技術開始罷，讓我們慢慢走進「實踐」的世界，「做」的世界。

捌、身、心、靈三個層面工作的進階技術縱橫談（上）

── 身的「放鬆」技術：跑步禪與放鬆練習

先「道」後「術」，先「原理」後「技術」，先「理論」後「功夫」。

從本章開始，我們討論「功夫」的問題。

即像上文所說的，我們行將分別討論如何從放鬆身體、治療情感、放下雜念（身、心、靈工作）三個途徑入手去治療生命及節約能源，進一步促成靈性的進化。

從本章開始介紹的「三個途徑與六個法門」，即身、心、靈工作的進階技術的六門技法 ── 跑步禪、放鬆練習、痛苦智慧、八不律、禪坐、與靜心。這六門技法都是筆者親身經驗過的「方便法門」，都是筆者曾經思考、整理、體驗、實踐過的真實經驗；不諱言的說，本書關於修行技術的「選擇標準」是主體性，而不是客觀化的。正由於談的都是個人的「真實經驗」，因此整理起來便更自然、深刻、真實、與得心應手；更有實感，也更有「手」感；當然六個法門的內容也符合本書一貫討論下來的思考脈絡。

生命治療與心性成長，畢竟不能離開主體性經驗。

　　當然，這六個法門分別隸屬於身、心、靈三個層面的工作：

　　1.跑步禪與放鬆練習是「身」的工作。

　　　前者是「動態」法門，後者是「靜態」法門。

　　2.痛苦智慧與八不律是「心」的工作。

　　　前者是儒家經驗的啟發，後者是道家智慧的體悟。

　　3.禪坐與靜心是「靈」的工作。

　　　前者是佛家傳統的法門，後者是奧修整理的功夫。

　　所以六門技術分別是動靜、儒道、與古今的修行傳統。

　　但在正式討論之前，我們要先介紹一些「診斷方法」。先行診斷身、心疾病的真實病情，才能選擇適當、有效的治療工具；先行了解病情，才能準確的著手治病；了解、診斷是第一步，治療、實踐才是第二步。因此，在下一節，我們會先從「診斷系統」談起 —— 身體語言學。

一、身體診斷系統 —— 身體語言學

　　筆者嘗試在本節談論一些診斷工具，譬如：

＊身體語言學是診斷「身體問題、外部疾病」的工具；所以屬於「身體工作」的前行。

＊人格分類學是診斷「心裡問題、內部疾病」的工具；所以屬於「情感工作」的前行。

　　但為什麼沒有針對靈性的診斷工具呢？因為靈性無法診斷。

　　靈性也不需要診斷。靈性是生命大本、終極本體，它天生具足、圓滿不二；靈性是不會生病的，所以也就沒有診斷的問題。因此，靈性的「問題」，只是靈性本身被「雜訊」遮蔽了，而雜訊是來自紊亂的身、心系統，所以只要有診斷「身」、「心」的工具就夠了，「靈」不必、也無法診斷。

　　至於「身體語言學」是上文曾經討論過的治療師肯恩的診斷技術，而我們選用這個診斷工具的最主要原因，是因為這套學問非常的簡明扼要。原來身體語言學是「自我了解」技術的一種，「自我了解」的工具與技法五花八門，可以另寫專書討論；但本書的主題是「身、心、靈工作」，因此對「自我了解」技術當然不能著墨太多，以免偏離主題太遠，而不得不有所取捨。這裡所選用的「自我了解」技術是一個雖然簡要但很有實力的工具，可以幫助我們在有限的文字空間裡，達到深刻的診斷、觀照、了解自己的身體與內心的效果。

　　然而，在介紹身、心診斷工具或自我了解技術之前，我們有必要花一點點時間，稍稍討論「自我了解」的深層意義。

（一）「自我了解」的深層意義

　　「自我了解」其實是非常重大的生命工作。在修行的道路上，自我了解是必須做的第一步，跟著才輪到自我治療的實踐 ——「了解」後，才能有效的「復健」與「治療」。

在這一小段裡，我們引用了一些中外古今的名家關於「自我了解」的佳句，好在正式討論診斷工具的內容之前，略窺「自我了解」的深層意義及原理。

＊「如果我們不能解讀靈魂的語言，耳目所聞，都屬虛妄。」
　　　　　　　　　　　　　　　　── 希臘哲人芝諾分尼

＊「閱讀自己比閱讀書本重要。」　　　　　　── 尼采

＊「知人者智，自知者明。」　　　　　　　　── 老子

＊「你是甚麼，你看不見，你所看見的只是你的影子。」
　　　　　　　　　　　　　　　　　　　　　── 泰戈爾

＊「一艘船除非知道自己的航向，否則甚麼方向的風都不會是順風。」　　　　　　　　　　　　　　── 佚名

＊「了解你自己。」　　　── 希臘阿波羅神廟廟門銘文

＊「環境不會改變，解決之道便是改變自己。」
　　　　　　　　　　　　　　　　　　　　　── 梭羅

＊「大多數人想改造世界，但卻罕有人想改造自己。」
　　　　　　　　　　　　　　　　　　　　── 托爾斯泰

接下去，再補上幾句筆者個人的句子，一併請讀者參考：

※人格分類學是內視心靈的學問。

※面對生命的藍圖，你愈深刻的看，它會給你愈深刻的答案。

※知命（自我了解）與改命（生命復健）是生命成長的兩階段。

　人格分類學主要負責第一階段的工作及提供第二階段的建議。

※改變自己的基礎在了解自己。

　　在上文的兩組句子裡，第一組的第三句老子說的「知人者智，自知者明。」正隱藏著「自我了解」的深刻意義。翻譯成白話文，這句話的意思是：了解別人的是智者，了解自己的才能點亮心中的「明燈」，點亮心中的明燈，才能照亮人間的「明路」。對「明」一字的深刻解釋，是老子的微言大義 —— 壓縮性文字：明燈照亮心靈，明路指引人生；明燈是本，明路是末；明燈是體，明路是用；明燈指心靈的智慧，明路是人間的工具。「明」的雙重意義，接近道教談的「性命雙修」，「自我了解」可以同時兼得天上財富與人間財富；既得心靈智慧，又有實用價值；既養性，又修命。

　　第四句印度詩哲泰戈爾說的「你是甚麼，你看不見，你所看見的只是你的影子。」這句詩有兩層涵義：

　　1.真我了解不易。往往看到的都只是自我生命的皮毛及表面 —— 影子。

　　2.看到也不敢承認。原來看清楚自己 —— 自我了解，不只需要智慧，更要有勇氣；不然，勇氣不夠，便無法面對、承認自己生命中破銅爛鐵（陰暗面）的存在；因此，真能做到了解自己的，不但是智者，還要是勇者；其實這也是「內在英雄」的真正涵義：凡了解自己的，都是內在英雄。

　　第六句「了解你自己」，則要考慮它的空間環境的意義。那是阿波羅神廟廟門的銘文啊！阿波羅神是太陽神

啊！意思是說：了解你自己，即點亮生命中的太陽神啊！

　　在第二組句子裡（筆者個人的句子），筆者很喜歡第二句：「面對生命的藍圖，你愈深刻的看，它會給你愈深刻的答案。」是的！就是這樣！這是非常簡明而真實的因果律。你怎麼樣的看生命，它會怎麼樣的「還」給你！你怎麼樣的處理生命，它會怎麼樣的「還」給你！你怎麼樣的參與生命，同樣的，它也會還給你怎麼樣的人生。

　　第四句「改變自己的基礎在了解自己。」則是針對第一組句子的最後兩句梭羅及托爾斯泰的話而發的。是的！了解自己，是改變內在世界及外在世界的源頭及礎石。

　　好了！一窺自我了解的意義後，我們來實際參與自我了解的生命工作罷，先從診斷、了解自己的「身體」開始。

（二）身體語言學：五種分裂、七個肢體心靈、及生理疾病與心理訊號對照表

　　在「行」之前，必須先「知」；在「治療」之前，必須先「診斷」；在進行身體工作的治療與放鬆之前，必須能夠先行解讀身體的語言；在治療之旅起航之前，必須詳細閱讀身體的地圖。這就是「身體語言學」的因果意義。

　　簡單的說，所謂「身體語言學」，就是身體是會「說話」的；身體會說出靈魂的語言，身體會揭露生命內在的秘密。身體與心靈是一體的兩面，身體是反映靈魂的一面鏡子，內在的真實健康狀況與負面情緒模式都會反映在身體的健康或疾病上，不同的疾病會發出不同的心理訊號，

不同的體型也會透露不同的人格類型。而且身體是有記憶的，身體會如實記錄過去心理的創傷、痛楚、壓力、驚恐……當然，反過來，身體的痛苦也會存留、鎖定在內心的意念中；這就是身心的「一體性」，也是身體語言學之所以可能的學理根據，而我們正是要利用身體語言學作爲身體治療工作的「診斷工具」。

其實，爲什麼要學習身體語言學？我想痛苦是一個最強烈的動機。我們在生理層面出現無法迴避的痛苦與疾病，於是不得不藉助身體語言學的肢體讀取技術，去尋找問題的原因、痛苦的源頭。因爲身體是告密者 —— 身體會透露出許多心理的、情感的內在祕密，通過「肢體表情」的讀取，往往可以幫助我們了解許多超越身體層次、更深層的生命資訊。

治療師肯恩・戴特沃德的身體語言學的理論中，最精采的是提出了「五種身體分裂」及「七個肢體心靈」的檢查系統，先從「五種身體分裂」談起。

肯恩談的五種分裂，分別是：

A、左右分裂；D、頭身分裂；

B、上下分裂；E、軀幹四肢分裂。

C、前後分裂；

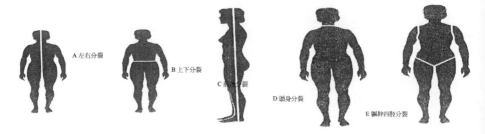

A 左右分裂　B 上下分裂　C 前後分裂　D 頭身分裂　E 軀幹四肢分裂

圖 5：身體分裂圖[1]

　　肯恩建議：準備一個落地鏡，在落地鏡前審視自己的整個身體外形，但盡量不要批判。並且準備一張紙畫下自己的「身體地形圖」，然後用不同顏色標示出身體健康、快樂、有活力，及虛弱、疼痛、生病、有壓力、出過意外等不同部位，接著看看健康與不健康的身體部位是否有出現重疊的地方？也可以在特別有活力的部位畫一些放射性光芒。畫「地形圖」的過程中，細細感受、觀察自己的身體：是否對自己某些身體部位特別親密？而對某些身體部位特別不熟悉？又對另外一些身體部位特別感到沉重？……然後一一記下來。當然，也可以在「地形圖」上記下自己身體分裂的真實情況。

A、左右分裂

　　在上文第四章，我們談過左右腦的不同功能：

　　＊左腦是語言腦、意識腦、低速作用腦、邏輯腦、強

---

1 本節關於「身體語言學」中「五種身體分裂」的圖與文字主要參考肯恩・戴特沃德著，邱溫譯《身心合一 —— 肢體心靈和諧的現代療法》中第二章：「肢體心靈的互動關係」的內容，並加上作者個人的意見及整理。（生命潛能，1998 年 9 月初版。）

勢腦。

　　它負責分析、語言、計算、邏輯思考……

　　＊右腦是影像腦、潛意識腦、高速作用腦、直覺腦、弱勢腦。

　　它負責確定空間方位、藝術活動、影像能力、感受、情緒……

　　左右腦與身體的關係是交叉神經的關係，意思說：左腦負責控制身體右半邊大部分的運動及神經肌肉功能，右腦則負責控制身體的左半邊。因此，我們的左半身與右半身是具有不同「性格」的：

　　＊右半側身體是陽剛的（左腦控制）──

　　具有理性、主動、記錄性、果決、攻擊性、進取、專橫、分析性的生命特質。

　　＊左半側身體是陰柔的（右腦控制）──

　　具有感性、被動、創造性、溫柔、接納性、保守、包容、整體性的生命特質。

　　觀察自己的身體是否有左右分裂的情形？左強右弱？或右強左弱？──可以從身體的外形觀察，可以從情緒或性格觀察，也可以從對左右半側身體的感受觀察。（哪半側比較輕鬆、舒服？哪半側比較沉重、僵硬？）舉一些列子說明：

　　ex：一般來說──右眼的淚是激動、憤怒、控訴的淚（因為左腦的攻擊性）；

　　左眼的淚是憂傷、脆弱、自憐的淚（因為右腦的保守

性）。

ex：左手大多以被動、接受的方式伸出去與外界接觸；

右手大多以主動、積極的方式伸出去與外界接觸。

ex：作者個人的身體經驗 —— 左掌較短厚，右掌較修長；

左手活動比較受限，右手活動比較靈活；

曾經疼痛、僵硬、血氣不暢的是左後腦、左肩、左腰，

右側的身體比較沒事、愉快；

連在空走廊上也聽到左腳的足音都比右腳沉重。

所以作者觀察自己，有明顯左右分裂的身體狀況。比較有問題的是左邊的身體（右腦控制）—— 因此了解自己有情感表達受壓抑而理性表達較順暢的生命課題。

基本上觀察自己身體的左右分裂情形，可以在大方向上掌握所要面對的生命課題，究竟是出在「感情」？還是「理性」的問題上？

B、上下分裂

對於上半身與下半身的功能，治療師肯恩的分析如下：

＊下半身

是接觸大地的肢體心靈[2]，與穩定、移動、平衡、支持、固定有關，肢體心靈的下半部讓我們舒服的站穩在地面上。

從社會心理方面來說，下半部涉及隱私、依賴、安全感、與心理支持……等等。

2　「肢體心靈」（Bodymind）是治療師肯恩發明的專用名詞，指肢體（body）與心靈（mind）的合一。

＊上半身

與視覺、聽覺、說話、思考、表達、撫摸、打擊、掌握、溝通、呼吸的功能有關的肢體心靈。

從社會心理方面來說，上半部負責人際關係、自我肯定與展現……等等。

可以從身體重量的比重，以及上下半身哪一半比較優雅、協調、健康活躍來判斷上下分裂的真實情形；通常較僵硬、較不協調的一半身體會承受較多的壓力、緊張、及傷害。觀察自己的身體是否有上下分裂的情形。如果有，你屬於下面的哪一種的上下分裂：

＊下半身比例較大 ── 保守派或靜態人格

如果一個人下半身比例較大，表示這種人性格較穩定、舒適、腳踏實地、隨遇而安，性格較依賴，傾向尋求他人的支持與認同；但身體的上半部呈現收縮、未充分發育，可能是不習慣表達自我的族群。

＊上半身比例較大 ── 行動派或動態人格

如果一個人上半身比例較大，表示這種人性格積極進取、活潑外向，通常具備不錯的表達及社交能力；但身體比例上的細瘦雙腿及臀部，顯示性格上缺乏足夠的穩定情感及自我支持；這種人喜歡到處活動而不喜歡待在家，處理事情上，傾向採取主動而不喜靜待時機。

其實，上半身代表的進取性格與下半身代表的保守性格，是兩種互補的生命能量。當然，可以進一步整體觀察「上下」與「左右」兩種肢體心靈的分裂結構，做一個更

全面而深刻的自我診斷。

C、前後分裂

前後分裂也是一種常見的身體分裂。

對於前半部與後半部的功能，治療師肯恩分析如下：

＊身體的前半部 —— 顯性我、意識到的自我、社會性的自我

這是一個人蓄意呈現在別人面前的自我，通常也是本人認定的「我」，這也是人前最常見、穿衣根據、以及與自己關係最密切的一「面」。

身體的前半部負責生活裡主動的情緒反應：悲傷、快樂、渴望、照顧、關愛、溝通、欲求等情緒。

＊身體的後半部 —— 隱性我、意識不到的自我、隱密性的自我

人常把自己不想面對或不想讓別人看見的自己藏在這一「面」。

肢體心靈的後半部常常儲存、藏匿了許多負面情緒，形成了沿著脊椎骨和雙腿內側的壓力區。

肯恩認為一般人容易誤會肢體心靈的後半部比較脆弱，其實很多人的情形正好相反。真正的情形是：許多人把最強烈的情緒，譬如憤怒與恐懼，累積在後半面，結果造成人體前後不平衡的生命狀態，前半面往往太脆弱，而後半面卻變成了一座地下兵工廠或像一頭潛伏的野獸。因此，造就許多人的身體外形是前面看起來文弱，身體後半卻肌肉賣起。人，往往在身體的「後面」，壓抑著一個憤

怒的巨人。

　　肯恩又舉了一個例子：人體的前半面像客廳，往往用來接待客人，安排得整齊漂亮；人體的後半面則像小閣樓或地下室，裡頭堆滿老舊的物品與記憶，許多不曾表達的情感與態度往往凍結在身體後面的組織裡，久而久之，造成了肌肉的緊張、壓力、與武裝，並阻礙了生命能量的流通。

　　一般而言，身體的前後分裂是比較難觀察到的，通常要借助別人的眼睛，或自己細心的感受及反思。所以出現在身體後半部的疾病，也往往是較難察覺的。譬如：頭痛的心理訊號是「自我批判」[3]，但「前、後」頭痛的意義是不一樣的；前面、頂門、太陽穴的偏頭痛是「顯性的自我批判」，而後腦的偏頭痛是「潛意識或不易覺察的自我批判」。

　　觀察一下你是否有前後分裂的情形？並多給一些關愛到你的隱性自我之中，讓覺知的陽光灑落在生命中的陰暗面。

D、頭身分裂

　　筆者個人認為這是一種較少見的身體分裂，但也是一種甚具毀滅性的身體分裂。

　　基本上，這種分裂可以分成「頭大身小」或「頭小身大」兩種類型：

---

3 身體語言學中關於生理疾病與心理意義的關連性，可參考露易絲‧賀（Louise L.Hay）著，黃春華譯《創造生命的奇蹟》。（生命潛能，1999年4月初版 11 刷。）下文會詳細討論。

＊頭大身小 ── 思想、理智型人格

頭臉代表的是社會層面的自我。這是我們面對世界的「面具」。

頭臉袒露在外，直接與外界溝通、接觸。

這是人體較受注意的部分。

也是心智、思想、理性所在的人體部位。

＊頭小身大 ── 情感、反應式人格

身體代表的是隱密層面的自我。

身體通常穿著衣服。

這是人體較受忽略的部分。

也是情緒、本能所在的人體部位。

不管是「頭大身小」或「頭小身大」都代表了思想與情感、理智與直覺、文化與本能……等等的斷裂，是肢體心靈的分裂類型中最易觀察，對人體的毀滅性也最大的一種。

E、軀幹四肢分裂

最後一種的分裂比較不容易覺察出來。同樣的，軀幹與四肢分別代表不同的意義：

＊軀幹

軀幹是自我的「核心」 ── 負責滿足、反應、了解、被保護的生命功能。

軀幹是「存在狀態」的自我 ── 內向自我。

這是肢體心靈的「基地」。

軀幹也是情感、思想、能量的「工廠」 ── 這是肢體

心靈的「生產線」。

＊四肢

四肢是自我的「周邊」與「延伸」──負責站穩、移動、行動、接觸、操作、溝通、聯繫、追求理想的生命功能。

四肢是「行動狀態」的自我──外向自我。

這是肢體心靈的「探針」。

四肢也是情感、思想、能量的「傳送器」──這是肢體心靈的「業務線」。

了解了軀幹與四肢分別代表的深層意義，那麼可以進一步說明軀幹與四肢分裂，也不外乎下列兩種情形：

＊手腳軟弱無力而軀幹飽滿發達

這種人充滿感受與熱情，卻無法適當表達與行動。擁有這種肢體心靈傾向的人覺得自己被「裝在瓶子裡」──壓抑型人格。這種生命狀態往往易患偏頭痛，所以需要學習將能量與覺知伸展至四肢，觀想手腳得到能量與感到溫暖，這樣做可以舒緩頭痛的症狀，也藉此平衡軀幹與四肢的分裂情形。

＊手腳強而有力而軀幹脆弱柔軟

這是「卜派」原型[4]──「行動派」性格。這種人很難接觸到自己的生命「核心」，往往忙著發揮手腳行動的功能，而不喜傾聽內心的聲音；忙於參加各種活動，而忘卻獨處，與別人相處的時間比與自己相處的時間來得多。對

---

4 卜派是美國流行卡通人物「大力水手」的名字。卜派擁有強壯的四肢與瘦弱的身體，正是這種身體分裂的圖驤。

這種人來說，靜靜享受一個人的世界可能是一種酷刑。

　　了解了「五種身體分裂」的內容與涵義，做一個通盤與整體的自我觀察與檢查罷；當然，如果擁有一種以上的分裂情形，其實也是很常見的身體狀態。

　　談完「五種身體分裂」，接著來看「七個肢體心靈」的深層意義。

　　所謂「七個肢體心靈」，是指將人體從腳到頭分成七個區域，而每個區域分別代表不同的心理訊號。介紹如下：

A、腳與腿 —— 心理支持

　　腳與腿的瘦弱、僵硬與不健康，通常代表當事人缺乏心理尤其情感的支持，而且往往跟不愉快的童年經驗有關。缺乏愛的支持，讓我們的雙腳無法輕鬆而自信的踏在大地之上。從腳與腿往下移，一個人的腳板正是身心的平衡點，健康的雙腳應該能平穩、適度、輕鬆的站立，「一個人身體站的穩不穩通常就表示他的情緒穩不穩定。」而且「雙腳顯示出一個人面對生命挑戰時所採取的觀點與態度。」譬如，扁平足或腳尖過於用力的腳板，簡單的說，代表一種不切實際、不穩定、不太能負責任、想像力豐富、但難與他人維持穩固關係的生活態度與人際關係；相對的，沉重的或腳根過於用力的腳板，代表一種太恐懼、緊張、缺乏安全感、雖然值得信賴、但過於穩定、無法改變現狀的生活態度與人際關係。[5]過猶不及，檢查你的腳板是否

---

5 關於腳板的含意與類型請參考《身心合一 —— 肢體心靈和諧的現代療法》，同註 1，頁 53 至 61。

太過緊張或過度漂浮，等於在反省你的生命態度是否適中。

B、骨盤 —— 生存的原始能量

肯恩認為「骨盤居於肢體心靈的重要位置……維持骨盤的正常功能與柔軟度乃是肢體心靈健康、流暢不可或缺的要素。」[6]因為第一能量中心（或稱「海底輪」）即位於這一個部位的肢體心靈，而第一能量中心正是所有高等或靈性能量發展的基地。而且第一能量中心的生命能量就是性或原始生存的能量，因此一個緊縮、僵硬的骨盤與肛門便代表了性壓抑、或對生存隱藏著深刻的恐懼與壓力。肯恩說「如果肛門部位緊張、僵硬，表示這個人可能過分在意物質條件與生存需求……也會很想擁有或收藏他接觸到的每樣東西。反過來說，如果一個人的肛門部位有活力、很柔軟，這表示他是一個開放、樂於付出、自由流暢的人。」[7]所以，放鬆你的骨盤與肛門，讓你的原始生命能量得到自由與釋放。

C、腹部與下背 —— 情緒工廠

筆者常稱「腹部、胸腔、喉頸」為下中上三層的情緒及情感器官，腹部是最原始、尚未成型的情緒產生的源頭。所以被困在腹部的情感，常常是很深很深的情感壓抑。肯恩說「腹部是肢體心靈的感覺中心，各種情緒和情感就是由此產生的。」[8]但是腹部也「阻塞或限制情緒的流通，使

---

6 同註 1，頁 84。
7 同註 1，頁 96。
8 同註 1，頁 126。

情緒受扭曲或停滯，愈來愈壅塞。」[9]問題是心理也經常影響生理，「很多人從小就被教導不必理會內在的情緒，或者不可以把內心感受表達出來……否認感覺，壓抑情緒，限制適當的表達……許多禁忌積存在腹部」[10]，心理不只影響生理，甚至傷害生理：「人可能把許多情緒困擾藏在腹部，這些困擾漸漸侵入內臟的肌肉壁而損害器官。」[11]甚至腹部的不健康也會影響其他部位的肢體心靈：「腹部累積了愈多無法紓解的感覺和記憶，肢體心靈的表達工具──手臂、雙腳、胸部就愈來愈瘦。這就好像她的肢體心靈到處長滿了美麗的花朵，可是由於她把所有水分都積存在腹部，結果花朵吸收不到水分，全都枯萎了，同時腹部積水愈來愈嚴重，漸漸脹了起來。她從來沒學會如何『宣洩』一下，結果所有感覺和情感就全部堆積在體內了。」[12]過胖或緊縮，都是不健康的腹部，都可能代表深層的情感堆積。

D、胸腔 ── 感情的表達

能量從腹部上升到胸腔，原始情緒便轉化爲成型的情感，譬如：喜、怒、哀、樂。如果說腹部是「原始情緒製造工廠」，那麼胸腔便是「情感的加工及裝配部門」。所以胸腔的問題，往往便是情感的問題；而且胸腔的病變，

9　同註 1，頁 126。
10　同註 1，頁 128。
11　同註 1，頁 136。
12　同註 1，頁 140。

也比較容易尋找到明顯的負面情感模式。在這一個部位的肢體心靈，最需要注意的是「呼吸、心臟、及胸部形狀」的問題。呼吸與心靈絕對是一體的 —— 性衝動會有性衝動的呼吸、喜悅會有喜悅的呼吸、恐懼會有恐懼的呼吸、放鬆會有放鬆的呼吸、憤怒會有憤怒的呼吸、平靜會有平靜的呼吸……所以從呼吸可以觀察到更深層的生命實況。而且從技術層面，也發展出許多有關呼吸的身體工作，譬如：導引呼吸、腹式呼吸、胸式呼吸、脈動呼吸、混亂呼吸等等的技巧。至於心臟的病變常常是由於情感的壓抑或無法表達所造成。甚至胸部的形狀也透露了內心的秘密，用簡單的二分法 ——「收縮、不發達的胸部」代表當事人的心理情緒「比較被動，容易沮喪；當他採取行動時，他的動機應該不是信心和自我激勵，而是恐懼和自卑感。」[13]相對的，「擴張、過於發達的胸部」代表當事人的心理情緒「有著強烈的控制需求，希望自己看來很強壯，」[14]因為這種人「的胸肌武裝過於發達」，「溫柔的情感也被結實的肌肉化為力量與攻擊傾向。」[15]這種人「很難從別人那裡吸收能量，就如同胸部收縮的人很難給予別人能量一樣。」[16]這個部位肢體心靈的問題比較容易觀察，因為胸部的情感壓抑比較明顯易見，不像腹部埋藏的那麼深。

---

13 同註 1，頁 161。
14 同註 1，頁 167。
15 同註 1，頁 167。
16 同註 1，頁 165。

E、肩膀與手臂 ── 行動訊號

腹部是「原始情緒製造工廠」，胸腔是「情感的加工及裝配部門」；那麼，肩膀與手臂便是「情感的貿易部門」── 情感通過行動去表達與擁抱、給予與接受。所以筆者常稱這三個部位的肢體心靈是「情感器官三部曲」。肩膀、手臂、雙手明顯的在負責生命中的行動及表達層面，所以算是比較容易了解的肢體心靈。觀察我們的肩部與上背部肌肉是否僵硬或緊張、是否過度前傾或聳起，便可以了知我們是否承擔過多的工作、責任、與壓力。至於手臂的身體語言也容易觀察，肯恩將不健康的手臂分成四種類型：

（A）發育不良、虛弱的手臂代表當事人累積了過多的能量及情緒卻無能表達，「對周圍的人事物充滿無力感。」

（B）肌肉發達、強壯的手臂代表當事人「表達和接觸方式不夠優雅，不夠體諒他人。」

這種人通常「行動猛烈而笨拙」，「無法採取溫和的舉止和互動」。

（C）瘦弱、緊縮的手臂代表當事人「緊抓不放、死纏不休的特性。」「這種人雖然有能力伸出手臂與外界接觸，卻無法長期堅持相同的目標；他也可能無法集中注意力或專注地表達。」

（D）肥胖、不發達的手臂反映出當事人「行動遲緩、不俐落。」「很難展開行動，也很難維持足夠的能量完成整個活動」的個性，「因為他已經被自己的重量和情緒給

壓垮了。」[17]

　　肯恩說「雙手透露的訊息比用嘴表達出的言語更誠實、更直接。」[18]因為雙手的「表情」是不會騙人的。

F、頸部、喉嚨與下顎 —— 溝通的媒介

　　腹部、胸腔、肩手是「情感器官三部曲」，那發展到頸喉與下顎則回到「理性的器官」。這個部位的肢體心靈主要負責我們的語言表達和溝通、自我形象及認同。所以「這個區域所累積的壓力有可能造成溝通困難或自我形象衝突。」[19]頸部是一個最特殊的肢體心靈，肯恩說「頸部是肢體心靈裡很重要的一個部位。各種情緒由腹部和胸腔向上流入頸部，在頸部被詮釋為思想和語言。」[20]所以頸部負責接通、連線頸部以上的理性訊號及頸部以下的感性訊號，它等於是人體的「電話總機」或「調停媒介」。所以頸部的疼痛、僵硬、緊張通常不是由於頸部出了問題，要不就是頭部的理性資訊超載，要不就是腹、胸的感性能量負荷過重，理性與感性上、下的膨脹與分裂，造成了溝通器官的當機 —— 頸部的痛苦。所以當頸部、脖子出了問題，往往是我們反省整個身心狀況的最好時機。至於喉嚨、下巴、下顎的困難則比較容易了解，正是由於表達的需求被壓抑，不能夠勇敢的表達，通常將表達能量封鎖在下顎，

17　關於四種類型的手臂請參考《身心合一》，同註 1，頁 179 至 181。
18　同註 1，頁 184。
19　同註 1，頁 195。
20　同註 1，頁 195。

而造成這個部位的肢體心靈緊縮與硬化。所以肯恩說「我們封鎖在下顎、喉嚨和嘴巴的情緒壓力實在大得驚人；很難相信這麼一個小小的部位竟然容得下這麼多的感覺、表達和記憶。」[21]緊縮的下顎，不讓我們好好說話。

G、臉部與頭部 —— 自我意識核心

很簡單的，這個部位的肢體心靈當然是「自我意識」的象徵；因此頭臉的緊張當然也代表自我的批判、壓力、萎縮、膨脹……種種不健康的情形。譬如：表面人生的偽裝與內心真正的想法的衝突，長期下來，可能造成臉部肌肉的緊張與僵硬；當然，臉部肌肉的武裝與緊縮也「可能是痛苦經驗造成的結果，」「肌肉長期收縮，將當時的衝突和緊張一直保留下來。」[22]一張緊張的臉，正是一個「不健康的面具」。至於視覺與聽覺則是吸收外界資訊的接收系統，如果眼睛與耳朵的肌肉緊縮而造成視覺與聽覺不良，背後的心理模式可能根本是「不想看」與「不想聽」，內心拒絕與外界連線、溝通。另外，肯恩稱額頭為「理性的肌肉」，「這些肌肉經常承受過多的壓力。我發現造成這個部位緊張的最大原因就是思考」，「當你過度使用思考能力，或者以理性壓制興奮和直覺反應，這些肌肉就會呈現緊張狀態而武裝起來。」[23]所以皺眉頭代表過度使用理性，使得額頭肌肉無法獲得足夠的放鬆和休息。而經常

---

21 同註 1，頁 203。
22 同註 1，頁 228 至 229。
23 同註 1，頁 246。

困擾現代人的頭痛，背後的心理訊號則是「自我批判」或情緒壓抑過久而轉化為憤怒。進一步，這個部位的肢體心靈跟靈性的發展有著密切的關係，所以，如果不能放鬆你的頭、臉、後腦、與自我，會嚴重妨礙靈性生命的成長。

掃描完七個肢體心靈的「身體地圖」之後，應該對身體語言學有了更清楚的認識。

當然，本書無法詳述身體語言學更細部的觀察技術，讀者可自行參考肯恩・戴特沃德的著作。但大原則確立：檢查、觀察、感受你的身體，哪個部位讓你覺得僵硬、緊張、不舒服、不健康、或讓你有不愉快的經驗及回憶，再印證身體語言學詮釋肢體心靈的意義，那麼就能夠非常清楚要通過身體工作放鬆及治療的，是哪些身體的部位了。要補充的一點是：通過身體語言學解讀「身體地圖」之後，治療工作可以從「身體的放鬆」入手，也可以從「負面心理模式的解讀與撫慰」入手；前者是身體工作的範圍，後者則是情感工作的領域。但根據生命「一體性」原理，兩方面的工作雙管齊下，自然是更完整的生命治療。肯恩說：

> 一旦找出肢體心靈不平衡、虛弱的部位……身體某一部分發育不良、虛弱、知覺較弱，你就把它鍛鍊的更強壯。……如果你的某個部位過分發達或收縮，你不妨利用適當的活動使它變的更柔和、更優雅和更有接納性。……從身心兩方面下手解決問

題，才能使肢體心靈恢復自然的健康與活力。[24]

　　閱讀完治療師肯恩的兩個診斷工具之後，進一步，關於「身體語言學」，我們還可以介紹一個實用有效的「輔助診斷方法」。前文提過，所謂身體語言的意思：身體是會說話的，尤其疾病，不同的疾病會「說」出不同的內在心理訊號。所以從現在正在發生（現疾）或一直經常發生（宿疾）的疾病裡，便可以從中判讀出我們的內在問題；再進一步比對「五種身體分裂」及「七個肢體心靈」的個人真實狀況，那麼對身體語言的解讀，就八九不離十了。下列的一張「生理疾病與心理訊號對照表」，是根據露易絲·賀（Louise L.Hay）女士的《創造生命的奇蹟》一書裡的資料整理而成。需要說明的一點是：在露易絲女士的著作中，關於身心疾病對照的資料非常詳盡，下表只列出其中最扼要而常見的疾病，而再根據肯恩的「七個肢體心靈」的系統加以分類，希望能夠用最少的文字達到一目了然的實用效果。好了！找一找，下表中有列出你的現疾或宿疾嗎？

表 11：生理疾病與心理訊號對照表[25]

---

24 同註 1，頁 184。

25 「生理疾病與心理訊號對照表」主要是根據露易絲·賀（Louise L.Hay）著，黃春華譯《創造生命的奇蹟》。（生命潛能，1999 年 4 月初版 11 刷，頁 210 至 248。但表中的內容也有經過筆者的整理。

腳與腿： 心理支持	骨盤： 生存的原始能量	腹部與下背： 情緒工廠	胸腔： 感情的表達	肩膀與手臂： 行動訊號	頸部、喉嚨與 下顎： 溝通的媒介	臉部與頭部： 自我意識核心
＊膝蓋受傷： 固執與傲慢，無法彎曲，不願屈服，缺乏彈性。 ＊腳跟受傷： 生命缺乏機動性。	＊便秘： 拒絕放下舊思想與過去經驗。 ＊攝護腺疾病： 心理上害怕失去男性氣概，或感到對性的壓力、罪惡感。 ＊陽萎： 受社會或教育影響，感到對性的壓力、緊張或罪惡感。或者留下對母親恐懼的陰影。 ＊性病： 性的罪惡感，覺得需要被懲罰。 ＊女性疾病： 否定自我，排斥、嫌惡女性特質。 ＊性冷感： 恐懼、否定享樂與性。	＊帶狀性皰疹： 太過敏感、緊張或恐懼的生活。（帶狀性皰疹較常發生在腰部，故列在此一部位的肢體心靈。） ＊習慣性胃炎： 長期的不確定感與情緒壓力。 ＊腎臟病： 絕望、失敗、恥辱的心理狀態。 ＊厭食症： 否定、厭惡自己的生命。	＊胸部與心臟疾病： 長期的情感困擾、壓力與傷心。 ＊血液的疾病與貧血症： 生命中的喜悅度不足，思想不流暢。（血液的供輸與心臟有關，故列在此一部位的肢體心靈。） ＊肺部與呼吸疾病： 害怕接納生命，厭倦生存，失去生存價值。 ＊氣喘病： 情感受壓抑，生存的窒息感。 ＊脊椎彎曲： 生命支持度不夠，缺乏堅定的信念與勇氣。	＊手部關節扭傷： 不想變換生命方向，人際關係發生困難，與別人相處不夠靈活。 ＊咬指甲： 長期的挫折感，怨恨父或母親。 ＊肩膀僵硬或酸痛： 做太多事情，承擔過多的工作與責任。	＊下顎僵硬： 過於緊張或憤怒怨恨的心理模式。 ＊脖子僵硬： 頑固、不知變通。 ＊喉嚨的疾病： 無法表達自己的意見及情緒。 ＊甲狀腺亢進： 因為無法做自己想做的事而極度失望，總是滿足別人而一再委屈自己。 ＊口吃： 缺乏安全感與自信。	＊禿頭： 經常性恐懼、緊張的結果。 ＊頭痛： 自我批判。 ＊散光： 認為自己很差，害怕看清楚自己。 ＊近視： 對未來感到害怕。 ＊遠視： 對目前感到恐懼。 ＊眼部發炎： 憤怒、挫折的情緒。 ＊耳痛或耳聾： 憤怒、混亂的情緒，拒絕聆聽或接受，不想被打擾。 ＊耳鳴： 性格固執，拒絕傾聽內在的聲音。 ＊經常性鼻塞： 內心在哭泣，受害者意識。 ＊腦部腫瘤： 不正確、陳舊、拒絕改變的信念及思考模式。 ＊神經衰弱： 自我中心，與外界溝通困難。 ＊失眠： 不信任生命的自然過程。 ＊健忘症與昏迷： 逃避問題、現實、或自己。 ＊感冒： 失落 ── 各種程度的失落是感冒的深層心理原因。（感冒是全身性疾病，但症狀主要出現在頭部。）

　　當然，有些「全身性」疾病不專屬於七個肢體心靈中的任何一個，即無法列在表中。我們舉幾個例子，譬如：

　　＊「癌症」的心理訊號是「很深的傷害與恨」──「恨」的能量卡在身體的哪一個部位，即成為那個部位的癌。

　　＊「發燒」的心理訊號是「憤怒」。

　　＊「持續性疼痛」的心理訊號是「渴望愛與擁抱」。

　　＊「肥胖症」的心理訊號是「被過度保護造成性格過度敏感」。

　　＊「意外事故」的心理訊號是「長期無法表達自我，造成反抗權威或自毀傾向」。

　　你有找到你的現疾或宿疾的內在心理訊號與模式嗎？其實，任何一種病，都是內心造成的。即使上表沒有列出你的病，只要細心反思，一定可以找出你的內在病源。露易絲說得好：「是我自己造成我身體上所謂的『疾病』。身體，就像我們生命中的每一樣事物，是我們內在思想及信念的一面明鏡。身體一直在對我們說話，只要我們願意花時間傾聽。」[26]進一步，當聽出、找到自己生病、僵硬的身體部位及其原因之後，放鬆它，讓它走，不要再堅持既有心理模式的緊張感，露易絲說：「緊張並非就是強壯。緊張是脆弱。保持放鬆、專注和平靜，才是真正的堅強和安全。多放鬆身體對我們有很大的幫助……」[27]這就關係到身體工作的「實踐領域」了。

26　同註 25，頁 183。
27　同註 25，頁 184。

　　還有一點需要說明：在「生理疾病與心理訊號對照表」中，筆者並未全部列出露易絲女士在其著作中所提過的疾病，原因是有些疾病的內在心理訊號，筆者本身缺乏經驗或並不完全接受露易絲的看法，讀者如有興趣，可自行查閱露易絲的著作。也就是說，「生理疾病與心理訊號對照表」的內容，是經過筆者本身的過濾與選擇的，如果沒有一定程度的把握，即不列出提供讀者參考。

　　我們介紹了三個「身體語言學」的診斷工具 —— 五種身體分裂、七個肢體心靈、及生理疾病與心理訊號對照表 —— 希望讀者能夠綜合使用，得出一個最接近你的身體語言的真實解讀。當然，不忘再次提醒，解讀身體語言，是實踐身體工作的前行與基礎。

　　好了！診斷完身體的僵硬與緊張，接著開始著手，「放鬆」它罷。

二、跑步禪

　　知道了自己的身體產生了哪一種分裂，知道了自己的七個肢體心靈哪一個部位出現了僵硬、緊張、與不健康，也知道了自己的疾病的內在心理模式；接著，我們便可以實際進行身體工作的實踐了 —— 身的「放鬆與節約」技術。

　　在本書，我們介紹兩個身體工作 —— 跑步禪與放鬆練習 —— 前者是動態法門，後者是靜態法門；動靜合一，合起來做，就是一個完整的修行技法。而這兩個法門，都是筆者曾經花了不少功夫親自體驗與整理的。先談動態的技術。

　　關於跑步禪，我們用奧修的話作為開始。對跑步禪或跑步靜心[28]，奧修的話說得很美、也很深入，他說：

> 在行動當中保持警覺是自然而容易的，然而當你只是靜靜地坐著，自然的傾向就是進入睡覺，當你躺在床上的時候很難保持警覺，因為整個情況都幫助你進入睡覺，但是在行動之中，很自然地，你無法進入睡覺，你以一種比較警覺的方式在運作，唯一的困難在於：那個行動可能會變成機械式的。

　　在這一段話裡，奧修已經指出像跑步禪這一類動態的禪修的優、缺點：優點是比起靜態的禪修「容易保持警覺」，缺點是「容易變成機械性」。奧修一針見血的指出了動態禪法的兩個面相。接著他說：

> 學習融化你的身體、頭腦、和靈魂，找出你能夠以一個統一的整體來運作的方式。
>
> 它有很多次發生在「跑者」身上，你或許不認為跑步是一種靜心，但是跑者有時候會有一種非常靜心的經驗，他們感到驚訝，因為他們並沒有在尋找靜心 —— 誰會認為說一個跑者會經驗到神？但是它發生過，而現在跑步已經愈來愈變成一種新的靜心。
>
> 靜心能夠在跑步的時候發生。如果你曾經是一個跑者，如果你曾經在清晨的時候享受跑步，當空氣很新鮮、很年輕，當整個世界都從昏睡中醒過來，你

---

28 「靜心」（meditation）是奧修的專用名詞，意思接近沒有頭腦、完全寧靜的禪定狀態。靜心的意義豐富深刻，將在下文詳細說明。

在跑步，你的身體很美地在運作……有一個片刻會
來臨，當跑者消失，而只有跑步；身體、頭腦、和
靈魂開始一起運作，突然間，有一個類似性高潮的
內在感覺會產生出來。

……我所觀察到的是：一個跑者能夠比任何其他人
都更容易接近靜心。放棄舊有的靜心觀念，不要認
為只有以瑜珈的姿勢坐在一棵樹下才是靜心，那只
是很多方式的其中一種，它或許適合某些人，但它
並不一定適合所有的人。對一個小孩子來講，那根
本不是靜心，那是一種折磨，對一個活生生的、充
滿活力的年輕人而言，那是一種壓抑，那不是靜心。

……當你在跑步的時候，要使用整個身體，不要好
像穿著緊身衣在跑，要像小孩子在跑，使用整個身
體，手和腳都用上去跑，呼吸深一點，從肚子呼
吸……

如果你跟大地連接起來，你就跟生命連接起來；如
果你跟大地連接起來，你就跟你的身體連接起來；
如果你跟大地連接起來，你將會變得非常敏感，而
且歸於中心，那就是我們所需要的。

永遠不要變成一個跑步專家，保持是一個業餘的，
好讓那個警覺能夠被保持，如果有時候你覺得跑步
已經變成機械式的，那就放棄它，嘗試游泳，如果
游泳也變成機械式的，那麼就換跳舞，要記住的重
點是：活動只是一種要去產生覺知的情況，當它產

生覺知，那麼它是好的，如果它停止產生覺知，那麼它就沒有用了，換成另外一種你必須再度警覺的活動，永遠不要讓任何活動變成機械式的。[29]

對跑步禪或跑步靜心，奧修說得深邃動人！

但從奧修的文字中，還可以得到一點啟示：修行者至少要準備一個以上的修行法門，當某個法門使用得太習慣──變成機械式的，即不能從中提煉出覺知，那麼，就放下它，換一個具有新鮮感的法門，但要記住：新鮮感不是重點，新鮮感是為了幫助保持覺知的狀態，「覺知」才是重點與主題。不要執著你的「法」，法不重要，所有的「法」都只是工具，都只是方便法門；當它提供方便、幫助覺知，它就是好法；當它不提供方便、成為機械式的盲目，它就是一個需要放下的法。因此，當任何一個修行法門疲倦了！累了！就讓它休息，先使用其他的工具，好讓這個成了機械式的法門靜靜回復它的生命力與新鮮度。

好了！回到跑步禪。在正式提出這個修行工具的做法與技術之前，筆者希望先行說明三點關於本節的寫作態度。

第一：主觀的寫法

「跑步禪」是作者在特殊的因緣及情境下實踐、開發出的修行方法；所以下文提出的意見，大部分都是筆者個人的經驗與心得，並未參考太多前人的文獻。其實，筆者一直認為修行工作有著非常個人化的部分，筆者通過跑步

---

[29] 這一大段關於奧修談跑步靜心的文字見奧修《橘皮書──奧修的靜心技巧》頁33至35。（奧修出版社，2001年7月初版11刷。）

禪表達的，是個人的主觀經驗，它不一定是對你完全適用的方便法門；如果其中部分的經驗能夠對你產生啓發的效果，就很足夠了。

第二：修行的領域

至於下文所說的經驗與心得，是屬於「修行」的文章，而不是「專業」的知識；也即是說，我們談的是「跑步禪」，而不是「跑步」。所以內容雖然有提到技術的問題，但不會談到有關「跑步」這項運動的專業知識。就像奧修說的：要保持成爲業餘的。修行的目的在「禪」，而不在「跑步」。讀者如要得到跑步這項運動的種種專業知識，應該去翻閱運動領域的書籍。

第三：真實的心得

下文提出的十一點「跑步功夫」，內容包括這個修行工具的涵義、原理、境界、智慧、做法、技術……的種種問題，就是同時涵蓋跑步禪的形而上面及形而下面。表面看似零散，但卻是筆者一路「跑」來，一步一步真實累積的心得及經驗。

開始談十一點的「跑步功夫」，但之前，我們從一個更基本的問題解決起：禪的意義是什麼？什麼是禪？

（一）跑步裡的禪

什麼是禪？

客觀定義如下：

> 禪是靜慮，觀是觀心，靜慮觀心，其實就是三無漏

學中的定學。[30]

坐禪是盤膝端坐，息緣絕慮，心中不思善，不思惡，脫卻迷悟生死的妄念，達到安住不動的境界。[31]

何名坐禪？

外於一切善惡境界，心念不起，名為坐；內見自性不動，名為禪。

何名禪定？

外離相為禪，內不亂為定。

外禪內定，是為禪定。[32]

接著請參考作者主觀的看法。

所謂「禪」，就是在提起放下之間，緊張放鬆之間，集中昏睡之間，綻放一個高強度高純度高解析度的覺醒狀態。

禪就是覺醒！

禪就是在 A 與非 A 兩個極端之間中道的覺醒。

禪就是不用力的集中狀態，不緊張的覺醒狀態。

禪是兩個矛盾、極端結合後生下的覺性嬰兒。

覺醒就是禪！

而且覺醒跟專注是不同的。專注是人為的、用力的、

---

30 主要是參考于凌波《簡明佛學概論》（東大圖書，民 80 年 3 月初版），頁 675。

31 同上註，頁 677。

32 見禪宗六祖慧能《六祖壇經・教授坐禪第四》。

不自然的，專注屬於頭腦的作用；而覺醒是生命剛好在開花，是一個自然的流動與綻放。

所以，這裡容易產生一個很大的誤解：禪等於集中與專注。不是的！禪與覺醒，都是一個不假外求、由內湧現的自然狀態。覺醒是不需要用力的。

另外，禪、覺醒比較是宗教用語，儒家稱爲「良知」。

良知是一種充分覺醒的不緊張狀態。

所以良知不只是道德律。良知的意思是「良好」的「知」，「良好」的清楚與知道；生命要怎樣才會良好呢？自然，就會良好。良知與禪、覺醒一樣，不是一種規定，而是一種自然狀態、一種生命本質。

儒家又說良知良能：一種良好的知道，一種良好的本能，一種良好的能量。覺醒是一種良好的能量。

禪、覺醒、良知良能，是隨時可能發生的。

在走路中練習覺醒，在吃飯中可以覺醒，在打坐中練習覺醒，在睡覺中可以覺醒，在打電玩中練習覺醒，在嗯嗯中可以覺醒，在性愛中練習覺醒……所以稱爲行禪、吃飯禪、坐禪、睡夢禪、打電動禪、嗯嗯禪、做愛禪……

行、住、坐、臥，皆可以是禪。

那麼，通過跑步，當然可以練習覺醒，在跑步裡有禪。

跑步是動態的，在動態中發現禪定，動中之靜，這是一種動態禪，這是一種動功。

在跑步裡修行，在修正行爲中釋放覺醒與良知，在修正行爲中展現良好的能量，在跑步裡發現禪。

跑步即修行。

跑步裡，有禪。

（二）時機：發動跑步的時機必須是容易、喜悅、好玩、自然的

「跑步功夫」第一個要談的，是「時機」的問題。

什麼時候開始練習跑步？什麼時候是學習跑步禪最適當的時機？

提到「時機」，不得不從作者個人的經驗開始談起。

年輕時的我患有「跑步恐懼病」，每回跑步，頭暈、耳鳴、氣喘、胸悶、脾痛、腿軟，樣樣不缺，通通有獎；跑步，成了年輕時代的一個夢魘。四十歲以後，種種機緣湊合，「運動中心」覺醒[33]，開始做一連串密集的身體工作（Bodywork）：氣功、瑜珈、靈性舞蹈、靜心、呼吸練習、禪坐⋯⋯身體工作帶給我重大的生命蛻變：氣喘舊疾不再發作，體重降低十六公斤，更安心的活在當下，更自然的舞動生命，心靈喜悅經常湧現，靈性經驗一再發生⋯⋯整個身心狀態都大幅度的改變了！於是在二○○五年的七月，某日上午，外面下著細雨，突然心血來潮，嗯！去跑步看看。結果，第一日，跑了三千；第二日，四千；第三日，五千！很神的！接著，六千，七千，八千；記得很清楚，在二○○五年的八月二十六日星期五，竟然跑了一萬

33　「第四道」的理論：將生命機制與人格類型基本分析成「本能中心、運動中心、情感中心、理智中心」四種傾向。請參考上文第五章。

公尺！距離我開始跑步才不過個把月哩！而且種種頭暈、
耳鳴、氣喘、胸悶、脾痛、腿軟的現象完全消失不見！我
想應該是機緣到了，種種身體工作的治療發生了作用。前
後二十年，整個人的身體狀況與價值觀念全然改變！彷彿
換了一個人似的！讓我由衷驚佩生命節奏的神奇！原來，
事情在該發生的時候就會發生！到了第二年的年頭，我已
經可以跑到一萬公尺以上了。速度愈來愈快，路程愈來愈
遠，體驗愈來愈多，也跑得愈來愈開心。跑步，成了我一
個很正面、很重要、很純粹、很放鬆、很沒負擔的快樂經
驗。哈！原來慢跑可以引領生命進入靈性高峰！跑步，超
爽的！

　　對我來說，開始跑步的因緣，是容易、自然，同時又
是突然、意外的。

　　我想這也是任何修行功夫開始學習、發動的應有「狀
態」──時機必須是容易、自然的。

　　這讓我想起一個讓我很「鍾愛」的觀念：奧修的「容
易之道」。奧修說：

　　　　困難能吸引『自我』的注意。

　　　　困難是自我的食物。

　　　　自我可能是人最悲慘的遭遇。

　　　　容易就是對的，因為自我對容易的方式毫無興趣。

　　　　如果你走向容易的方式，自我會開始消亡……

　　　　正確地開始你就能自在容易，繼續保持自在容易，

　　　　你就對了。正確與容易是一體兩面……

　　　　莊子說，若有絲毫的緊張存在，那麼請記住，不管
　　　　你做的是什麼都不是正確的。[34]

　　上面的文字總結成一個結論：愈容易，愈正確；愈正
確，愈容易。

　　「容易之道」會引領生命進入神妙的「流動」。

　　容易代表正確、自然、真實。

　　「容易之道」會幫助生命開啟一個真實、成熟的時機
——如果覺得困難，時機還不成熟；如果做起來很容易，
時機可能到了。

　　跑步的機緣讓我領悟：原來，事情在應該發生的時候
就會發生！人生不需要有太多的計畫、安排、與擔憂；甚
至於讓人緊張的「努力」都是不需要的。「頭腦」會讓事
情困難，「自我」會讓人生悲慘，跟著心靈的經驗跑，對
生命完全臣服，生命會帶領我們到達應該要去的地方。容
易是對的！不需要刻意挑戰困難，當然也不需要恐懼，讓
心靈保持開放，只要追隨容易而自然的生命「流動」，就
會發生讓人既驚且喜而準確的「發動」！

　　這是我從跑步禪學到的第一個明悟！

　　如果你感到「流動」的韻律，如果你聽到「發動」的
聲音；那麼，來罷！一起去跑步！

　　萬一你還是覺得跑步是很疲倦、困難、痛苦的一件事，
那就算了，這還不到你學習這門功夫的時機，這篇文章看

---

34 見奧修《與先哲奇人相遇》「第四章　莊子」。（生命潛能，2004
　年6月初版。）

看就可以了。

　　讓你的跑步或任何修行功夫變得容易，永遠從喜悅、容易的時機開始。

　　容易之道就是正確之道、喜悅之道、自然之道。

（三）境界1：快樂 ── 跑步會釋放快樂物質

　　以前從未想過，跑步可以是那麼快樂的事情，尤其在「發動」的初期，感受特別強烈。其實有過修行經驗的朋友都知道，修某一種法的初期，覺受會特別深刻，也容易引發某種精神境界，之後便會慢慢趨緩下來。

　　有幾次，跑著跑著，突然發現：氣不喘了，腿不痠了，身體鬆活了，僵硬感沒了！感覺整個身體的肌肉、骨骼、關節、軀幹都很「乾淨」── 那是熬過了運動的「撞牆期」之後的效應，進一步竟然引發「快樂物質」的釋放！真神奇！「快樂物質」是我用來描述某個修行境界的名詞。修行工作突破了某個臨界點，便會釋放「快樂物質」（不管動功或靜功、跑步或禪坐，都一樣）；從生理的角度詮釋：應該是跑步或禪坐讓大腦進入了慢腦波，然後激發腦部分泌某種化學物質，這種神祕物質會引領心靈進入特殊的覺知，也會產生快樂、喜悅的情緒效應。我稱這種由禪坐引發的經驗及物質為「快樂物質」，沒想到在慢跑中也會發生幾乎相同的精神狀態。

　　這就是身體工作的一種修行境界罷。

　　其實「快樂物質」的釋放，是運動員經常發生的經驗。

日人七田真在其著作《右腦智力革命》裡，稱「快樂物質」為「變性意識」，「變性意識」的產生跟人體腦波的狀態有密切關係。七田真說：「**腦波是由腦神經細胞所放出具有週期性的微弱電流。**」依據速度分析，腦波共有四種型態：第一種是一般人日常生活裡出現的 β 波；第二種是在放鬆的狀態下就會出現的 α 波；第三種的 θ 波又稱「眠波」，是人在打盹、快要入眠、從事創造性工作、或深度放鬆時才會出現的慢波（筆者以為這是跟禪定或修行最有關係的一種慢腦波）；第四種是在酣睡時出現的 δ 波（這是速度最慢的腦波，代表昏睡時的精神狀態，所以跟覺醒的禪定狀態無關）。β 波是 14→30 赫茲的快速波，α 波是 8→13 赫茲的慢波，θ 波是更慢的 4→7 赫茲，δ 波則只有 0.3→3.5 赫茲。

根據七田真的研究與訪問，職業賽車手常常覺得自己在競賽中「**活在其他人無法理解的人生境界裡。**」在競賽的過程，有一段危險時期會覺得時間快了一百倍，速度、跑道、方向盤都變得極難駕馭，這是最容易發生意外與悲劇的「撞牆期」。等到賽車手與賽車、跑道取得同步性，在精神上完全融合後，整個視野就會變得很緩慢，彷彿能夠感受到時間緩慢的流動，往往感覺到在快速行駛下的一瞬間是非常非常漫長的片刻，好像在觀看慢動作電影一樣，每個競賽的動作都變得控制自如，好像是一種置身事外又臨場縱控自如的恍惚精神狀態。

我想這一段文字是描述運動員在熬過「撞牆期」的痛

苦經驗後，產生慢腦波，釋放「快樂物質」，進入平時不可思議的「賽車禪定」。

　　接著七田真舉棒球選手的例子。

　　腦波的快慢與覺知、時間感都有關係。腦波的節奏愈是緩慢，對時間的感受也會跟著變慢。七田真認為發出 α 波的棒球選手比發出 β 波的選手所感到的球速慢了一半，而發出 θ 波的選手更能仔細觀察在空中滾動迫近的球體，比其他選手多出四倍的時間來做因應動作。棒球名將王貞治說當他站在打擊區心情鎮定，腦波呈現 α 波時，投手投出來的球會像在半空停頓一般，讓他能夠把球的變化看得清清楚楚。從抓不到球到打擊如有神助，也是「變性意識」或「快樂物質」產生的緣故罷。

　　「變性意識」或「快樂物質」的產生通常要靠修行或禪坐，但運動員通過運動修禪，也可以達到相同的效果。七田真繼續舉例：馬拉松選手在跑步時，會進入一段非常吃力痛苦的「撞牆時期」，每一個步伐踏在地面上所造成的反震，都會造成腦部的傷害；但熬過了「撞牆時期」的痛苦，連續跑步到了某個片刻會突然輕鬆起來，而且感受到快樂喜悅的情緒，這種經驗稱為「長跑快感」；進入這種狀態，腦波會出現 α 波或 θ 波，並且產生腦內嗎啡的精神性麻藥。[35]「長跑快感」又稱「森林靈覺」，意思指透過某些特殊的努力讓心靈回復到原始生命的靈性與覺察。

---

35 關於七田真的理論及舉例的內容，見《右腦智力革命》頁 30 至 34，
　　（創意力文化，1997 年 8 月初版。）

但不管稱「長跑快感」或「森林靈覺」，都是一種「快樂物質」得到釋放後的靈性狀態。

在筆者的跑步經驗中，也曾出現「長跑快感」的效應。曾經有一回很難忘的經驗：跑到一萬公尺的最後約一千公尺時，突然覺得有「貼地飛行」的感覺，突然間跑得很快（比剛跑時的第一、二個一千公尺還快），而且毫不費力，疲倦感一瞬間完全消失了，整個人像一團能量般的向前飛奔，但心中的意識卻清楚得很。這次經驗讓筆者久久回味不已。筆者以為，這種經驗應該是修習「跑步禪」的朋友或一般運動員常會發生的，筆者也不覺得自己有任何過人之處，只是用文字把它記錄下來，印證跑步或運動確實可以引發心靈的高峰經驗。

「快樂物質」釋放後引發的禪境，會出現在長跑、賽車、球賽、打坐、以及各種意志力鍛鍊的經驗裡，對我個人來說，常常在長跑中得到印證，所以稱為「跑步禪」。但是每個跑者的動機都是不同的，我是為了修禪，有人跑步是為了健康，有人純然是為了樂趣……可是那麼多人喜好這項運動，我想一定是有著更深刻、更本質的生命理由。

所以從跑步的時機到快樂物質的釋放，可以整理出以下的公式：

＊容易的（流動）→ 正確的（發動）→ 痛苦的（過程）→ 快樂的（禪境）。

這是一個修行方程式。也是一個驗證標準。

因此，凡是只苦不樂、迷信痛苦、專挑困難、或逃避

痛苦等等的修行態度，都可能是不正確的。藉此來判斷一下你的跑步或任何修行法門是否「得法」罷；修行，一定是快樂、好玩的（當然「樂」境也不能執著，但不執著不代表快樂境界的不存在），至少修行過程裡必然有快樂的部分。快樂，是一個很重要的驗證座標。

（四）境界 2：痛苦 —— 跑步會產生痛苦智慧

談完快樂物質，順理成章的，接著討論痛苦智慧。

快樂與痛苦，其實是一體共生的生命經驗。

很喜歡一句話：「甘苦相生」。從字面直接翻譯：快樂與痛苦互當彼此的媽媽。但這是一句不像話的話，當然，許多偉大的真理都不像話（因為話、語言是理性的，真理卻不只是理性的）。如果用更簡單的說法，就是說：快樂與痛苦是一個銅板的兩面。

要怎樣才能說清楚快樂與痛苦的關係呢？其實快樂與痛苦的關係是怎麼樣說都說不清楚的。（無法用理性說明白。）

與許多生命原理一樣，快樂與痛苦的關係是既統一又矛盾的。「既統一又矛盾」又是一個沒有道理的說法；但它超越道理，超越理性的範疇，它恰好是許多一體性關係的最佳形容。生命的真相本來就是既統一又矛盾的。譬如：男與女、儒家與道家、動與靜、熱情與冷靜、努力與放鬆、理想與現實……都是。

其實用古老的語言，也許更能清楚描述快樂與痛苦之

間的關係。中國文化說：「太極生兩儀」。快樂是陽性面，痛苦是陰性面，陽與陰是矛盾對反的，是兩儀；但兩者又是同源共生的，是太極；兩者合一，才是整體的宇宙真相及生命境界。太極生兩儀也是科學、理性所不能理解的，A 與非 A 是矛盾的命題，怎麼可以共存合一呢？但西方科學的宇宙創生理論，已經開始碰觸此一不科學的自然現象與生命真相[36]。

在慢跑的過程裡，可以同時經驗這兩種共存互生的一體性境界。

跑步，既快樂，也痛苦。

跑步過程會釋放「快樂物質」需要說明，但跑步的過程裡會有痛苦的存在就不證自明了。然而，前文提過「快樂物質」的釋放會讓意識更澄澈，下文也會提到「觀照」功夫的重要；所以當跑步的過程產生痛苦時，修行者要學習觀照每一處身、心的痛苦的浮現與消失，練習去念念分明的觀照每一個痛苦。當然，念念分明的觀照痛苦，最終會發現痛苦和快樂一樣都會消失流散，而且還可以從中觸發痛苦智慧。在筆者個人的經驗中，可以從觀照跑步時痛苦的過程裡，提煉出三種智慧的類型：

A.發現身體痛苦的部位 —— 長跑會讓跑者慢慢發現、

---

36 關於太極生兩儀、宇宙創生理論等等問題，請參考拙著〈「太極兩儀三才八卦論」的深層思考－中國文化原型的物理詮釋〉，（見〈萬竅 —— 中華通識學刊〉第一期，中華大學通識教育中心，民國 94 年 5 月出版。）

清楚觀照到身體哪個部位最僵硬、虛弱、痛苦，或許是小腿、大腿、膝蓋、後腰、肩膀、前胸……因人而異，每個人最辛苦的地方或許不同，但那個部位總是會愈跑愈沉重。痛苦會讓跑者更清楚了知自己身體的真實情況。作者提供一點經驗：在長跑時找到自己的身體哪一個部位最痛苦後，用一點意念觀照的技術，將意念集中在那個部位，然後觀想「放鬆」它，放鬆、放鬆、放鬆……一邊跑步，一邊加強放鬆，等於一邊在跟那個部位對話；在運動中血氣通暢，這樣做法，會有很好治療、放鬆身體的效果。做得好，甚至可以把身體的最弱點轉化為最強點，進一步由外在的治療引發內在的改變。

B.發現內心負面的情緒 —— 在修行的過程中，觸發、喚起內在的負面情緒、傷痛源頭、或痛苦指令，是經常發生的事情；尤其像跑步禪這麼動態的修法。在筆者跑步的經驗中，有幾度跑得很投入，曾被引發興奮、激動、甚至難過的情緒。同樣的，這時要練習念念分明的觀照它；同樣的，這是治療內心創痛的甚佳時機；同樣的，這時要使用一點觀想的方法；但關於內心負面情緒的消融與蒸發，我們留在下幾點說明。

C.引發內在直觀的靈感 —— 還有一點在跑步中常有的經驗，就是跑得身體很疲累同時意識很清澈的時候，常常會在心靈中閃出一個想法、點子、靈感、或明悟；或許是解決某個現實問題的方法，或許是對治某個生命問題的智慧。我想跑步讓身體放鬆，身鬆心活，心靈敞開，會在電

光火石之間閃進直觀智慧，應該是不足為奇的事情。

看完了跑步禪中的兩種境界 —— 快樂與痛苦，我們知道不管當快樂物質或痛苦智慧出現時，都必須練習去觀照它、念念分明的去觀照它。所以在下一點，接著談一個不管在跑步禪或其他修行技法中都很重要的核心心法 ——「觀照」功夫。

（五）功夫０：觀照 —— 觀照、放鬆、活在當下

「觀照」是禪修的核心。

不管修學哪一種禪法，坐禪、臥禪、行禪、跑步禪、動態禪、靜態禪……都不能離開觀照功夫的運作。

關於觀照的原理及技法，筆者建議一個跑步前的小技巧。

筆者總是在跑步之前，將自己的身與心、內與外調整成觀照狀態，有下列三步功夫：

A.觀照

又稱為第一步觀照。

第一步觀照是心法。

首先喚起整個身、心的觀照狀態。

其實第一步觀照又可以細分為「不要求」與「觀照」兩個步驟。分說如下：

「不要求」是第一步的準備、是消極的功夫、是前行。

「觀照」是第二步的實踐、是積極的功夫、是正行。

合起來稱觀照，細分是不要求與觀照兩步。

首先，在跑步前放空整個思想、妄念、頭腦作用，對所有的人、事、物練習「不要求」；整理、放空心情，準備跑步，正好將心性調整與身體運動結合。筆者個人的習慣，總會在跑步前花三到五分鐘做這一步功夫，邊走、邊做熱身運動、邊放空。

跟著在意識比較澄澈的狀態下，進入整個身、心運動的「觀照」之中。輕輕的「看」著自己，卻不要有任何想法。

當然，這兩個步驟是二而一、一而二、互為因果的。「不要求」得愈乾淨，即會「觀照」得愈清明；相對的，「觀照」得愈忘我，愈能做到對世間的一切「不要求」。

B.放鬆

其實放鬆又稱為第二步觀照。

第二步觀照是身法。

在喚起整個身、心的觀照狀態後，進一步將觀照的對象集中在身體。

更正確的說法，是集中在身體的放鬆；通過觀照功夫放鬆身體，好在跑步前準備更佳的身體狀態 —— 愈放鬆愈能發揮更大的生命潛力。如果你能知道你的身體哪個部位最容易緊張、僵硬，則愈能集中在最需要放鬆的部位，達到更佳的放鬆效果；當然，這就牽涉到身體語言學的領域了。

所以第二部是更集中、更具體的觀照。筆者個人的經驗，在進入觀照的生命狀態後，大約花幾十秒的時間，即可以完成跑步前的放鬆身體的動作。由此推論，第三步的觀照便是更更集中、更更具體的觀照 —— 觀照每一個「當

下」的身體的放鬆。

C.活在當下

活在當下又稱為第三步觀照。

第三步觀照是心法。同時也是更深入的觀照法。

從集中在觀照身體的放鬆，更進一步將觀照功夫落實在每一個當下身體的放鬆上。

下文會提到跑步需要「配數」── 規律的步伐及呼吸節奏；所以在跑步前，通過觀照，放鬆身體之後，進一步將觀照及放鬆落實、集中到每一個步行的配數上。筆者個人的習慣，是每四步一個呼吸的配數：「左腳，右腳，吸氣；左腳，右腳，呼氣 ── 觀照一個當下」→「左，右，吸；左，右，呼 ── 一個當下」→「左，右，吸；左，右，呼 ── 當下」→「左，右，吸；左，右，呼 ── 當下」→……就這樣，落實、集中到觀照每一個當下的配數。愈觀照，呼吸愈穩定；愈觀照，身體愈放鬆。這樣做很類似坐禪的「數息法」，這樣做有幾方面的好處：第一，生理方面，可以讓身體及呼吸進入一個準備跑步的節奏；第二，精神方面，可以讓觀照狀態更集中、更純粹、更全然；第三，心性方面，可以通過跑步及觀照，練習「活在當下」、「覺知在當下」的修道心法，通過跑步禪練習無雜念、無頭腦作用、不要求、不執著過去未來的活在當下、覺知在當下。

讀者有沒有發現，從更深的層次思考，「觀照」與「活在當下」其實是同義詞的關係，是一體的兩面。觀照是因，活在當下是果；觀照是功夫，活在當下是境界；觀照是前

段，活在當下是後段；觀照是「功夫上的活在當下」，活在當下是「境界上的觀照功夫」。總之，這三步技巧的觀照法，其實都是指向活在當下的生命狀態——活在、覺知在跑步過程的每一個當下、每一個步履之上。我們把這三步觀照功夫整理成下表，增加理解上的方便：

表 12：跑步禪三觀照一覽表

所以順理成章的，跑步禪的總功夫我們談「觀照」，細部功夫則討論「活在當下」的諸般技巧了。

（六）功夫 1：活在當下與觀照配數

開始跑步了！

記得前面所說的「三觀照」功夫嗎？

觀照，放鬆，活在當下。

進入觀照狀態，觀照身體的放鬆，觀照每一個當下身體的放鬆。

再把這「三觀照」的功夫放入跑步的配數中罷。

觀照每一個跑步的配數：「一二三四，吸呼，放鬆」→「一二三四，吸呼，放鬆」→「一二三四，吸呼，放鬆」

→「一二三四，吸呼，放鬆」→……

　　長跑需要配數（跑步時規律的步伐及呼吸節奏）才能致遠，配數是運動技巧，本書不往下深論；但至少要知道每一個跑者都有不同的配數，所以跑步禪者也要找到屬於自己的配數及跑步節奏。

　　練習念念分明的觀照每一個跑步的配數，除了可以在生理的層面上發揮運動的技巧及實力；更重要的，在禪修的意義上，觀照配數可以幫助我們的意識進入更清明、覺照的狀態，達到更深的禪定效果。配數的施展及觀照，很類似坐禪中的觀照呼吸。

　　所以「活在當下」這一修道心法落在跑步禪上會出現幾個不同的面相。第一個面相，也就是生理、身體的面相──觀照每一個當下的跑步配數。

　　筆者個人的經驗，剛開始要把觀照、跑步、與呼吸鎔鑄在一塊使用，會有一點困難；但只要堅持一段不算太長的時間，就慢慢能夠同時掌握了；習慣成了自然，即會形成一個很熟練的跑法及觀照。而且在坐禪中，數息久了會容易散亂入睡；但在跑步中觀照配數，要睡著可是相當困難的！

（七）功夫 2：活在當下與頭腦作用的軟化、消融、與蒸發

　　觀照跑步的配數，慢慢的，氣順了，心靜了。

　　跟所有修行法門一樣，在極度的內在寂靜中，反而會

跑出一些負面情緒或頭腦作用。跑步，有時候會跑出情緒來，會把頭腦作用跑出來。

但，這也是清除頭腦作用的最佳時機！

所以「活在當下」這一修道心法落在跑步禪上的第二個面相，是心理、情緒的面相 —— 觀照每一個當下的頭腦作用的軟化、消融、與蒸發。

只要對跑步配數的觀照功夫夠純熟，是可以同時做一些頭腦作用的清除與治療的。

使用一些觀想或想像力罷：把頭腦作用（不管是煩惱的問題或負面的情緒）想像成一個梗塞在生命內部的固體物，你也可以把它觀想成梗塞在最緊張、僵硬、不舒服的身體部位上；現在通過跑步的加熱，這個頭腦作用的固體物開始軟化與消融，然後觀想它通過全身的毛孔與穴道，慢慢的蒸發出身體外面，剛開始如炊煙蒸騰、煙氣濃濁，漸漸的煙氣愈來愈稀薄，最後只剩下一縷清煙，隨風而逝；只要你跑得愈快、愈全然、觀照得愈真實，這個頭腦作用的固體物即軟化、蒸發得愈快速與愈乾淨；到最後完全將頭腦作用的毒素蒸發與清空，便會感到整個跑步的身體與心靈投入了暢快與喜悅的能量振動之中。

你也可以觀想通過跑步的加熱，在體內點燃起一把生命之火，火光熊熊、璀璨輝煌，將體內頭腦作用的固體物焚燒殆盡，隨著汗水將毒素排出體外……總之，選擇一個你喜歡的觀想方式，通過跑步禪，趁「機」清除頭腦的作用。當你覺得煩惱的問題或負面的情緒排遣得差不多了，

就回到觀照跑步的配數上；如果遇到下一個頭腦作用的出現，再進行觀想與治療，然後再回到跑步配數的觀照上……事實上，跑步禪中的觀照、配數、及觀想治療，是很接近坐禪中的情形的。還有，如果你對自己經常出現的頭腦作用早已熟悉，那麼在跑步中進行觀想治療就自然更有效果，但這是上文提過「自我了解」的工作範圍；也就是說，如果平日有所備戰，遇事即不必臨陣磨槍，而隨時可以提刀上陣了。

在跑步中觀想與治療聽起來好像有點難，但筆者個人的經驗，只要跑法夠熟練——步伐、呼吸、配數、觀照夠穩定，即自然會有餘力進行觀想治療；而且治療的進行是隨機發動的，我們不知道頭腦作用什麼時候會被喚醒，所以不是每回跑步都需要治療，沒事時就練習觀照跑步的配數就行了。

從某一個角度看，所有修行方法都是「藥」，用來治療尚未整合、蛻變成功的身、心、靈；所以跑步禪能夠幫助我們治療內在問題及清除頭腦作用，應該是很自然、正常的。

筆者有一兩回實踐觀想治療的經驗，確實清楚感到頭腦作用在體內軟化、溶化、與蒸發的真實覺受，那是一種很特別的感覺。可見跑步，不但可以幫助我們忘掉煩惱，還可以幫助我們清除、鍵出積存許久的煩惱。

（八）功夫3：活在當下與觀照能量

在跑步的每一個當下：

＊觀照配數 ── 觀「身」；

＊觀照頭腦作用 ── 觀「心」；進一步

＊觀照能量的流動 ── 觀「能」。

所以「活在當下」這一修道心法落在跑步禪上的第三個面相，是能量、靈修的面相 ── 觀照體內能量的流動。

上文第三點提到跑步會產生痛苦智慧，當在跑步的過程中會發現身體痛苦、僵硬的部位時，上文只是說運用意念觀想、放鬆身體痛苦、僵硬的部位，其實，進一步，還可以使用觀想能量流動的方法去給予治療。

在跑步中觀想能量的流動，有下列兩種情形：

A.有時候天候或身體的種種狀況不佳，會碰到跑步的低潮期；筆者個人的狀況，最常發生的是左腿的腿力不濟或感到痠麻；這時候除了放鬆以外，還可以集中在不適的部位，觀想能量在其中運作，筆者總是習慣觀想白色光芒在不適部位閃耀流動，如果觀想得夠真實專注，不適的狀況會在很短的時間得到舒緩及放鬆。這種觀想能量的練習，既可以改善身體的狀況，又可以加強能量的活化及流動。

B.第二種情形，身體並無不適，整個生命全然投入跑步配數的觀照中，觀照得很忘我，跑得很全然；這時，筆者個人的習慣，會同時把觀照的「眼睛」放在頭頂的百會穴上（讀者可以自行選擇慣用的觀照點或觀照方法），這

時會出現全身能量流動的暢美感受，雖然沒有刻意觀想，但自然進入觀照的生命狀態，即帶動全身能量的自行運轉。觀照，是啓動能量的鎖鑰。

所以在跑步禪之中，觀照每一個當下，既可以及鍛鍊身體，又可以藉機清除內在的頭腦作用，甚至可以練習「氣」（能量）的流通。但不管如何觀照，都是觀照當下的生命狀態啊！所以跑步禪的種種功夫，最後還是要回歸「活在當下」的修道心法。

（九）功夫０：活在當下與活在當下 ──
「活在當下」是必須回返的心靈之家

在這一段文字裡，筆者要再一次強調「活在當下」是跑步禪及所有禪法的核心，它甚至是一切修行功夫及境界的核心，說它是心靈之家、是真理在人間的故鄉，也不爲過。

活在當下，其實更好的說法是：覺知在當下。

回歸當下、活在當下、覺知在當下 ── 當下是生命的故鄉，當下是唯一真實的時空，當下含藏真理的整體奧祕。活在當下、覺知在當下，是根本大法，是怎麼說都說不完的生命之境。在下文，我們引用奧修師傅的說法，藉此一窺「覺知在當下」的本來面目。

奧修認爲，「自我」與「當下」是兩個相對性的生命狀態 ──「自我」消失，生命即回歸、安住在「當下」的實境。奧修說：

自我無法歡慶當下，它無法存在於當下，只存在於

未來、過去 —— 那些不存在的東西裡。過去已經不
存在了，未來還沒有到來；兩者都是不存在的。自
我只能存在於那不存在的，因為它本身就是非存在
體。在當下、僅僅在這一刻裡，在你身上是找不到
自我的 —— 就只有寧靜的喜悅，寧靜和純粹的空
無。[37]

單純意味著頭腦消失、自我消失：捨棄所有目標、
成就、野心的想法，在每一個當下的片刻裡，都順
著它的樣子生活。[38]

　是的！奧修師父認為「過去、未來」是屬於時間性的，
只有「當下」或「現在」是屬於非時間性的，是屬於生命、
存在、與真實的：

時間被認為是由三個時態所組成的 —— 過去、現
在、和未來 —— 這是錯誤的，時間只是由過去和未
來所組成。

生命才是由現在所組成的。

所以對那些想要生活的人而言，除了生活在當下這
個片刻之外，沒有其他方法。

只有「現在」是存在性的。

過去只不過是記憶的收集，而未來只不過是你的想
像、你的夢。

---

37 見奧修《奧修說自我 —— 從幻象中解脫》頁 17。（布波出版，民國
　93 年 7 月初版。）
38 同上註，頁 291。

真實的存在是此時此地。[39]

除了奧修，旅居法國的一行禪師對「覺知在當下」的教法也有深刻的洞見，譬如他的「洗碗禪」：

> ……我便常被「將來」拖著走，永遠無法活在當下。在覺照之下，起心動念變得神聖，清淨與汙濁之間已沒有界限。我必須承認這樣子洗碗可能要多花點時間，但我全然活在當下，活在每一刻，充滿喜樂。洗碗是手段同時也是目的，也就是說，我們洗碗並不只是為了要把它洗乾淨，同時也是為了洗碗而洗碗，完完全全地活在每一個洗碗的時刻。[40]

一行禪師甚至認為「希望」也是源於「自我」的一種頭腦作用，它會妨礙生命回歸當下：

> 西方文明過於強調希望的觀念，以致於犧牲了眼前……我不是叫大家不要有希望，但光有希望是不夠的，它可能帶給你阻礙，假使你把能量消耗在希望上，你不可能完全地把自己帶回當下……[41]

總之，對一行禪師來說，「覺知在當下」是生命自由與美好的正法：

> 覺知呼吸，放下，微笑；當下，自在。[42]

> 正觀當下，舉手投足都是一首詩、一幅畫。[43]

---

39 見奧修《智慧金塊》頁 60。（奧修出版社，1992 年 3 月初版。）

40 見釋一行《步步安樂行》頁 66。（陪達出版社，1995 年 3 月初版第二刷。）

41 同註 40，頁 88。

42 同註 40 之「一行禪師法語錄」。

我們必須將目前這個時刻，轉變成我們一生中最美好的時刻。[44]

最後，我們用一段奧修的話來結束對「當下」的討論。奧修認為只有當下這個片刻是完全不緊張而幸福的，「不緊張」的生命狀態是發生在「當下、現在」的，正如緊張的情緒必然指向未來；所以「不緊張」的背後其實是珍藏了一個「活在當下」的哲學觀念與生命態度。他說：

在當下這個片刻是沒有緊張的，緊張總是未來指向的，它來自想像。……

如果你能夠在你的身體裡感覺到這個不緊張的片刻，你將能夠知道一種你以前從來不曾知道的幸福，一種正向的幸福感……唯有當你一個片刻接著一個片刻去生活，你的身體才不會緊張。……

如果你在跑步，而那個跑步變成了你存在的全部；如果你是那個來到你身上的感覺，不是某種跟它們分開的東西，而是跟它們合而為一；如果沒有未來，如果這個跑步是沒有目的的，跑步本身就是目的，那麼你就會知道一種正向的幸福感，那麼你的身體就沒有緊張。在生理層面上，你已經知道了一個不緊張的片刻。[45]

43　同註 40 之「一行禪師法語錄」。
44　同註 40 之「一行禪師法語錄」。
45　見奧修著《靜心與健康》上冊，頁 190 至 193。（奧修出版社，1996年 9 月初版。）

　　記住！學習跑步禪，沒有任何目的，跑步本身就是目的；如果一定要說目的，只有一個，就是：活在當下！覺知在當下！這是所有修行功夫的共同取向，也是生命的唯一目的。練習跑步禪，不是要追求速度，不是要跑向前方，也不是要追求任何現實目標；而是要跑向當下，覺知的，跑向當下。

（十）高階技術 1：運動傷害與兩種放鬆 ── 有為的放鬆與無為的放鬆

　　接著，我們補充說明一些練習跑步禪的高階技術。

　　運動難免會有運動傷害，尤其像跑步禪這麼動態的禪法；而避免運動傷害的最好方法，不管從生理的角度或從修行的角度來講，都是「放鬆」。讓身體從頭到腳保持放鬆，因為放鬆是進入「自然」的最佳策略，在自然中生命不會被傷害，傷害只會發生在不自然的身心狀態中。

　　但，放鬆有兩種。

　　前文談過的，像放鬆身體的僵硬部位、觀照身體的放鬆、觀照能量等等的功夫，都屬於第一種放鬆。那第二種放鬆到底指什麼意思呢？奧修說的好：

> 全然放鬆是最終的，那是當一個人成佛的狀態，那是達到成道或基督意識的狀態，你目前還無法全然放鬆，在最內在的核心，緊張還繼續存在著。……但是要開始放鬆，從外圍開始……先放鬆你整個人存在的外圍 ── 放鬆你的身體，放鬆你的行為，放

鬆你的行動。以放鬆的方式走路，以放鬆的方式吃東西，以放鬆的方式來談話或傾聽，將每一個步驟都慢下來，不要匆匆忙忙，不要急急忙忙，要好像整個永恆都是你的一樣來行動……

你必須從外圍開始放鬆，放鬆的第一步是身體，要儘可能記住去看你的身體，看看在你的身體的某些地方是否攜帶著某種緊張，比方說在頸部、在頭部、或是在腳上。有意識地將它放鬆，只要去到身體的那個部位，說服那個部位，很有愛心地告訴它說：「放鬆！」……

然後再採取下一步，更深入一些，叫頭腦放鬆……當頭腦已經放鬆下來，那麼就開始放鬆你的心——你的感情和情緒的世界……

經歷過這三個步驟，你才能夠採取第四個步驟，現在你可以進入到你存在最深處的核心，它是超越身體、頭腦、和心的，那是你存在的最核心，你也能夠將它放鬆下來，那個放鬆的確可以帶來最大的喜悅或最終的狂喜，那就是接受，你將會充滿喜樂，並且歡欣鼓舞，你的生命將會有一種跳舞的品質在裡面。除了人以外，整個存在都在跳舞，整個存在都處於一種很放鬆的運動狀態。……

放鬆是最複雜的現象之一，它非常豐富，是多層面的。所有這些事情都是它的一部分：放開來、信任、臣服、愛、接受、順著流走、跟存在合一、無我、

　　和狂喜。所有這些都是它的一部分，如果你學到了
　　放鬆的方式，所有這些都會開始發生。[46]

　　從上文的意思引申下來，這兩種放鬆的涵義是：

　　第一種放鬆是外圍的放鬆、人為的放鬆、刻意學習的
放鬆、學習性的放鬆、有為的放鬆。

　　第二種放鬆是核心的放鬆、天然的放鬆、自然湧現的
放鬆、終極性的放鬆、無為的放鬆。

　　跑步當然是從第一種放鬆開始 —— 前文講的種種技巧
都屬於第一種放鬆；漸漸的，只要放鬆得夠徹底，就有機
會一下子進入第二種放鬆。筆者的經驗，這是一種很難說
明的感覺：意識很清楚，身體很輕鬆，跑得很舒服，不用
刻意觀照，但整個身、心的細微動作就自然觀照得清晰分
明，很得法，而且是很輕鬆自在的得法，整個人進入一片
渾渾融融的觀照之中。這就是奧修說的順著流走、跟存在
合一、無我、狂喜……的整個存在的一種很放鬆的運動狀
態罷。但這樣的境界也隨時會在下一刻消失，只要一動念
頭（頭腦作用），即會自動「離線」—— 離開第二種由內
在自然湧現的放鬆。這跟坐禪中定境的出現很像 —— 不期
而遇，動念即失。但是不必擔心與罣懷，只要下一回功夫
成熟 —— 好好放鬆、覺知的活在當下，機緣適當，第二種
放鬆又會在你的生命內在自然滋生。像奧修說的：

　　我想要告訴你們：沒有地獄，也沒有天堂，所以不

---

46 同註45，頁201至206。

必害怕地獄，也不必貪婪天堂，一切存在的都是當
下這個片刻，你可以使這個片刻變成一個地獄或是
一個天堂……當你很緊張的時候就是地獄，當你很
放鬆的時候就是天堂。全然的放鬆就是天堂樂園。[47]

跑罷！跑向當下！跑向覺知的當下，跑向全然放鬆與
覺知的當下。噢！放鬆！

（十一）高階技術 2：讓身體、內在、與慣性同時跑步

奧修說跑步儘可能跑得很全然，這個「全然」，是真
正的全然，包括由外而內、由身體而心靈的全然。

全然的跑步，用生命跑步，當一個生命跑者。

在這一段文字裡，我們介紹一些全然跑步的技巧：

A.用身體跑步

筆者跑步的經驗，尤其是長跑，不能只用雙腳的力量，
而要用到身體的力量，用「身法」跑。在人體的比例裡，
軀幹要比雙腳要大上許多，因此也潛藏了更多的能量，只
是一般人都沒用到「身體」。筆者在跑步時，喜歡把軀幹
的重心輕輕的往前移，前胸稍稍向前，利用軀幹帶動四肢
──用「胸部」跑步！這樣跑法不只比較有精神，而且軀
幹適度的擺動帶動全身一起跑，也更能發揮更大的潛力。
用「身法」跑步，用軀幹發動全身，這種跑法也是符合拳

---

47 同註 45，頁 206。

術的原理的。不要只施壓你的雙腳，也不要讓你的軀幹成
爲沉默的肢體，讓全身，一齊跑起來！

B.用內在跑步

長跑會累，遇到運動的低潮期或撞牆期，這是必然的。
跑得累時，除了運用內在的意志力跑步，筆者還會多加一
點「東西」：把內在意志力觀想成臍下丹田的一把白色火
燄，白色火燄從丹田點燃起來，讓全身充滿能量。這樣做
不但練習意志力與觀想力，也藉機學習喚醒生命內在的能
量。我們不但可以用「胸部」跑步，還可以用「肚子」跑，
用肚子裡的能量火焰推著全身跑。

C.用慣性跑步

在筆者個人的跑步經驗中，這是一項難度比較高的運
動技巧，也是一個很好的省力法門 ── 用慣性跑步。但，
利用慣性跑步，有兩項先決條件：第一，觀照跑步的配數
要觀照得很進入狀況；第二，全身要很放鬆，從意念、頭
部、肩膀、上半身、到雙腳……都很放鬆。於是全身鬆鬆
的，尤其雙腳的力氣要完全放空，不能用力氣跑，要用慣
性跑，藉助上一步的餘力與慣性自然的把下一步「流」出
去，同時身體的重心稍稍往前移，利用身體的重量與地心
引力的作用，加強慣性的運動；接著下一步又繼承上一步
的慣性把另一隻腳「流」出去……如此下一步不斷承接上
一步的慣性，這樣跑法幾乎不用花什麼力氣，而且重力加
速度，跑速也會愈來愈加快。要注意的是：一定要觀照、
放鬆的很徹底，特別是雙腳不能留下任何力氣，否則只要

某一隻腳的某一步一用力，慣性的流動即會被中斷，如此便只好從頭開始去觀照與放鬆。筆者曾用這樣的方法跑步，跑出非常難忘的速度與境界，那是一種心靈的高峰經驗，真爽！這種跑法，必須用上非常全然、徹底的觀照功夫，否則只要一下失神，腳一用力，即無法「接」好跑步流動的慣性而自行破功，所以這門功夫其實是觀照功夫的高難度訓練，它要求的，其實不只是身體的配合，更是心性的鍛鍊與觀照的功力。

當一個生命跑者罷！

用整個生命跑步！用軀幹、用胸部、用身法跑；用意志力、用肚子、用內在能量跑；用慣性跑，更重要的，用念念分明的觀照功夫去跑。

（十二）終章：動後之靜

跑完步了，跑了多少？五千？一萬？今天跑得如何？跑得順嗎？觀照得進入狀況嗎？有任何發現與心得嗎？

當然，跑完之後，擦擦汗、散散步，是必要的；調整一下呼吸、保持放鬆與寂靜的心境、做點軟身運動與按摩，也是必要的。但在沖澡之前，筆者建議：練習跑步禪之後，緊接著做一段坐禪罷，或許躺在地板上做一個放鬆練習（下文詳論），如果沒有適當機會，至少像筆者在跑步的公園中找個地方小坐個十五分鐘也好，體驗、享受一下動後之靜的精神境界。即像奧修所有的「靜心技巧」，總會有最後一個階段十五分鐘身心完全寂靜不動的心性訓練，這可

能就會出現心靈覺醒的契機啊！總之，跑步之後，血氣通了、身也鬆了、全身充滿能量、心也靜了、也更能活在當下了，這是練習禪坐的甚佳時機。

　　筆者個人的習慣，常常在跑步之後，按摩膝蓋、小腿及身體，然後做一段呼吸練習，接著便會做一小段站樁或禪坐。在靜功中，常常會感到「氣」從頂門灌入，由於能量太強，站著的身體會左右輕微搖晃，這是一種很舒服的體驗。還有一個常有的經驗，常常在晚上跑步後小坐片刻，坐得忘我入神，通過閉著的眼簾「看」到四周一片亮光，整個人「浸泡」在澄澈的意識狀態，等到坐後打開眼睛，卻驚訝發現周圍夜色深重，原來跑步後的禪定，讓人渾然忘卻自身與時間的存在！

　　當然，境界不用執著，每個修行者的情況都是不同的，筆者只想強調：動後之靜，可以大靜，跑步禪後是坐禪的絕佳良機，動靜相合，動態禪加上靜態禪，才是一個完整的禪法。

　　《易經·繫辭傳》上篇說：「一陰一陽之謂道。」又說：「陰陽不測之謂神。」動靜，正是陰陽的一種。宋初大儒周敦頤的〈太極圖說〉也講：「**太極動而生陽，動極而靜，靜而生陰，靜極復動，互為其根……陰陽一太極也。**」因此，動後之靜，靜中藏動，動靜呼應，陰陽合德，這符合了天地運轉的理法。好了！別忘記，跑完步後，打個坐罷。

　　——討論過禪的意義、跑步禪的時機、境界、總的功

夫、細部技術、高階技法、及動後之靜的境界之後；有觸發你跑步的衝動嗎？有開啓你跑步的因緣嗎？有讓你對跑步禪或動態禪有了更深的了解與契近嗎？嘿！喜歡與你分享：跑步是一件非常快樂的事，邀你同來，當一個生命跑者。

其實筆者年輕時是最怕跑步的，暈眩、胸悶、耳痛、氣喘！只要一跑步，所有的症狀全部都來！真沒想到做了幾年的身體工作之後，人到了四十五歲，居然還能夠長跑！某日心血來潮的開始跑步，以前的痛楚感受竟然完全不見了！而且愈跑愈順，沒多久便能跑到五千甚至一萬公尺。神！竊喜之餘，更忍不住臣服真理與生命的不可思議！

當然，在本節的最後，筆者願意再一次強調，上文說的都只是個人心得及方便法門；修行，畢竟是非常個人化的事情。在真理的道路上，每個人需要的技法及工具都是不一樣的。所以讀完上文談的種種，如果沒讓你有任何的感覺與收穫，這是很合理的，筆者完全尊重這樣的可能性；但萬一這些文字，能讓你產生一些些觸發與感悟，則筆者便會滿心歡喜的，能在修行的道路上，與你結下一個小小的良緣。

好了！參考完下面的一覽表後，順理成章的，動後之靜，我們接著談論一個靜態的身體工作 — 放鬆練習。

表 13：跑步禪法一覽表

（1）時機　：發動跑步的時機必須是容易、喜悅、好玩、自然的
（2）境界 1：快樂 —— 跑步會釋放快樂物質
（3）境界 2：痛苦 —— 跑步會產生痛苦智慧
（4）功夫 0：觀照 —— 觀照、放鬆、活在當下
（5）功夫 1：活在當下與觀照配數
（6）功夫 2：活在當下與頭腦作用的軟化、消融、與蒸發
（7）功夫 3：活在當下與觀照能量
（8）功夫 0：活在當下與活在當下 ——「活在當下」是必須回返的心靈之家
（9）高階技術 1：運動傷害與兩種放鬆 —— 有為的放鬆與無為的放鬆
（10）高階技術 2：讓身體、內在、與慣性同時跑步
（11）終章：動後之靜

三、放鬆練習

　　本書第四章第二節「放鬆、止怨、忘言 —— 鬆、靜、空」提到大部分人的身體都是緊張、僵硬的，我們往往擁有一個過分「嚴肅」的身體。一具僵硬、緊張的身體會讓生存品質下降，不健康的身體往往是生活痛苦的根源；而身體工作的主要功能就在「放鬆」緊張的肌肉、筋骨、關節、臟腑，好讓能量與情感能在人體組織中自由流動。放鬆的身體才是健康的身體，健康的身體才是自由的身體，自由的身體才不會障礙自由的內心與靈性。

　　跟著第七章第一節「從生理結構入手節約能源」也談及三點放鬆身體、節約能量的結論：

　　（1）要學習了解自己習慣性緊張的身體部位；

　　（2）要學習隨時觀察自己身體的緊張出現，然後盡可

能用最少的身體部位及最節省能量的方式來工作；

（3）平時通過一些身體工作的練習，加強自己放鬆身體、節約能源的能力。

而在本節所介紹的「放鬆練習」，即是一個直接進行「放鬆」的身體工作。

上頁也提到動後之靜可能會引發極深入的放鬆及禪機，所以做完「跑步禪」或「動態禪」，再享受一段放鬆練習罷，這是一個陰陽相合、動靜激盪的整體性功法。

「放鬆練習」其實是很普遍的法門，許多修行團體都有類似的功夫；筆者根據個人的經驗，整理成下文的內容，以供參考。但在做「放鬆練習」之前，請先行閱讀下列的幾點注意事項：

＊進行「放鬆練習」時，採取坐或臥姿皆可（以後者更好）。

＊臥姿時，全身躺在柔軟的地板上，四肢自然伸展，雙手不要放在身體上，雙腳不要捲曲，雙眼合上。

＊練習時注意時間充裕、空間安靜、溫度適中。

＊準備放鬆的衣物及身、心狀態。

＊一般而言，放鬆練習都是從腹式呼吸開始。

＊「放鬆」、「溫暖」（如果頭部則改成「清涼」）、「蒸發」是三個關鍵語。

＊可以把下面的內容自行製作成「放鬆練習錄音帶」，熟悉了以後，也可以不通過錄音帶，而在心中默下指令進行練習。

＊指令語言要舒緩，講話不要急，要保留「放鬆」、「蒸

發」的觀想及感受時間。

* 放鬆的「程序」基本依據下列原則：

　　（1）整體→局部→整體。　　（4）由前而後。

　　（2）先外後內。　　　　　　（5）左右對稱。

　　（3）由上而下。

* 整個「放鬆練習」的時間以 20 至 50 分鐘為宜。

* 進行「放鬆練習」時，最好停留在「放鬆的覺醒狀態」，盡量不要睡著。

* 在開車或進行有危險性的動作時，千萬不要做「放鬆練習」。

　　好了，下面就是「放鬆練習」的內容，開始練習了：

　　『請閉上眼睛，現在，注意你的呼吸，有規律的呼吸，深呼吸。慢慢的把氣吸進來，觀想吸進寧靜、平靜、清淨的智慧白光，吸氣的同時下腹部盡量緩慢的鼓起到最高點，然後嚥一口水，觀想肺部的空氣與白光迅速流入下腹部，丹田充盈純淨的空氣與白光，讓空氣與白光在丹田停留一、二秒（稍停頓），然後慢慢的把氣吐出去，吐氣愈慢愈好、欲細愈好、愈長愈好，同時腹部慢慢的下降，觀想把全身的緊張、疼痛、痛苦、不安、穢氣、負面能量全部吐出去，同時純淨的白光從丹田擴散到身體、四肢、頭部，充滿全身。你感覺到非常的放鬆、放鬆、放鬆。（稍停頓）

　　現在照上面的方法做六個腹式呼吸，放鬆的腹式呼吸，從鼻子慢慢的吸氣，吸進寧靜的智慧白光，再慢慢的

從嘴巴吐出恐懼與緊張，你全身都非常的放鬆、放鬆、放鬆。（停頓約三分鐘，也可以用指令帶領六個腹式呼吸。）

現在，放鬆你全身的皮膚，感覺你全身的皮膚全部放鬆。（稍停頓）

放鬆你全身的肌肉，感覺你全身的肌肉全部放鬆。（稍停頓）

放鬆你全身的骨骼，感覺你全身的骨骼全部放鬆。（稍停頓）

放鬆你全身的大小關節，放鬆、放鬆、放鬆。（稍停頓）

放鬆你身體內部的所有組織與器官，腦部、心臟、肺部、胃部……放鬆、放鬆、放鬆。（稍停頓）

放鬆你身體內部的每一滴血液與每一個細胞，放鬆、放鬆、放鬆。（稍停頓）

放鬆你每一顆最細微的生命粒子，同時你感到身、心的負面能量隨著每一顆生命粒子慢慢的向上蒸發、蒸發、蒸發。（停頓七、八秒）

放鬆你的頭頂及百會穴，放鬆前額的肌肉，放鬆眉間，放鬆眉骨與眼窩，放鬆鼻子，放鬆左右兩邊臉部的肌肉，放鬆人中，放鬆舌頭與口腔，放鬆下巴與下顎。（稍停頓）放鬆後腦的每一塊肌肉與骨骼。（稍停頓）放鬆左右兩邊的太陽穴，放鬆左右耳朵。（稍停頓）你感到整個頭部很清涼，所有頭部的負面能量、頭腦作用、自我批判、痛苦回憶慢慢的蒸發、蒸發、蒸發。（停頓七、八秒）你覺得整

個頭部非常的放鬆、放鬆、放鬆。（停頓七、八秒）

　　放鬆你喉嚨的每一吋肌肉，放鬆你的後頸，放鬆你頸部兩側的肌肉，放鬆、放鬆。（稍停頓）放鬆你的肩膀，放鬆你雙肩的每一吋肌肉，放鬆頸部與雙肩的緊張壓力，放鬆、放鬆。（稍停頓）放鬆你的左右鎖骨，放鬆你雙肩後的肌肉，放鬆左右肩頭。（稍停頓）放鬆你的左右上臂，放鬆手肘關節，放鬆小臂，放鬆手腕，放鬆手背與手掌，放鬆每一根手指與手指的關節，放鬆、放鬆、放鬆。（稍停頓）你感到頸、肩、與雙手非常的溫暖，負面能量與疼痛慢慢的蒸發、蒸發、蒸發。（停頓七、八秒）

　　放鬆你胸部的肌肉，放鬆你背部的肌肉，放鬆你的頸椎與背椎，放鬆、放鬆、放鬆。（稍停頓）你感覺到你的胸、背非常的溫暖，所有的憂傷情緒及緊張壓力慢慢的蒸發、蒸發、蒸發。（稍停頓）你感到非常的放鬆、放鬆、放鬆。（停頓七、八秒）

　　放鬆你腹部的每一吋肌肉，放鬆你的腰部兩側，放鬆你的下背部肌肉，放鬆你的腰椎，放鬆、放鬆。（稍停頓）你感覺到腹部及後腰很溫暖，很放鬆，而且所有不愉快的情緒、壓力、疼痛從這個部位慢慢的蒸發、蒸發、蒸發。（稍停頓）你感覺到很放鬆、放鬆、放鬆。（停頓七、八秒）

　　放鬆你的下體及附近的肌肉，放鬆你的骨盤，放鬆你臀部的每一吋肌肉，放鬆你的肛門，放鬆、放鬆。（稍停頓）你感覺到你的整個下體很溫暖，而且所有不愉快及壓力從這個部位慢慢的蒸發、蒸發、蒸發。（稍停頓）你感

到非常的放鬆、放鬆、放鬆。（停頓七、八秒）

　　放鬆你的大腿，放鬆你的膝蓋關節，放鬆你的小腿，（稍停頓）放鬆你的腳關節，放鬆你的腳踝，放鬆你的腳後跟，放鬆你的腳掌及腳趾，放鬆、放鬆、放鬆。（稍停頓）你感到你的雙腳很溫暖，很放鬆，所有的疲倦、不適、緊張、壓力慢慢的從雙腳蒸發、蒸發、蒸發。（稍停頓）你感到非常的放鬆、放鬆、放鬆。（停頓約半分鐘）

　　現在，你感覺到呼吸更加順暢，更加深沉，也更趨於平緩，每次呼吸的時候你會感覺到愈來愈放鬆、放鬆、放鬆。（停頓七、八秒）現在，想像頭部上方有一道亮光，感覺頭部上方有一道亮光，亮光進入了你的頭部，運用你的觀想，選擇最喜歡的顏色，把顏色加進光裡面。（停頓十幾秒）光接觸到的每一樣東西都變得很美麗、很純淨，然後光在你的身體內部逐漸擴散，擴散到每一個組織，每一個器官，每一條肌肉，每一個細胞，每一顆生命粒子，你感到全身由裡到外都完完全全的放鬆、放鬆。（稍停頓）所有的痛苦、疾病、緊張、不安、疼痛完全消失，完全蒸發、蒸發。（稍停頓）現在，你感覺到整個光灑落下來，用感覺的，或是觀想整個光灑落下來，光從你的頭部籠罩下來，充滿了整個頭部，你更加放鬆、放鬆。（停頓十幾秒）你看到整個光籠罩下來，籠罩你的頸部，籠罩你的雙肩與雙手，你進入深沉的放鬆狀態，放鬆、放鬆、放鬆。（停頓十幾秒）光一直灑落下來，籠罩你的胸部，籠罩你後背的肌肉，更加放鬆、放鬆。（停頓十幾秒）觀想整個光籠

罩你的腹部，籠罩你的腰部，籠罩下背部的每一吋緊張的肌肉，肌肉與神經完全的放鬆、放鬆、放鬆。（停頓十幾秒）接著，光流向你的下體，流向你的骨盤，流向你的臀部，你感到完全的放鬆、放鬆。（停頓十幾秒）光繼續流向你的腿部，一直流向你的腳踝，流向你的腳跟，流向你的腳趾頭，你覺得更加的放鬆了，放鬆、放鬆。（停頓約半分鐘）

　　現在，你的整個身體完全籠罩在光裡，完全在光的溫暖與呵護之中。想像這道光，感覺這道光，讓光放鬆、治療你的每一吋皮膚，每一條肌肉，每一個關節，每一根骨頭，每一個痛處，每一條神經，每一個內臟組織，治療你身上的每一個痛苦細胞，放鬆每一滴血液及每一顆生命粒子，放鬆、放鬆、放鬆。（停頓約半分鐘）

　　然候光進入你的心臟，隨著血液流向身體的每一個部位，光進入了你的肺部，呼吸出美麗的能量光輝，通向全身，你感覺到非常的放鬆、放鬆、放鬆。（停頓約半分鐘）接著光進入了你的脊髓，從腦部流向尾椎末梢，光流向整個神經系統，流向每一個組織，每一滴血液，每一個細胞，流遍全身。（稍停頓）你愈來愈平靜，愈來愈放鬆；你感到深沉的平靜與放鬆、放鬆、放鬆。（停頓約半分鐘）你沐浴在美妙、明亮的光裡，你覺得非常的平靜，非常的放鬆。（稍停頓）現在，觀想你整個身體完全被光籠罩、包圍，你身在光環裡，整個光會保護你，整個光會讓你的皮膚完全放鬆，讓你的器官、骨骼、細胞完全放鬆，你徜徉在溫

暖的輝光之中，你整個的身體與心靈都得到完全、徹底的放鬆、放鬆、放鬆。（停頓約半分鐘）

　　現在請保持放鬆、舒適的姿勢，對自己的心靈說，我願意釋放、放下所有的一切，我釋放所有的緊張與恐懼，我釋放所有的憤怒與罪惡感，我釋放所有的生命悲傷。（稍停頓）我釋放一切舊有的限制，我釋放一切對立的人際關係。我釋放，而且感到平靜，我能夠與自己和平相處，我能夠跟自己生命的過去和平相處，我感到很安全，很寧靜，很喜悅，很放鬆、放鬆、放鬆。（停頓約半分鐘）我徜徉在一片溫柔、純淨的輝光中，我安住在光中，我與光合而為一。我安住在美麗的宇宙中，我安住在溫暖的地球裡，我安住在我心愛的國家裡，我安住在我心繫的城市裡，我安住在舒適的家裡，我安住在能讓我放心的地方裡，我安住在我的身體裡，我安住在我的思想裡，我安住在我的心靈裡，我安住在我自己裡，我安住在我自己的釋放裡，我安住在我自己的不要求裡，感覺到完全的平靜，完全的自由，完全的喜悅，完全的放鬆、放鬆、放鬆。（停頓約半分鐘）負面的能量完全的蒸發、蒸發、蒸發。（停頓七、八秒）純淨的光充盈整個身、心、靈，我感到靈魂完全的自由，完全的放鬆、放鬆、放鬆。（停頓約半分鐘）

　　現在，我要從五數到一，每數一下，你會覺得更寧靜，更放鬆。數到一的時候，你將處於非常深沉的放鬆狀態，你的心靈自由自在，你的心靈徜徉在一片純淨的輝光之中，感覺到完全的安全，完全免除緊張與不安，你的心靈

完全超越一切時間與空間的束縛。

　　五……四……你覺得更平靜，更放鬆了。

　　三……愈來愈深沉，愈來愈深沉，愈來愈放鬆。

　　二……就快要到達了。

　　一……你已經處於非常深沉的放鬆狀態。（停頓約半分鐘）

　　現在，快要結束放鬆練習了，你只要睜開眼睛就可以了，你將立即恢復到正常狀態，心理功能與生理功能完全回復正常。如果你要有一個深沉、舒適的睡眠，當你醒來張開眼睛，你會回恢復到正常狀態，心理功能與生理功能完全回復正常，你會覺得很舒適，很輕鬆，很喜悅，煥然一新，放鬆、放鬆、放鬆。（停頓一分鐘）

　　放鬆練習結束。』（全部過程約 45 分鐘，簡易版約 25 分鐘。）

　　如果對「放鬆練習錄音帶」的內容已經熟習，可以進一步利用「觀想力＋心中默下指令」的技術，隨機進行放鬆練習，而不必借助錄音帶。練習時的原理、程序、方法、注意事項與上述錄音帶的內容相同，但不必硬背，心中默下指令時所使用的語言最好靈活隨機，只要符合放鬆練習的原理及程序就可以了。不借助錄音帶的放鬆練習優點是靈活，可以隨著個人的需要而隨意調整時間長短，但這樣的做法必須仰仗修行者本身有較強的自覺力及觀想力。做完放鬆練習後可以直接休息，也可以進行一段臥禪或坐

禪，這是意識進化及靈性蛻變的好時機。

　　放鬆練習對身、心、靈各個層面都有很深刻的影響，下表即是一個小小的例證：

表 14：放鬆練習對耗氧量的影響

（以下是三種不同行為的耗氧量。研究結果指出，進行身心放鬆練習時的耗氧量，比閱讀及閉上眼睛時為低。）[48]

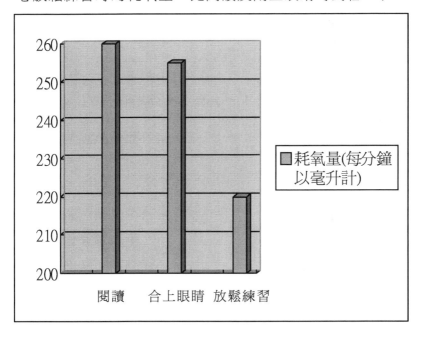

　　進一步論證，放鬆練習對「庫存動作」的取消也很有幫助。而所謂的「庫存動作」會限制修行者情感、思想、

---

48 表 14 的內容是引用自胡潔瑩《我要放鬆 ── 實用身心鬆弛法》頁 30。（香港明窗出版社，2001 年 5 月初版。）

及靈性的發展。

　　每一個民族、國家、階層、行業、人格類型都有屬於自己數量有限的姿勢和動作，這些姿勢和動作會控制著每個人的思考形式和情感模式，限制了生命發展的可能性。一個人很難改變他的思想和情感，除非能夠自覺的去改變、突破他盲目而固定的姿勢、表情、動作、與習慣 ──「庫存動作」。

　　如果說我們的動作是自主的，這只是一個幻覺，事實上一般人的所有動作都是機械性的，而且固定、機械性的動作與姿勢也會造成固定、機械性的心理模式。我們的心境和情緒深深依賴著我們的動作和姿勢，譬如，如果一個人取用一個哀傷或消沉的姿勢，他一定會很快感受到哀傷與消沉的情緒，同樣的，恐懼、厭惡、焦躁、寧靜、喜悅、專注……種種情緒都可以由自覺改變姿勢而得。一個人的感情、理智、動作都各有有限的庫存，不經自覺的努力，很難跳脫姿勢與動作的魔法圈。[49]

　　所以通過放鬆練習、深度按摩及種種身體工作，就是要瓦解、突破庫存動作與肌肉武裝的侷限，而且改變身體動作的同時也等於激發了生命更大的可能。而「放鬆練習」最大的功能就是放下、溶解、蒸發庫存動作的張力及強度。

　　此外，如果從另一個文化背景及語言系統來討論「放

---

49 關於「庫存動作」的意見請參考見 Peter D‧Ouspensky 著，黃承晃等
　　譯《探索奇蹟》頁 460 至 461，（方智，1999 年 7 月初版）。

鬆練習」，那麼，我們可以從庫存動作談到「氣功」；是的！放鬆練習其實也是一種氣功。

研究發現，生物體內都有電荷分佈，而電荷在人體內有固定的傳導路徑，在表皮也有固定的測量點 —— 中國傳統醫學稱為「經絡」及「穴道」。中醫發現人體內有十二條「正經」及八條「奇經」，而生物電在其間通行便是「氣」的流動。研究指出增強腦波中的「慢波」是引發「氣感」的生理基礎，所以像禪坐、放鬆練習等等功法，能夠幫助修行者進入慢腦波狀態，即會同時產生「氣」的導引作用。

「氣」可使病毒及細胞發生改變，對人體免疫功能也具有調節作用，也可以產生按摩內臟的效果。「養氣」可以增強人體抗菌能力，而使用「殺氣」於腫瘤細胞，發現腫瘤細胞的 DNA 有斷裂情形。

氣功又分動、靜，譬如禪坐及本節所談的放鬆練習，也可以算是廣義的靜氣功，動靜兼修，在跑步禪之後做一段放鬆練習的靜氣功，可以幫助身、心、靈的進化有更完整的鍛鍊及準備。

本章介紹了一個身體診斷系統（身體語言學）及兩個身體放鬆的進階技術（跑步禪及放鬆練習），當然，身體工作的法門多元豐富，但所有身體工作的目的都只有一個：就是準備好一個放鬆的身體、自由的身體、喜悅的身體、開放的身體、不設防的身體，好幫助們的覺知能夠更深入內在的心理及靈性，這就是「心」的層面的工作範圍

了（情感工作）。

　　其實，整理身體工作的經驗還有一個私人目的，就是希望對與筆者一同成長或已過中年的朋友提出一個提醒：年紀愈大，學問日廣，修行日深，但不要忘了真理的尋求，是不應忽略身體的健康的；生命一體不二，身體不只是臭皮囊，它也可以是一個助緣、一具神器、一座聖殿，鍛鍊好一副健康、快樂、有活力的身體，不只能夠提高生活的品質，也絕對有助於開發靈性、學習真理。最後，願意借奧修師父的話語，作為本章的結束：

　　　　除非你善待自己的身體，否則善待別人是不可能
　　　　的……
　　　　整個存在最大的奧秘就是身體，這個奧秘需要被
　　　　愛……
　　　　身體的奧秘也是意識的神殿……
　　　　人需要更好的身體、更健康的身體……
　　　　身體是可見的靈魂，
　　　　而靈魂是不可見的身體。
　　　　身體和靈魂沒有一部分是分離的，
　　　　它們是彼此的一部分，
　　　　它們是這整體的一部分。
　　　　你需要接受你的身體，
　　　　你需要愛護你的身體，
　　　　你需要敬重你的身體，
　　　　感激你的身體……

身體是宇宙裡最精緻的結構……

神最能夠接近你的方式就是透過身體。

在你的身體裡有著海洋的水，

在你的身體裡有著星辰與太陽的火，

在你的身體裡有著空氣，

你的身體是由大地所創造出來的，

你的身體代表了這整個宇宙以及所有的元素……

還有甚麼比這更奧妙、比這更偉大的奇蹟？

而你每天都不斷地看見這個奇蹟的發生，

蓮花從污泥裡綻放，

而從塵土裡升起的是 ——

我們美妙的身體。

玖、身、心、靈三個層面工作的進階技術縱橫談（中）
—— 心的「止怨」實踐：痛苦智慧與八不律

　　我們需要一個放鬆的身體，也需要一顆喜悅的心靈。

　　我們需要一個開放的身體，也需要一顆清淨的心靈。

　　我們需要一個自由的身體，也需要一顆自由的心靈。

　　上一章談身的「放鬆」，在這一章則談心的「止怨」的進階技術。

　　停「止」內心的「怨」，治療、清除、鍵出內心的負面情緒、回憶、及能量，還原一顆「清淨心」，這當然是身、心、靈成長工作中很重要的一環。而心的工作、情感工作的法門繁多，譬如：心理治療、宗教治療、觀想治療、寫作治療、能量治療、家族治療、團體治療……等等，而本章所選用的兩項治療技法的理由跟上文所說是一樣的，都是筆者本身曾經思考、整理、體驗、實踐過的「方便法門」及「真實經驗」；所以「選取標準」是主體性，而不是客觀化的。這兩項方便法門及真實經驗就是「痛苦智慧」及「八不律」。當然，這兩項方便法門及真實經驗都是筆

者個人的主體性經驗，也是其他修行著作中鮮少提及的。

　　「痛苦智慧」是儒家經驗，「八不律」是道家智慧，都是中國文化傳統的再生與活用。另外，嚴格的說，「痛苦智慧」是發現內心負面能量的方法，「八不律」才是清除、鍵出內心負面能量的技術；所以類似上一章的脈絡，「痛苦智慧」是診斷系統，「八不律」是治療技法，而兩者之間自然有著本末因果的關係。

　　好了，在正式開始談「痛苦智慧」的診斷技術之前，我們先要交代一個很基本的觀念，就是身、心、靈的工作常常是從自我了解到自我治療到自我擴展，也即是「知命、復命、改命」的靈性成長三部曲；「自我了解」就是知命，這是第一步，是所有靈性成長的基礎與開始，是一個不可迴避的靈性課題。上一章第一節的第一小段「『自我了解』的深層意義」已經討論過其中的義涵，這裡則更進一步強調自我了解與自我治療之間的因果關係：必須認識自我生命的業力屬性，才能正確選擇有效的方便法門予以清除；必須了解自我生命的一切明暗強弱正負，才能在整體身、心、靈的生命修復工作上選取準確的復健技術；必須了解自己的病情，才能知道該用什麼方法治病。自我了解，茲事體大啊！筆者常用「心靈照鏡子」的比喻：每個人每天都會花不同的時間照鏡子整理儀容，但我們的「心」可能已經很久很久沒照過鏡子了！我們不認識自己的內在，我們跟自己的心靈疏離、異化、陌生，生命開始割裂，自己成了自己的陌路人！該是好好讓自己的心照照鏡子的時候

了。所以一個一個「自我了解」的技術，等於是一面一面不同的心靈鏡子或照鏡的方法。

下文談的「痛苦智慧」（通過痛苦了解自我）即是一面心靈鏡子，上章討論過的「身體語言學」（偏重在了解自我身體的深層訊號）也是一面心靈鏡子；其實關於內心層面的自我了解技術，更多的是所謂「人格分類學」的範圍 ── 像上文第六章的「四個中心理論」（把人格類型分成十二類[1]）就是一個人格分類學及一面心靈鏡子，其他的像是「占星學」（把人格類型基本分成十二類）、「內在英雄」（把人格類型分成六類）、「古典類型相法」（把人格類型基本分成七類）、「八卦人格原型」（把人格類型分成八類）……等等的技術，都是一個一個的人格分類學，一面一面的心靈鏡子，通過它們，幫助我們更深入的了解及觀察內在心靈的光明與黑暗、困陷與發展、悲辛與勇氣、痛苦與出路。

可惜本書不是「自我了解」的專論，所以關於人格分類學只能提到，無法深談；而下一節要談的「痛苦智慧」，當然也不是一個人格分類學，卻同樣是一個很深刻的了解自我、診斷病情的工具，因為它要深深造訪過去人生的陰影及心病，藉此尋找生命問題的真正癥結。

---

1 「四個中心」的十二種人格類型見上文頁 53「表 4：四個中心的三種人格一覽表」。

一、心理診斷系統 ─ 痛苦智慧

什麼是「痛苦智慧」？

怎麼痛苦裡會有智慧？「痛苦」與「智慧」有什麼關係？是不是痛苦就一定會產生智慧？

是的！痛苦隱藏著智慧，甚至會生起智慧；當然，當我們面對太多成長的痛苦，會讓生命嚴重受挫及退縮，但陰陽兩極的道理告訴我們：強烈的痛苦會產生另一種性質完全相反的東西，所以，痛苦不只是痛苦，痛苦之中隱藏著更深刻的世界。討論痛苦智慧，筆者首先想到的是明代大儒王陽明講的「事上磨鍊」[2] ─ 通過人間事務真實的面對、參與、與實踐，從而磨練、磨擦、碰撞出痛苦經驗，而在深刻的痛苦之中生出智慧的觀照，而由此觀照、觀察出自我生命真正的陰影、病根、地雷、及問題癥結。所以痛苦智慧是一種觀照的智慧，痛苦智慧是一個自我了解的技術，痛苦智慧是一門診斷病情的方法；而且這種觀照、了解、診斷是在具體的人間實踐與行動中產生，所以痛苦智慧也是一門深具儒家家風的行動哲學。這是一種「反修」 ─ 在人生反面的經驗中修行，所以《老子》40 章說：「**反者道之動。**」反面經驗是大道發動的好時機。這也是一種類似佛家所說「即煩惱即菩提」的「痛禪」 ─ 在煩惱中

---

2 王陽明《傳習錄》：「人須在『事上磨鍊』做功夫乃有益；若只好靜，遇事便亂，終無長進。那靜時功夫亦差似收歛，而實放溺也。」（台灣商務印書館《傳習錄》頁 196，民 73 年 4 月八版。）

生起智慧，在痛苦中參修禪定。是的！人只有打開門，走出去，擁抱人群，愛別人，與他人發生互動，然後才會觸發痛苦，才會引爆自己的地雷，才會發現自己的罩門及問題；關起門，自個兒躲起來，是不太可能激發那種發現真正問題的生命深度及能量的。痛苦，只是一個工具，幫助我們更尖銳、真實、深刻的看見問題。佛門的四聖諦「苦集滅道」也是從痛苦開始最後發現終極的真理 —— 道，可見痛苦智慧是儒佛共通的領悟及見地。好了，我們便從這門佛家的「覺性升階技術」談起罷。

（一）「苦集滅道」的覺性升階技術

　　佛學裡的「四聖諦」即指四種爲聖者所知見的正確無誤的真理，即苦、集、滅、道四種真實不虛的義諦。四聖諦是佛教四種聖人生命狀態中的「聲聞」（佛門的「四聖」，分別是佛、菩薩、緣覺、聲聞四種聖人狀態）的證悟法門，所謂聲聞，也就是一般所說的「羅漢」。四聖諦也是佛教用以解釋宇宙現象「十二緣起說」的歸納，爲原始佛教教義之大綱，事實上十二因緣法與四聖諦是繁簡開闔的關係。四聖諦主要講二種因果：

　　＊苦與集表示迷妄世界之果與因，

　　　滅與道表示證悟世界之果與因。[3]

　　更簡單的說法，苦、集、滅、道的涵義分別是苦果、

---

3 「四聖諦」的說法見《佛光大辭典　上冊》頁 1840。（佛光出版社，1989 年 2 月三版。）

苦因、樂果、樂因。

另外，德國著名哲學家佛洛姆曾經用更現代的語言解釋佛教的四聖諦，說：

一、我們在受苦，而我們覺察到我們在受苦。

二、我們看出了我們不良生存狀態（ill-being）的原因。

三、我們看出有一條路可以克服這不良的生存狀態。

四、我們接受這個事實：為了克服我們的不良生存狀態，我們必須遵從某些生活規範，並改變我們目前的實際生活方式。[4]

沒錯！我們必須首先發現並確認自己的苦（苦果）→進一步找到之所以受苦的原因（苦因）→我們要得到消滅、治療受苦原因的生存狀態（樂果）→於是進一步找到消滅、治療受苦原因的原理及技術（樂因）。這等於是覺照或觀照能力的步步提升：首先觀照到自己的苦→再觀照到原因→進一步觀照到讓自己免除痛苦的可能→再觀照到免除痛苦的具體方法。但提升覺性、解決痛苦的開端即在認清、觀照、承認自己在受苦啊！這，就是痛苦智慧！痛苦，是靈性成長的初祖。（其實，要做到這一點不見得容易，舉例來說，筆者曾經在醫院觀察一些年老、困倦的長期病患，一身病痛卻一臉茫然，也許病太久了造成心眼的盲目，以病為常，而失去觀照自己人在苦病之中的能力，人在苦中

---

4 見佛洛姆（Erich Fromm）著、孟祥森譯《生命的展現 —— 人類生存情態的分析》頁 197 至 198。（遠流，1989 年 6 月初版。）

卻不知其苦，當然也會影響、妨礙治病的動力。）

　　了解到四聖諦是一門練習逐步提高覺性或觀照能力的技法，有人觀照到自己的苦諦，有人觀照到集諦、滅諦、或道諦，你呢？觀照是有層次的，每個人的觀照的能力都是不一樣的，但一切的觀照都是從「看」到自己的痛苦開始。好了，回到佛洛姆，他對四聖諦還有進一步的看法。

　　佛洛姆是一位睿智的哲學家，他曾經用自己、馬克思、及佛洛伊德的觀點去重新詮釋四聖諦，頗能夠為古老智慧提供更生活的語言、更簡明的解釋、以及更創新的視野。除了馬克思的論點與本書的主題不合，放棄不用，我們嘗試將傳統的、佛洛姆的、與佛洛伊德的觀點並陳於下表，應該能夠幫助我們更整體而深刻的掌握「苦、集、滅、道」的覺性升階技術：

表 15：苦集滅道表[5]

	傳統的觀點	佛洛姆的觀點	佛洛伊德治療法
苦	苦果 三界內生死苦果。壓迫身心的煩惱狀態、生命痛苦的本質。	一、我們在受苦，而我們覺察到我們在受苦。	病人痛苦並知道自己痛苦。（但通常沒覺察因什麼而受苦。）
集	苦因 三界內生死苦因，煩惱聚集於心，故稱集。造成身心煩惱、痛苦狀態的情欲、無明、執著。	二、我們看出了我們不良生存狀態（ill-being）的原因。	心理分析者要幫助病人脫離關於他們痛苦的幻覺，而覺察自己痛苦的真正內涵與原因。（患者對自己痛苦的說詞往往是最不可靠的。）

5 同註 4，頁 197 至 200。

滅	樂果 出三界寂滅、涅槃之樂。 治療的成果。	三、我們看出有一條路可以克服這不良的生存狀態。	把痛苦的原因去除。在佛洛伊德，意謂除去嬰兒時期對某些事件的壓抑。
道	樂因 真如空法空性。 治療的原理、方法、及根源。	四、我們接受這個事實：為了克服我們的不良生存狀態，我們必須遵從某些生活規範，並改變我們目前的實際生活方式。	傳統心理分析學似乎認為第四點沒有必要，洞察被壓抑的內容，足以產生治癒的功能。 （佛洛姆：洞察如果與實踐分開，就仍然是無效的。）

這是一個內在探索之旅，這是一個「觀」照與「覺」察能力的升級之旅 —— 愈提升「觀」與「覺」的能力，愈深入我們的內在，愈能找到問題的真正答案，愈能靠近事情的核心，也愈接近真理。而這一趟旅程的起站便是發現「痛苦」，這樣說來，痛苦便是一個好因緣，是一個禮物與餽贈，痛苦也是一個載具，引領我們航向真理的終站。但喚醒痛苦的方法不能是靜思與靜修，而必須是行動，走向人間、擁抱人群、釋放情緒、暴露陰影、面對黑暗、事上磨鍊、自我省察、返歸本心的一連串真實而具體的人間行動。

（二）《易經》中的痛苦智慧

討論過佛家的四聖諦，接著我們來看儒家的老書《易經》如何通過具體的行動去觸發、面對、提煉痛苦礦產中的智慧寶石。

但討論《易經》的痛苦智慧，必須先行澄清一個問題：

就是《易經》是一本充滿憂患意識的老書，如何從「痛苦中學習智慧」可以說是其中一貫的主題，但大體二分，《易經》的痛苦智慧可以大略分成下列的兩種型態：

＊內聖型的、自愛的、修行型的、有關涵養內在品格及靈性成長的、在痛苦與挫折中發現問題及了解自我的一種心靈的智慧。

＊外王型的、他愛的、事功型的、有關建立外在能力及人文事業的、在逆境與亂世中學習進退及承擔責任的一種人間的智慧。

當然，本書的主題「身心靈的成長」自然傾向前者的智慧型態；所以下文所選的《易經》經文，也是以與第一種型態的智慧相關的內容為選擇範圍。至於第二種有關如何在亂世中建立事功的智慧型態，則不在本文的討論範圍了。

其實光是從下列的卦名，即可以看出《易經》跟痛苦經驗及人生逆境特別有關：「明夷」、「否」、「困」、「剝」、「大過」、「坎」、「睽」、「蹇」、「渙」、「小過」……而下文所選的十五卦中的 25 條卦、爻辭（經文），都是跟第一種型態的痛苦智慧的內容相關，而排列的先後則是根據六十四卦的卦序依次討論，好了，我們就來看看古老《易經》的痛苦哲學罷：

＊《易‧蒙卦》：「**六四：困蒙，吝。**」

《易經》六十四卦除了第一、二卦《乾、坤卦》是總綱卦、基本原理卦以外，其餘的六十二卦每一卦都在討論一個人生的問題。《蒙卦》談論的主題是「教育、啟蒙、

學習」，所以說《蒙卦》是《易經》的「教育概論」。六四爻由於是外卦的第一爻，代表的是外王（他愛、助人、事業、社會性的階段）階段的初期，那麼「六四：困蒙」講的便是學生剛離開老師的獨學的困難，而內心忍不住產生貧乏、孤獨、吝的情緒，所以這一條爻辭簡潔有力的告訴我們：人生學習者遇到痛苦無助的過程是無法避免的。

＊《易·需卦》：「六四：需于血，出自穴。」

《需卦》談論的主題是「物質需要與慾望」。如果慾望一直加強，到了六四的階段，就要付出生命的代價了！流血、出血了！真傳神！但剛掉進去，趕緊從痛苦的淵穴爬上來，那憑什麼爬出苦穴？就要靠痛苦智慧了。至於是怎麼樣的痛苦智慧呢？經文爻辭沒有說，傳文卻有很好的補充。《象傳》說：「需于血，順以聽也。」《象傳》說要解決「需于血」的痛苦，即要「順」應自然的律動、細「聽」生命深層真實的聲音與渴望。生命，會自然而然的告訴你它真正的需要及治療。「聽」字用得真好！一下子由繁而簡的穿透種種扭曲與痛苦，然後深入去捕捉生命自然的韻律與需求。

＊《易·小畜卦》：「九三：輿說輻，夫妻反目。」

「六四：有孚，血去，惕出，无咎。」

「九五：有孚攣如，富以其鄰。」

「上九：既雨既處……」

畜，養也，指養德。六十四卦中有《大畜卦》，有《小畜卦》；簡單的說，「大畜」是在人生路上遭遇挫折衝擊

後回來充電養德，對生命的體驗較深，故大；「小畜」指初步的修養，問題仍多，氣象不廣，故小。本段引用「小畜」的三、四、五、上爻，把一個修行者從遇到痛苦到發用智慧的成長過程做了一個很傳神的紀錄：

九三的「**輿說輻，夫妻反目。**」用了兩個生動的意象象徵修行者內心的痛苦。第一個象徵是車子的輪軸脫落了（「**輿說輻**」），不利於行，內心的痛苦沒解除，人生的道路走不下去啊！第二個象徵是內心交戰，像「**夫妻反目**」，「夫妻」這個比喻用得傳神——夫妻本應是一體而相親的，所以夫妻反目講的是內在和諧的衝突破裂，這不是許多真實痛苦經驗的絕佳寫照嗎？

內心如此痛苦煎熬，只有面對痛苦、激發智慧，才能解決問題。六四講的即是這個階段。孚，信也，指誠信、真實的意思，「**有孚**」，指痛苦中養出誠信真實的智慧；「**血去**」，雖然治病的過程中付出嚴重的代價；但「**惕出**」，生命的警號排除；「**无咎**」，所以就沒有問題了。智慧是解決問題的唯一良方。

接著九五爻講智慧的力量。真實的智慧（「**有孚**」）繫聯（「**攣如**」）、影響到朋友，生命的豐富澤及鄰人（「**富以其鄰**」）。《象傳》註得好：「**有孚攣如，不獨富也。**」生命的智慧與豐富不僅自己受用，更進一步與朋友分享啊！如果成功的解決了自己的痛苦，連帶的也擁有幫助朋友拆除地雷的能力。

最後《小畜》的上九爻總結這種「痛苦」與「智慧」

的雙生子關係 —— 人生的道路是生命的苦雨（「既雨」）
與智慧的停靠（「既處」）一體互生的啊！所以《小畜卦》
這四爻經文分別講的是遇到痛苦、智慧誕生、智慧發用、
以及痛苦智慧的一體性。

＊《易‧泰卦》：「九三：无平不陂，无往不復，艱
貞无咎，勿恤其孚，于食有福。」

這是一段筆者很喜歡的經文，裡頭隱藏了深邃的人生
體驗。

无平不陂：沒有平坦的人生道路會不遇到顛簸崎嶇（痛
苦經驗是必然會遇到的）。

无往不復：也沒有努力不會恢復（「往來」是短暫的，
「復」卻是恆常的，只要肯擁抱痛苦，智慧必然會「復」）。

艱貞无咎：不管身處人生的順逆，只要抱持憂患守正
的態度就絕對錯不了。

勿恤其孚：而且不用擔心它的準確性（痛苦與智慧的
到訪會同樣準確）。

于食有福：對心靈的糧食來說是有福報的。

＊《易‧否卦》：「六三：包羞。」

不管是包容時代的羞辱，還是包容時代或他人給予自
己的羞辱；總之，接受羞辱、委屈、痛苦的洗禮是正常的
成長階段。這就是「包羞」的真意罷。回教智慧語錄《蘇
菲之路》說：「除非你遭到上千上萬自命誠實的人指證你

為異端，你就尚未到達真理階前。」[6]誤解與痛苦是成長的必修學分啊！

　　＊《易・同人卦》：「九五：同人先號咷而後笑……」

　　《同人》的主題是「善與人同」——形成群眾、大我之間的共識或心靈契合。九五爻說：真正的同人一定是先哭後笑（先遭遇痛苦而後得智慧的喜悅），像群眾共識的形成，中間必須經過艱辛修德、協調整合的困難過程。真正的同人不是討好別人、偏邪取寵，而是要經過大艱辛的磨合溝通。可見不管對個人或群體來說都一樣，必先深入痛苦的虎穴，才能取得智慧的虎子。而且「先哭後笑」（「先號咷而後笑」）是歷練痛苦智慧的一個重要過程及徵候——眼淚往往反照出澄明的智慧光輝。

＊《易・噬嗑卦》：「六二：噬膚滅鼻，无咎。」

　　　　　　　　　「六三：噬腊肉，遇毒，小吝，无咎。」

　　　　　　　　　「九四：噬乾胏，得金矢，利艱貞，吉。」

　　　　　　　　　「六五：噬乾肉，得黃金，貞厲，无咎。」

　　《噬嗑卦》是很特殊的一卦，噬是咬的意思，嗑，合也，所以噬嗑的原意是講用牙齒咬東西的動作。引申其義，這是一個講「決斷力」的卦。《噬嗑卦》的內容也很特別：講毒箭頭射進野豬肉之中，而在吃豬肉的過程，如何費力的用牙齒把毒箭頭從野豬肉中給咬出來——比喻修行人用

---

6 見伊德里斯・夏輯，孟祥森選譯《蘇菲之路》頁96。（聯經，民國75年12月初版。）

生命的力氣拔除內在的隱痛。這個吃豬肉的過程也就是象徵如何從痛苦中提煉智慧黃金的過程：

六二開始吃豬肉：大口的吃豬肉（「噬膚」），狠狠的要咬出箭頭，連鼻子都埋進肉裡（「滅鼻」），沒有問題（「无咎」）。意思說不要因為內心痛苦就軟弱下來，反而要用強大的生命力面對問題（用力咬豬肉，毒箭頭還留在肉裡）。

六三開始接近問題。從豬皮咬到瘦肉（「噬腊肉」），吃到有毒的部份，嘴巴苦苦的（「遇毒」），這只是小小的貧乏，也沒大問題（「小吝，无咎」）。發現問題、治療痛苦，當然要付出一點的代價。

九四碰到問題的核心了。啃到帶肉的骨頭（「噬乾胏」），咬到銅箭頭（「得金矢」），但拉不出來，找到有毒的根源，態度更要憂患守正（「利艱貞」），才好（「吉」）。找到痛苦之源，更要不放鬆的沉著面對。

最後到了六五，大口啃毒化硬掉的乾肉（「噬乾肉」），滿嘴酸苦，但終於拔出純銅的箭頭（「得黃金」）。《噬嗑卦》在這裡用「黃金」的卦象深有寓意，銅箭頭既是痛苦的根源，也是智慧的關鍵！煩惱及菩提，從痛苦反修，往往終會得到智慧的金塊！雖然正的力量有點嚴厲（「貞厲」），但無妨（「无咎」）。終於把箭頭拔出來了（治療病源），去邪、斷惑，必須要用嚴厲的正。

《噬嗑卦》告訴我們一個治病的過程：擁抱痛苦，準備強大的生命力面對問題，直到病源完全拔除為止，絕不

手軟。

　　＊《易・復卦》：「六三：頻復，厲，无咎。」

　　　　　　　　　　　「六四：中行獨復。」

《復卦》講生命力與智慧的復元。

　　六三爻是在講痛苦與智慧的拔河 —— 生命的痛苦與疾病已經很深，雖然面對問題的決心很強，無奈負面能量的慣性強大，生命擺盪得厲害，一再病發，又一再好轉，這就是經文所講的「頻復」的現象。從痛苦到智慧的產生，會有一段磨合搖擺得很厲害的過程。

　　「頻復」之後緊接著講六四的「中行獨復」：中道行世，要有獨自恢復的勇氣！「中行」即心行（「中」有心靈的意義）—— 回應心靈的指引，行走人間的道路。「獨復」的意思是：到社會上想要「復」，得靠自己了；因為六四是外卦的第一爻，代表初出社會的階段，所以剛出社會，堅持要行走中道，會是很孤獨、嚴厲的考驗。《復卦》在這一爻沒有加任何的評語是很有深意的：不加正向的評語像「吉、利涉大川、无咎」等，因為《易經》曉得要在世間實踐中道是很嚴峻的考驗，所以說不出正面的鼓勵語；另方面，「中行獨復」太珍貴了，《易經》也不忍心加「凶、厲、吝」等負面的話。總之，這一爻告訴我們要在挫折與痛苦中回復生命力與智慧，只能靠自個兒的努力，這場仗，只能自己上。

　　＊《易・大畜卦》：「初九：有厲，利已。」

　　　　　　　　　　　「九二：輿脫輹。」

　　上文談完《小畜卦》，這裡談《大畜卦》。即像上文說的，《大畜卦》是講在人生路上遭遇挫折衝擊後回來養德生智 —— 所以《大畜卦》等於認為痛苦是智慧的媽媽。《大畜卦》的初九爻在講「停止智慧」 —— 在現實上遇到嚴厲、危險的狀況（「有厲」），適合停下所有人生的計畫與行動（「利已」）。因為碰到現實上嚴厲的考驗是「大畜」（壯大的養德）的主要原因，但大畜不是放閒自棄，停、退，是為了儲備更大的力量及更陽剛的挺進，現實上的挫敗痛苦正好是養德修身的刺激與助因。這一爻的《象傳》也註解得很好：「有厲利已，不犯災也。」也就是說，面對現實上的痛苦、危險，可以有兩種選項：一、災難；二、智慧。選擇後者，當然是為了避免前者 ——「不犯災」。而「不犯災」的前提當然就是先停下來。

　　九二爻繼續換另一個比喻來講。車輪中間的輪軸脫落了（「輿脫輹」），意思就是「不行」，車子跑不動了。《象傳》註解說：「輿脫輹，中无尤也。」 —— 意思指現實上遇到挫折，像車子的輪軸脫落了，不良於行，也不利於做事，但內心沒有怨尤，因為利用現實上的痛苦加緊畜養、成就自己的智慧與德性。所以從《大畜卦》這兩爻可以整理出「停止哲學」與「痛苦智慧」的關係：遇到痛苦 →停止哲學 → 孕育智慧。

　　＊《易·坎卦》：「習坎，有孚，維心亨，行有尚。」

　　《坎卦》的主題就是「危險、痛苦」。卦辭提出了處理痛苦的基本原則及兩條出路。習，再也，重複的意思。

坎，指陷阱、坎坷、危機、或痛苦經驗。「習坎」就是說
人生的危機與痛苦一再出現，而如何「處險」，誠信是大
原則（「有孚」）── 誠信、真實、準確的面對危機與痛
苦，不迴避問題啊！而面對的方法主要有二：心靈可以感
知、疏通問題（「維心亨」），也許頭腦、知識、及語言
都說不清楚，但澄澈的心自然能感知問題關鍵的所在；另
外，通過具體行動擁抱問題也是治療、解決、超越痛苦的
另一條出路（「行有尚」）。心靈與行動，是處理危機、
面對痛苦、產生智慧的兩條大通路啊！

　　＊《易・離卦》：「六五：出涕沱若，戚嗟若，吉。」
　　《坎卦》的下一卦是《離卦》。《坎卦》談危險與痛
苦，《離卦》則講光明與力量。但《離卦》的六五爻也談
到痛苦的一面，直接翻譯經文的意思：「淚如泉湧，悲戚
嗟嘆，反而是吉啊！」痛哭反而是吉運？《離卦》的六五
爻其實是在講痛苦與智慧的深層關係 ── 大悲大慟後的清
明，哭完以後看到真理，痛苦以後的覺悟。這一爻經文清
楚的說出，痛苦與智慧是雙生子的關係啊！

　　＊《易・明夷卦》：「明夷，利艱貞。」
　　「六二：明夷夷于左股，用拯，馬壯，吉。」
　　夷，傷也。《明夷卦》的主題是講「光明力量受傷」
的一卦，而整卦的內容充滿了末世悲歌的景象。老實說，
《明夷卦》的經文比較接近上文所分類《易經》裡兩種智
慧型態的第二種 ──「外王型態的亂世哲學」，但引用到
第一種「內聖型態的痛苦智慧」也暗合其義。卦辭即說：

身處大明受傷的亂世，要用憂患守正的態度去面對啊！與上文一路談下來的脈絡與意義基本上是一致的。

六二爻講在明夷的亂世，身、心痛苦，像左大腿中箭受傷（「明夷夷于左股」），但反而要進取（「用拯」），準備強大的生命力（「馬壯」），才是對的（「吉」）。與痛苦照面，不要逃避，而要去擁抱它，用生命擁抱它！

＊《易・蹇卦》：「九三：往蹇來反。」

蹇，是險阻、難行的意思。《蹇卦》的九三爻也是講「停止智慧」——勉強前往，會難行（「往蹇」）；停下來，返回自己的內心（「來反」），才是反身修德的正路。《象傳》注說：「往蹇來反，內喜之也。」返回自己的心，會有內在的喜悅與智慧。

＊《易・損卦》：「六四：損其疾，使遄有喜，无咎。」

《損卦》六四爻很簡明的講面對、治療、去除痛苦之後的喜悅——減損自己的疾病與缺點（「損其疾」），立即會有喜悅（「使遄有喜」），沒有問題（「无咎」）。逃避痛苦，痛苦還是痛苦；擁抱、面對問題，才是智慧的做法。

＊《易・困卦》：「困，亨，貞，大人吉，无咎，有言不信。」

「初六：臀困於株林，入于幽谷，三歲不覿。」

最後談《困卦》。《困卦》的主題明顯在講人生的各種「困難」。卦象是「澤无水」——澤無水，水漏光了，當然困難，會有乾涸的痛苦。

　　卦辭很鮮活的點出困境及痛苦中的深層智慧：所有人生的困都會通的。面對困境與痛苦，反而會通，只要持正（「困，亨，貞」）；對大德之人來說，困的經驗是吉的，不會構成問題（「大人吉，无咎」），因為大德之士能有勇氣擁抱痛苦，提煉智慧；進一步卦辭說「處困」不要用講的，別人也不會相信、理解你的痛苦（「有言不信」），因為面對痛苦、解決困難必須通過行動，言語是解決不了問題的。

　　上文說《困卦》講人生的各種困難，初六爻講的第一種困難稱為「臀困」── 屁股的困難？不！應該是「空想、想像」的困難。經文說在幽深的樹林裡（「株林」，代表自我封閉的生命狀態）坐著想像事情是如何的困難（「臀困」）的這種困難是人生的第一種嚴重的困難！這種困難的後果是容易讓人鑽牛角尖（「入于幽谷」），與長時間的自我幽閉（「三歲不覿」）。從「痛苦智慧」的角度看，這一爻經文的意思是說：想像是不能解決問題的，只有通過「行動」才能解除痛苦、產生智慧。

　　探訪過《易經》的世界，一一檢視過 25 條關於痛苦智慧的經文，接著，我們嘗試用更生活化、更淺近的白話將《易經》的洞見整理成下面的結論，以便人生行旅的參閱、檢索、與沉思。

＊《易經》的痛苦智慧：

A.必然性

痛苦是必然會遇到的生命經驗。根源性的痛苦會使內心交戰，讓人生無法前行。

B.停止哲學，用『心』去聽

當痛苦造訪，要懂得停下來、沉住氣、靜下心（停止是爲了產生更大的力量），然後學會穿透種種痛苦的假象，去靜思、傾聽生命內在自然而真實的聲音及需要——「心感」是一條通路，讓心靈從一切紛擾、悲苦中抽離出來，自然而沉靜的感知到問題真正而微妙的關鍵。

C.從付出代價到轉折出現

從痛苦到產生智慧的過程，有時必須付出悲辛、沉重的代價。

但，哭泣、眼淚，常常是一個重要的轉折與象徵語言。

眼淚是必要的！淚中生智，兩者往往是雙生子的關係。

D.行動哲學，眞實的『擁抱與行動』

必須記住的一點是：解決問題的是「行動」，而不是頭腦、想像、知識、或語言。頭腦與想像會減損解決問題的勇氣，知識與語言則於事無補。

只要肯擁抱痛苦、真誠面對、不閃躲問題，智慧的產生是必然的。

其中抱持憂患守正的態度是一個關鍵，要有獨自上場的勇氣是一個關鍵，要準備強大的生命力面對問題也是一個關鍵；當然，從痛苦到智慧的產生，必然會有一段磨合

擺盪的過程。

E.痛苦智慧的推己及人

當成功的擁抱、了解、治療、清除痛苦之後，會進入生命的高峰經驗，會立即湧現心靈的智慧與喜悅。而這份心靈的喜悅會輻射出去。

當成功的通過智慧解痛治病，自己也就擁有幫助別人解痛治病的經驗及能力。人必須先行了解、同情、安慰受苦的自己，才會懂得了解、同情、安慰苦難中的他人。

F.痛苦＝智慧

其實痛是「通」的！痛苦本身就是一個機會與通路。

進一步，從終極處說，煩惱即菩提，痛苦即智慧，痛苦與智慧根本是同一件事，痛苦本身就是智慧啊！

（三）關於痛苦智慧的詩

筆者曾經用「詩」的形式寫下一些關於痛苦智慧的心得及經驗，也許在談完古老的《易經》之後，我們嘗試將這些詩句整理於下，或者可以通過比較感性、軟性、文學的角度去呈現痛苦智慧的另一種面相：

＊痛苦是通向自由與愛的偉大道路。

＊痛苦的終點是清醒與深刻。

＊痛苦最大的優點是使人清醒。

　痛苦最大的缺點是繼續痛苦。

＊痛苦反映上一個人生階段的無明。

　　痛苦也預見下一個人生階段的覺醒。

＊痛苦含藏龐大的能量，必然推動人生向上或向下。

　　提昇抑沉落，端看人心的選擇。

＊每個生命總會碰到他最大的痛點，

　　最大的痛點能夠釋放最大愛的能量；

　　但人們往往選擇放棄釋放。

＊痛苦是上天最重大的禮物，

　　它幫助人們深化靈魂、接近真理，

　　痛苦可以轉生出同源同種的智慧兄弟。

　　但逃避痛苦，卻是靈魂更大的痛苦與墮落。

　　受上天眷顧的朋友呀！當痛苦造訪，勇敢的拆

　　封、面對、學習吧，那是生命進階教育開始授課。

＊廢墟會生起智慧，失愛孩子的心潛藏更大的愛能。

　　今天安慰一個受傷的孩子，孩子他日安慰一個受

　　傷的地球。

＊偉大的愛情，源於偉大的人格；

　　偉大的人格，來自偉大的心靈；

　　偉大的心靈，經過偉大的折磨。

　　凡逃避折磨與痛苦的，一併逃避愛的學習。

＊眼淚中孕育了生命的成長，

　　悲痛中深嘗了成長的旨酒。

＊委屈可以產生很大的力量。

＊生命裡沒有痛苦，像炒菜不加鹽。

＊淚流滿面，睜眼逼視那正在造訪的痛苦，

裡面深藏著愛與自由的偉大秘密。

北宋文豪歐陽修的詩曾說：「殘雪壓枝猶有橘，凍雷驚筍欲抽芽。」[7]「殘雪壓枝，凍雷驚筍」代表嚴峻、痛苦、充滿壓力的環境，而「橘」與「芽」則象徵強韌的生命力；也許，我們期待能夠在詩的世界裡，看到殘雪驚雷之中橘子與筍芽柔弱但堅定的智慧身姿。

（四）兩個關於痛苦智慧的經驗

——討論過「四聖諦」、《易經》、與關於痛苦智慧的詩，接著，在本節的最後，筆者想談談個人兩回對痛苦智慧的體驗 —— 一個是筆者多年以來的「生命課題」，一個是最近遇到的一個「具體而微的事件」，都讓筆者經歷了深刻的心靈學習與洗禮：

A、從「生命課題」談痛苦智慧

多年以來，一直困擾著筆者的生命課題是「過度依賴、需索他人的了解、肯定、與掌聲。」這就是《論語》上說：「人不知而不慍，不亦君子」的相反的生命狀態，即不能達成一個心靈上的「自由人」。當然，最開始對這個根源性問題的存在一直懵懵懂懂，只是感覺到一直會踢到同樣的鐵板，幸好關鍵在筆者選擇了一個無法迴避問題而且必須很尖銳的面對這種生存狀態的職業 —— 老師，這份工作

---

7 歐陽修的原詩〈戲答元珍〉：「春風疑不到天涯，二月山城未見花。殘雪壓枝猶有橘，凍雷驚筍欲抽芽。夜聞歸雁生鄉思，病入新年感物華。曾是洛陽花下客，野芳雖晚不須嗟。」

讓筆者一直處於得到與得不到他人的掌聲的快樂與不快樂的翹翹板狀態之中。從事教學工作接近二十年的歲月，筆者一直很努力的備課與授課，也超在乎學生的反應；問題是在講台上的表現，就像人生每天的日子一樣，總會時好時壞、或高或低，人，總有疲倦的時候，課，也總有教不好的時候；而當每次「失手」，感到台下的學生很「冷感」時，筆者總會感到情緒很低落、心情很差、甚至會有憤怒的情緒。長時間下來，即迫使自己無法迴避的逐漸看清楚事情的根源及真相。有時捫心自問，不禁自我懷疑：我到底是真誠無私的從事教育工作及付出對學生的愛？還是通過表面愛人的行動，而真正的目的是得到他人的掌聲及欣賞？我對你好，重點是你必須回報我、欣賞我啊？終於，時機成熟，在一次嚴重的情感失落事件之中 —— 一個很親近的學生的「背叛」（當然真實的情況不是如此，還是自己太在意別人愛的回流），筆者終於比較完整的看到及發現這個「痛苦指令」最初鍵入時的「初始傷害」的全相 —— 在筆者的青少年時代也曾經經歷過媽媽的「背叛」。這話怎麼說呢？原來媽媽一直與筆者的關係很好，母子二人也曾經一起渡過家中經濟最低潮的歲月，後來在一次母子的爭吵中，媽媽不經意說出一些在筆者聽來是偏心哥哥、不公平、不尊重筆者的人生選擇及價值觀（覺得媽媽重商輕文）的話語，還記得當時那種血氣往腦門上衝的忿怒感（此後這種體覺一直在我的憤怒時重現）；從此自己的性格變得很重視公平、很在乎他人有沒有尊重我的價值

觀及行業、很容易生氣、而且力求表現以博得他人的掌聲。一切一切性格的偏執，原來都是因為一個憤怒啜泣的小男孩一直存留在心裡沒有長大啊！而且筆者後來發現很好玩的一點生命原理：愈親愛的人，對我們的傷害愈深，而且由於傷害太深，人會選擇刻意的忘記。那麼多年來，筆者幾乎是有意無意的疏忽了這個事件的重要性而漸漸淡忘，如果不是這次學生的「背叛」事件，自己一直到四十歲還沒發現生命痛苦的源頭，所以這位學生其實不是我的學生，她是我的媽媽啊！她等於幫助我重現「初始傷害」的情境，讓我終於找到「**過度依賴、需索他人的了解、肯定、與掌聲**」這個痛苦指令的根源。感謝這位二度扮演我的媽媽的朋友，也感謝多年來我一直從事這份必須付出愛心的工作，事後反思，如果我不是一直沒有放棄行動與實踐，一直沒有放棄「嘗試」付出愛（平心而論，這些年來也真的有付出過許多愛心及行動，但也真的有過許多失落與傷心，這是生命成長的「真假夾雜」的情形），也一直沒有放棄面對、沉思、及擁抱自己的痛苦及問題，就不可能穿越種種痛苦的假象而找到問題的癥結與根源，以及引發後來一連串的治療工作（關於治療的內容即暫時省略不談了）。是的！只有敢於行動，走向人群，才有機會引爆地雷、觸發問題；也只有能夠擁抱痛苦，不迴避問題，才有機會穿透痛苦、超越痛苦、湧現智慧，找到問題真正的源頭活水！

B、從「運動傷害」談痛苦智慧

上文談的「生命課題」，至少花了筆者二十年的時間才能成功穿透。但接著要講的這個「事件」，卻是比較「小條」的，大約前後花了半年的時間去學習、面對。這是一個「運動傷害」事件 —— 從面對生理的痛苦去觸發生命的智慧。大約從去年年底開始，筆者重新恢復打羽球，已經有二十幾年沒打球了，雖然近幾年做了大量的身體工作，體力不錯，但每項運動所需要的肌肉組群與運動方式都是不同的，而且體力好有時反而是一項缺點，因為會習慣使蠻力，身體不夠放鬆，加上整個身體還沒適應該項運動，當然不可諱言的「太好勝」也是一個重要的原因；所以打球約打了三個月，終於打出問題，手肘受傷了 —— 身體不鬆，所以不空，能量無法在體內順暢流動，卡在重點部位，造成運動傷害。於是開始了為期約半年到七、八個月的治療過程。前半年的時間，筆者做了一連串密集的療程 —— 推拿、針灸、熱療、電療……花了龐大的時間，卻，藥石無效！手肘幾乎完全沒有治好！值的一提的，是在這半年的時間裡，筆者沒有灰心過，也從未放棄面對治療及打球，當然，在手傷未癒的情況下，球技與傷勢一樣沒有進展。如是過了半年，有一回，筆者與朋友在餐廳裡談起手傷一直沒痊癒的事情（也算是不放棄擁抱痛苦的一種表現），竟然被一位陌生人聽到了，而且竟然神奇的立即遞給筆者一張名片，就在這樣神奇的機緣下，抱著不妨一試的心情，放棄了治療半年的正規診所，找到一位民俗療法的骨科師

傅，怪怪了！治了半年不好的傷勢，居然給這位師傅治療了十幾次（前後不到一個月的時間）就治好了！而且這位師傅的治療手法與筆者以前經歷的療程全然不同！記得初診時，他用手指頭在受傷部位周圍按捏了一回，然後對筆者說，以前的治療部位根本錯了！根本不是骨頭受傷，只是肌鍵卡在一齊，接著他用力的一推一扳（速度太快，根本來不及喊痛），說是把卡住的肌鍵扳回原位，從此以後，接連的後續治療的手法都極為輕柔，只是在受傷部位用手指頭彈震了一回，就貼膏藥了事。天啊！以前治療了半年，現在只大約治了大半個月；以前每回療程都要花上至少一小時，現在每次治療只需要五分鐘；以前是又推又捏又蒸又電，現在只是輕輕的摸幾下；怎麼差那麼多！剛開始筆者還著實不相信哩！怎麼可能？以為遇到蒙古大夫！結果是終於治癒了！還有一個因素，差不多跟這大半個月療程的同時，筆者也調整了自己的心態，跟自己說：「既然那麼喜歡打球，連受傷都不放棄，何不把這項運動納入自己的禪修項目之一 —— 運動禪，奧修不是說過嗎？人在覺知中是不會犯錯的，那就試試看把覺知放進去罷。」所以，以後打球便更覺知的觀照身體的每一個動作，說來也真巧，開始練習覺知的打球後，手肘的傷也差不多痊癒了，身體更放鬆，握球拍的手也更放空，也學會更不用力的擊球，奇怪的是，揮拍的身體空間反而變得更大更有彈性，身體也更不容易受傷，同時揮擊出去的球變得速度更快、球質更重、落點更準；愈不用力（無為），球反而打得愈

好（有爲）；身鬆心開，球技居然大進了。空，才能有；鬆，才能發出真正的力道。對我來說，這是一趟爲期大半年擁抱運動傷害與生理痛苦的神奇學習之旅，可以總結成下列三點經驗：

（A）基本原則，還是要能夠堅持擁抱痛苦，擁抱痛苦，才有機會治癒痛苦、激發智慧。不管是心理或生理的痛苦，都一樣。

（B）在治療的過程上，讓筆者印象深刻的了解到，做任何事情，只要能夠用對方法、抓好竅門，往往只需要花一點點力氣即可以得到最大的效果。

（C）在打球的經驗上，也讓筆者從應用、技術的層面體會到「空」的道理。原來「無中生有」是有實用意義的，唯有空、鬆、無，才能發揮最大的能量與技術。

先後瀏覽、討論、沉思過佛學與《易經》、理論與經驗、哲理與詩歌、古典與現代……等等關於「痛苦智慧」的面面觀之後，相信應該對如何從痛苦中擷取智慧的「廬山真面」，不會再有「只緣身在此山中」的苦惱與遺憾了。是的！痛苦是人生裡無法避免的經驗，遇到痛苦，只有擁抱它，才有機會超越它、跨過它，並且發現痛苦背後原來有著更廣闊的空間，然後才有可能深入其中的智慧虎穴；否則，遇到痛苦，我們卻選擇閃躲及逃避，那麼痛苦將會永遠傲慢而巨大的佇立在我們面前，痛苦永遠只是痛苦，永遠成爲人生路上無法逾越的巨大陰影。痛苦啊！你的名字究竟是苦難？還是智慧？全看我們的心靈之手如何爲自

己的人生勾選不同的命運樂章。

二、八不律

前文提到「痛苦智慧」傾向儒家經驗，「八不律」接近道家功夫；「痛苦智慧」是診斷系統，「八不律」才是治療技法；「痛苦智慧」是自我了解的歷練，「八不律」則是自我治療的法門。而且這是一門徹底、終極、究竟、根本的治療技法。「八不律」繞過種種團體治療、心理分析治療、宗教治療……等等繁複的過程，直接在心性上下功夫，著重心靈本具的圓滿與完整，而立即將種種生命陰影及負面能量抽離、放下、告別、還諸天地之間。

「八不律」是一樁「修行功夫」。

從學術宗派的角度看，「八不律」的內容傾向討論「道家智慧」。

從生命成長的角度看，「八不律」是屬於治療、清除、鍵出內心的負面情緒、回憶、及能量的「減法」的心靈動作。

「加法」與「減法」，是生命成長的兩大道路。加法指增益種種能力與經驗，減法指清除負面情緒及創傷；儒家功夫比較傾向加法，道家智慧比較接近減法；有為是加法，無為是減法；「是」即加法，「不」即減法。當然，加減、有無、儒道，是一體互動的；但從生命成長的先後來看，先行清除生命內在的負面情緒及能量，然後在清淨的心靈土地上，種種的正向能力與經驗才能夠抽枝發芽。

所以先減後加、先無後有、先道後儒、先老莊而後孔孟，是生命成長與修行道路上的本末理序。而本節集中火力，專談「減法」——學習對許許多多人為造作的頭腦作用說「不」。

所謂「八不」，即：不要求，不判斷；不計畫，不緊張；不控制，不抗爭；不顧慮，不等待。

「八不律」的精神發源於道家，但本節除了會引用老子的《道德經》，也會加進奧修的洞見。事實上，在下文，我們將會發現：「八不律」、老子、及奧修三個不同的學問系統的內在一致性，其實是很高的。奧修曾經形容老子的「為道日損」，說：「追求『道』的學生剛好相反，追求真理，而不是追求知識，追求本性，而不是想要成為什麼，這樣的學生剛好相反，他每天都繼續在失去，他卸下自己的重擔，他脫掉學習，他唯一的學習的就是如何脫掉學習，他所感興趣的唯一事情就是如何完全卸下重擔。」[8]這幾乎就是「八不律」的最佳形容了。

關於「八不律」的發現與提出，倒是還有一段個人難忘的因緣。

從二〇〇三至二〇〇五年的兩年間，筆者與一群朋友共組了一個名為「大畜」（《易經》64卦中的一卦）的修行團體，共同探索與練習靈修的知識及功夫；「八不律」便是在這一段期間為我們團體所奉行的生命律則。對我們

---

8 見奧修《老子道德經 第三卷》頁79。（奧修出版社，1995年12月初版。）

這一群朋友來說，這是一種生命的態度與實踐。經過兩年時間的考驗，應該能夠證明「八不律」有其一定的修行價值罷，何況還有古老文化傳統的支持與印證。

接下來，先行正式提出主體律則的內容與心得，跟著再進一步著手客觀資料的討論與分析。

（一）律　則

「八不律」的內容如下：

Ⅰ**不要求**　對生活中一切人與事不要求，不要求的愛是最純粹的愛。

Ⅱ**不判斷**　對人生裡所有的想法不判斷，不判斷的心是最完整的心。

Ⅲ**不計畫**　取消頭腦的計畫，頭腦計畫割裂、干擾生命的整全。安於不計畫的人生。

Ⅳ**不緊張**　取消緊張的情緒，緊張情緒破壞、違離心靈的磊落。感受不緊張的心靈。

Ⅴ**不控制**　不控制身、心、我、人與環境，控制的慾望源於自我的不安與執著。學習無為的人生。

Ⅵ**不抗爭**　不抗拒甘苦、愛惡、與順逆，兩極的背後有著更深的意義與安排。隨順生命的流水。

Ⅶ**不顧慮**　放棄「四種顧慮」，修學「不依賴」狀態。

Ⅷ**不等待**　放棄「四種等待」，享受「活在當下」的自由。

　→目的：沒有設限、完全開放、絕對脫序、無可無不

可的修道與生活，覺知與流動。

這就是「八不律」的內容。

關於其中的「四種顧慮」、「四種等待」、「活在當下」等等的觀念，下文詳論。

在「八不律」的基礎上有「八是律」的提出。雖然像上文所說的，我們集中火力討論「減法、不」的學問，但在客觀討論之前，將「加法、是」的律則並列出來，提供給有興趣的讀者參考，也無不可。

「八是律」：

Ⅰ **對生命說「是」**　對自己與別人全副的生命經驗同時說「是」。放棄對立意識。

Ⅱ **對死亡說「是」**　對生存與死亡深邃的整體意義同時說「是」。放棄對立意識。

Ⅲ **對入世法說「是」**　用入世情修出離心。

Ⅳ **對出世法說「是」**　用出離心行人間道。

Ⅴ **對痛苦說「是」**　跨越痛苦，發現完整的生命狀態。

Ⅵ **對歡樂說「是」**　歡樂本質，印證完整的生命狀態。

Ⅶ **對學習說「是」**　不斷學習，接近完整的生命狀態。

Ⅷ **對空無說「是」**　空性之船，航向完整的生命狀態。

→目的：對我人、生死、出入、苦樂、有無同時說「是」。

用整個生命承認──言語、頭腦、心靈同時說「是」。

「存在」是絕不犯錯的，即使錯誤也是「正確」的。向整個存在說「是」。

這是「八是律」的內容。僅供參考。

看完律則的內容，接著，我們開始通過老子哲學系統對「八不律」加以觀察及分析。

（二）分　析

Ⅰ關於「不要求」的分析

不要求，是很基本的心法。

所謂要求：指希望自己、他人、或外在環境對「自我」有所給予（有形的或無形的給予），如此即讓自己陷入「期待」被給予的忐忑不安的心情中；要求，是煩惱之根。因此「八不律」第一個要學習的是對己、人、及環境不要求，掙脫「期待」的綑綁。接著請看《老子》的說法。

> 萬物作焉而不辭、生而不有、為而不恃、功成而不居。夫為不居，是以不去。　　　——《老子》2
>
> 生而不有、為而不恃、長而不宰，是為玄德。
> 　　　　　　　　　　　　　　　——《老子》10

《老子》2 章說天道對人是不要求、不期望回報的。像天地無心而生育萬物，萬物蓬勃生長，天地也不辭勞苦；又像幫助別人生命成長卻不佔有別人，做了事也不仗恃自己的能幹，達成任務又不居功；正因為不居功、不要求、不望報，反而維持了人與人之間美好、純粹的情份。反過來思考，一旦要求別人回報，便不是純粹的愛與付出，而稱做「市恩」（販賣恩情、感情），便成了買賣行為或交易行為，讓自己陷入期待回報的煩惱中，也將被你幫助的人推向恩情的壓力。真愛變調為交易，美好成了醜陋。所

以第 10 章稱這種幫助別人成長而不要求別人回報的品格爲「**玄德**」—— 有無相生謂之玄，玄德的意思便是從愛的發動（有）到愛的放下（無）的一種無爲的愛。所以老子的愛，是一種有無互動的品格力量[9]。

當我們開始對我、人、環境要求，不管要求的是金錢、權力、成就，或者是讚美、肯定、諒解、與愛，種種的痛苦與煩惱便源源而生；因爲人生充滿變數，環境不受控制，他人的自由意志更是無法勉強，所以人生的「要求」是非常有可能落空的！有所欲求，心有罣礙，便會讓自己身陷種種求不得的苦惱之中，怪不得人生不如意事十常八九。

其實「不要求」是最聰明的人生策略，讓我們回歸「無所期待」的心靈自由之中。所以，讓我們來學習「不要求」心法 —— 回歸生活中每一件事保持不要求狀態。

II 關於「不判斷」的分析

「要求」是希望他人或環境對自我有所給予，「判斷」則是自我對他人或環境發出批評。所以「方向」是剛好相反的：

＊要求：自我 ⟵ 他人或環境，內在 ⟵ 外在。

＊判斷：自我 ⟶ 他人或環境，內在 ⟶ 外在。

---

9 牟宗三先生說：「不要再拆開來分別地講無講有，而是將這個圓圈整個來看」，這是一種辯證的思考：「有而不有即無，無而不無即有」，這個圓轉關係就是「玄」。玄是指道的雙重性（有與無）的辯證互動關係。見牟宗三著《中國哲學十九講》頁 99 至 100。（學生書局，民國七十二年十月初版。）

　　其實「不判斷」最深邃的理由是要讓生命保留在「一體性」狀態，那是「道」的狀態，「真理」的狀態。因為一發出判斷，便有了判斷者與被判斷物的區別，主客對立，生命的一體性便破裂了。那頂多是兩儀，不再是太極；那是矛盾對立，不是合一不二。所以收起判斷的刀鋒，取消主客的對立，通過「不判斷」，讓生命保有在「道」的心境。我們來看《老子》：

　　善言無瑕讁。　　　　　　　　——《老子》27

　　復歸於嬰兒。　　　　　　　　——《老子》28

　　前識者，道之華而愚之始。　——《老子》38

　　瑕讁，指是非辨別，一種價值觀的批判。老子說「善言」重點在激勵生命，而不進行是非對錯的辨別與判斷。其實理性的判斷會造成人與人之間的分裂，既傷人、也傷己。印度詩哲泰戈爾的名著《漂鳥集》193 詩說：「**一個充滿邏輯的心恰像一把四面都是鋒刃的刀。它會使那用它的手流出血來。**」[10]

　　28 章更直接說：「**復歸於嬰兒。**」老子哲學可稱為「嬰兒哲學」。嬰兒的真理意識臍帶未斷，嬰兒沒有人、我、是、非、對、錯的差別心，嬰兒的生命是「一體性」的生命，嬰兒的心是一個「不判斷」的心。

　　38 章說：「**前識者，道之華而愚之始。**」前識，事情未發生便有了判斷，這是執著自己的生命經驗而造成的成

---

10 請參考糜文開譯《泰戈爾詩集》。（三民書局，民國五十二年四月初版。）

見；老子說這是真理的表層（華，花也；意思指事情的表面現象）及愚笨的開始。判斷，製造成見、分裂、與愚蠢啊！

　　分析老子的說法，不判斷是為了修學「一體性」的生命境界；但不判斷其實有另一層的深刻意涵，跟練習「觀照」功夫有關。奧修大師說：

> ……觀察頭腦，這是比較細微的層次 —— 觀察你的思慮……思想只是細微的波動 —— 它們是電波、無線電波 —— 但依然是物質，就如同你的身體一樣；思慮是不可見的，像空氣一樣不可見，不過空氣和岩石同屬物質，所以你的思慮也是不可見的物質。……觀看你的思慮，唯一的條件是：不判斷。不判斷，因為一旦判斷，你就會忘記觀照……這個片刻你就失去觀照而開始陷入思考……別成了參與者，別思量、別批判或譴責，不必對任何經過頭腦的東西抱持態度。你應將思慮看成天邊飄過的雲朵，對它們不要有任何的判斷 —— 說這烏雲是魔鬼，說那白雲是聖人。雲就是雲，既不好也不壞，這些思慮只是飄過頭腦的小小波動而已。
>
> 沒有任何判斷地觀照，你會再次大感訝異。一旦你的觀照上了軌道，思慮會愈來愈少。……當你的觀照達到九成九的純度時，只是偶而出現形單影隻的思想 —— 除了百分之一的思想路過之外，就不再有思想了，橫衝直撞的交通亂象已不復存在。當你百

分之百沒有判斷，只是觀照，那意謂著你已經成了一面明鏡，明鏡永遠不會下任何判斷。醜陋的人面對它，明鏡不會下判斷，美麗的人面對它，明鏡依然一視同仁；沒人面對時，明鏡也和有人面對時一樣清淨無染，不管有沒有映像，它都不會受到干擾。觀照就是成為一面明鏡。

……從思慮之後，你必須走到更細微的經驗層次──情感、感覺、情緒，從頭到心，一樣還是沒有判斷，唯有觀照。……留神觀照你的心，這份體驗能讓你不被佔據。悲傷來了又去，你並沒有變成悲傷；快樂來了又去，你也沒有變成快樂。任何流經你內心深處的都影響不了你，你初嘗當家做主的滋味……[11]

　　還有一個問題，不判斷的「觀照」功夫，是不是也是另一種形式的主客對立呢？有一個觀照者「觀照」一個被觀照的對象？筆者個人的意見，這是一種「軟性」的主客對立。不像「判斷」，有強烈的理性批判，容易造成人我的分裂。觀照只是像一面鏡子，鏡子是沒有批判意識的。功夫日深，觀照者與被觀物之間的界線漸漸模糊，融成一片，從「觀」到「觀觀」，即慢慢進入「一體性」的禪定境界。

---

11 見奧修《與先哲奇人相遇》（生命潛能，2004年6月初版。）頁37至38。

Ⅲ關於「不計畫」的分析

人生充滿變數，生命無法計畫。

或者，從另一個角度思考，計畫之所以成立是給人打破用的！從古到今，不論小大，從來沒有一個計畫真正100％的實現過，不是嗎？

不計畫、不思考，目的是停止頭腦的作用，回歸靈性的成長。

「不計畫」與「不判斷」有重疊的地方，但不判斷比較接近基本的心法，不計畫則著重在停止理性、思考、左腦的作用。關於左腦的作用及左、右腦的不同功能在上文第四章第二節討論「忘言」的部份，已經有所說明，請讀者自行參閱。總之，「不計畫」是針對左腦的理性作用而提出的。請看《老子》的印證：

> 智慧出，有大偽。　　　　　　　　　　── 《老子》18
>
> 絕聖棄智，民利百倍。　　　　　　　　── 《老子》19

這兩章認為：如果理智過度使用，頭腦過度機巧，社會上種種虛偽險詐的亂象便會源源而生；過度使用理智，人心反而輕浮啊！相反的，降低社會上聰明才智的風氣，卻可以「民利百倍」，得到的反倒是一個淳厚的人間。觀察今天的社會現象，這兩章《老子》不是很有諷刺現實的批判意義嗎？

> 希言、自然。飄風不終朝，驟雨不終日。 ── 《老子》23
>
> 知者不言，言者不知。　　　　　　　　── 《老子》56
>
> 善者不辯，辯者不善；知者不博，博者不知。

　　　　　　　　　　　　　　　　　── 《老子》81

多言數窮，不如守中。　　　　　── 《老子》5

滌除玄覽。　　　　　　　　　　── 《老子》10

明白四達，能無知乎？　　　　　── 《老子》10

　　《老子》23 章確立了減少理性作用（希言），回歸自然生命（自然）的基本生命原則。56 及 81 章更進一步辨別了心靈經驗（右腦）及頭腦作用（左腦）的差異：「**知者不言、善者不辯、知者不博**」指的是心靈經驗 ── 知「道」者是不會通過語言解釋真理的，也不需要擁有繁多的知識；「**言者不知、辯者不善、博者不知**」指的是理性作用 ── 擁有豐富知識的人不見得能接近真理、了解心靈。知識、理性不能幫助我們進入真理的國度，反而會妨礙心靈的覺察。這就是不計畫、不思考的真正原因。

　　在 5 章裡，老子更明確指出心靈才是「主題」。太多的言語、知識、理性、邏輯會一再無能為力、末路窮途（**多言數窮**）；所謂「**說而不休，去道轉遠。**」[12]還不如回歸內在心靈（**不如守中**），更能接近真理大道啊！

　　10 章進一步描述心靈的神準妙用。「**滌除玄覽**」，洗滌清除頭腦、理性、知識的習染（停止頭腦作用），然後即能生起心靈的玄妙觀覽（進入心靈經驗）。玄覽：不通過思考，沒有想，立即清楚知道正確的生命選項，一般稱為直覺。其實這是生活裡常有的經驗，心靈一澄澈，個人

───────────────

12 見明・憨山大師著《老子道德經憨山解・莊子內篇憨山註》頁 58。（新文豐，民國 74 年 12 月二版。）

與外界的一切關係馬上清楚得很。在同一章的後文說得更神：只要能做到「無知」，即能進入「明白四達」的心靈經驗——心靈的觸覺伸向世界，一體通透，含光內照，智無不燭[13]，進入物我相融的「一體性」的玄境。

老子的說法，不離停止頭腦或理性作用的含義，不計畫、不思考，藉以喚起心靈的妙用與覺察。這一點涵義，奧修有進一步精闢的說明：

> 如果你聽頭腦的話，永遠也不會滿足；如果你不聽頭腦的話，此刻就滿足了。……頭腦永遠都會保持悲慘的狀態，想要得更多，這個慾望是永無止盡的。[14]
> 頭腦就是你一切緊張、焦慮、擔憂的來源。它無法平靜……這就是數千年來東方在靈性上的實驗之精髓所在：頭腦或平靜，選擇權在你手上。平靜是非常普通、平凡、簡單的現象……但是頭腦不斷的在旁邊給予評論：「一定還有更好的。別停下來，繼續追尋。」你必須對頭腦說：「閉嘴！」……說你對這種「還要更多、更多……」的胡言亂語沒有興趣。……頭腦想要更多更多，卻變得愈來愈擔憂。沒有頭腦的話，你便活在平靜之中，在愛之中，在寧靜之中。當你過著這樣的生活，它就會變得愈來

---

13 「含光內照，智無不燭」二語出自憨山大師，同註 12，頁 63。
14 見奧修《奧修說自我——從幻象中解脫》（布波出版，民國 93 年 7 月初版。），頁 98。

　　愈多，愈來愈深。[15]

　　生命的目的不是被奴役，而是要品嚐自由。像真理
這樣的東西的確存在，但是你用頭腦將永遠無法認
識它，因為這個頭腦充滿了被重複好幾世紀的謊
言。當你完全把頭腦放在一邊，你就可以找到真理，
以新鮮的眼光來看存在，就像新生的小孩一樣……
你和存在深深地和諧一致的片刻就會來臨……[16]

　　總之，「不計畫」的功能在停止頭腦作用（左腦），
好讓心靈經驗（右腦）得到覺醒。

IV 關於「不緊張」的分析

　　「不計畫」主要是立足在「左腦」上提出意見，「不
緊張」則是在「右腦」上給予指導；「不計畫」是要減緩
過度使用的頭腦，「不緊張」則是要喚醒被負面情緒包圍
的心靈；「不計畫」的法門主要是針對理性，「不緊張」
的法門主要是針對情緒；所以說不計劃是「左腦的修法」，
不緊張是「右腦的律則」。

　　也就是說，「不緊張」是要對治、鍵出種種生命內在
的負面情緒，好讓心靈的明鏡不致蒙塵。所以不緊張、不
擔憂要處理的是「情緒」的問題。

　　從更深的層次考慮，種種負面的情緒譬如：緊張、焦
慮、擔憂、著急、恐懼、怯懦、失落、消沉、不磊落、患
得患失……的源頭都是「欲望」啊！欲望的意思是「想得

---

15 同註 14，頁 101。
16 同註 14，頁 110 至 111。

到某些東西」，得不到即會產生種種負面的情緒；而這些「想得到的東西」必然是存在於未來，不會存在於現在；所以緊張、擔憂的關鍵是在「未來」——人往往緊張、擔憂一個不真實、尚未出現、也不知是否會出現的未來狀態。《老子》說：

> 常使民無知無欲。　　　　　　　——《老子》3
> 善戰者不怒。　　　　　　　　　——《老子》68

「無知」是左腦法門，「無欲」是右腦法門；沒有欲望，即沒有種種緊張擔憂的負面情緒。「怒」，生氣，也是一種負面情緒；負面情緒會影響心靈的「玄覽」，無法在人生戰場上作出準確的決定，所以老子才會說「善戰者不怒」。

關於緊張、擔憂等等負面情緒的問題，老子說的並不多；倒是奧修師父有很詳細、精深的說明：

> 所有緊張的源頭就是「想要變成什麼」。一個人總是試圖要成為什麼，沒有人很放鬆地接受他現在的樣子。……
>
> 你欲求要變成什麼。緊張意味著你對你現在的樣子不滿意，你渴望變成那個你不是的。緊張就在這兩者之間被創造出來，至於你欲求要變成什麼，那是無關的。如果你想要變成富有的、有名的、有權力的，或者即使你想要變成自由的、解放的、神聖的、不朽的、或者你渴望救贖、和莫克夏（超脫），那麼緊張也會存在。

不論你欲求什麼東西，只要你所欲求的那個東西是在未來要被滿足的，它跟你的現況不一樣，那麼它就會造成緊張。那個理想愈不可能達成，那個緊張就愈多。所以一般而言，一個物質主義者並不會像一個宗教人士那麼緊張，因為宗教人士是在渴求那個不可能的，渴求那個離得很遠的。由於那個距離是那麼的大，所以只有很大的緊張能夠填補那個空隙。緊張意味著介於「你現在的樣子」和「你想要成為的樣子」之間的一個空隙。如果那個空隙很大，緊張就會很大；如果那個空隙很小，緊張就很小；如果根本沒有空隙，那意味著你滿足於你的現狀。換句話說，你並不渴望成為任何你現在所不是的，那麼你的頭腦就存在於當下這個片刻，沒有什麼好緊張的，你很放鬆地跟你自己在一起。對我而言，如果沒有空隙，你就是具有宗教性的。

那個空隙可以有很多層面。如果那個渴望是屬於身體的層面，那個緊張將會是身體的。……比方說一個人會想要變得更漂亮，如此一來，你的身體就會變得緊張，這個緊張從你的第一體——肉身體——開始……

如果你渴望心靈力量，那麼那個緊張就從心靈的層面開始……所以，緊張可能會從你七個體的任何一個體開始……

唯有當我們全然接受我們自己，才不會有緊張。這

　　個全然接受是一個奇蹟，是唯一的奇蹟。……

存在本身是不緊張的。緊張總是因為那些假設性的
和非存在性的可能性。在當下這個片刻是沒有緊張
的，緊張總是未來指向的，它來自想像。……如果
你能夠在你的身體裡感覺到這個不緊張的片刻，你
將能夠知道一種你以前從來不曾知道的幸福，一種
正向的幸福感……唯有當你一個片刻接著一個片刻
去生活，你的身體才不會緊張。……

如果你在跑步，而那個跑步變成了你存在的全部；
如果你是那個來到你身上的感覺，不是某種跟它們
分開的東西，而是跟它們合而為一；如果沒有未來，
如果這個跑步是沒有目的的，跑步本身就是目的，
那麼你就會知道一種正向的幸福感，那麼你的身體
就沒有緊張。在生理層面上，你已經知道了一個不
緊張的片刻。[17]

　　總之，「不緊張」是立足在「右腦」上的功法，目的
在清除由於對未來的欲求與想像而引起的種種負面緊張
感，好讓清明的心靈能夠不受情緒性的洪水淹沒而水落石
出。進一步，「不緊張」有更深一層的含義：「不緊張」
的生命狀態是發生在「當下、現在」的，正如緊張的情緒
必然指向未來；所以「不緊張」的背後其實是珍藏了一個
「活在當下」的哲學觀念與生命態度。

---

17 見奧修著《靜心與健康》上冊，頁 187 至 193。（奧修出版社，1996
年 9 月初版。）

V關於「不控制」的分析

「不計畫」與「不緊張」是講左腦與右腦、理性與感性的修行；「不控制」與「不抗爭」則是在討論個人與外界的關係；「控制」是指人主動去控制世界，「抗爭」是指人被動的去反抗自然的安排。

「控制」分兩種，強勢的與弱勢的；弱勢的控制指巧取，強勢的控制是豪奪。但不管巧取或豪奪，控制者的慾望都是源於內在的不安全感。生命愈感到不安與匱乏，便愈想利用控制他人來填補內心的恐懼與空虛。

道家無為，對人生的態度，當然是「不控制」的。請看《老子》：

治大國，若烹小鮮。　　　　　　——《老子》60

治人、事天，莫若嗇。　　　　　——《老子》59

綿綿若存，用之不勤。　　　　　——《老子》6

老子「不控制」的無為精神是表現在多方面的。在政治的層面，老子講究無為而治，所謂「治大國，若烹小鮮。」治理大國，要像煎小魚，不能經常翻動啊！有過下廚經驗的人都知道，魚未煎透，便動輒翻面，下場便是整條魚會被翻擾得不成樣子！憨山大師注得好：「凡治大國，以安靜無擾為主；行其所無事，則民自安居樂業，而蒙其福利矣。故曰若烹小鮮。烹小鮮，則不可撓；撓，則靡爛不全矣。」[18]在這裡，老子用了一個活潑的妙喻：治國與烹調，

---

18 同註 12，頁 123。

都一樣，最重要是火候的恰到好處，不能只懂強勢的控制。同理，不只政治，甚至宗教層面，都講究「不控制」的無爲精神。59章說：「治人、事天，莫若嗇。」「治人」是政治、人事的工作，「事天」指宗教、真理的領域——同樣都要有「嗇」的精神。憨山大師說：「嗇，有而不用之意。」嗇是一種「復性工夫也。」[19]嗇是一種素樸、節約、含藏、不使用的生命態度；有而不用，不管你是有才、有權、有錢、或有力，都能夠不用，不控制別人，這是一份大修養啊！因爲「不控制」包含了充分尊重每個生命的主體性、充分信任存在的安排、充分臣服真理的流動，這是真正的「民主」精神。

　　個人認爲老子「不控制」的功夫在 6 章談得最爲精妙。「綿綿若存，用之不勤。」是在講禪坐或修行時實際應用的「不控制」心法。修行功夫，也要講究「不控制」！原來禪坐初始，旨在慢慢蒸發、淡出種種雜念、妄念，漸漸的雜念減弱、塵盡光生，便會出現一個「淨念」，接著出現第二個、第三個……跟著一個淨念與另一個淨念接合，中間沒有空隙，便稱爲淨念相繼，如此接合愈來愈多，逐漸形成了一道純粹意識的河流；這種不間斷的覺醒狀態，老子用「綿綿」形容，即所謂綿綿不絕之意。但從修行的角度來說，每一個起心動念其實都是妄念（左腦的理性作用），一個修行者進入了較純淨的覺醒境界，如果心裡升

---

19 同註 12，頁 121。

起必須保持這個境界的念頭、甚至是用來保持這個境界的
法門本身（譬如禪坐中的數息或觀想等法門），其實也是
一個「妄念」啊！或者是最後一個妄念罷。（淨念也許是
最後一個妄念，無念才是真正的淨念。）問題是禪修的法
門與努力有其「過渡存在」的必要性（所謂方便法門，提
供了一個過程上的方便），但又不能執著（因為它還是一
個妄念），所以老子用了「若存」兩字說明，「若」字用
得精妙啊！意思是覺醒的意識狀態好像（若）是真實的存
在（存），但其實不是啊！怎麼說？因為當我們控制、製
造、維持一個覺醒境界，便不是真正的覺醒，我們與覺醒
變成二，不是一，這個覺醒是人為的，是我們所控制的，
我們與覺醒分裂、脫鉤了。相反的，真正的覺醒必須是自
然的湧現、浮現、出現，不是我們去控制、製造一個覺醒，
我們本身就是覺醒！我們成了覺醒！這才是真實的覺醒。
老子下這個「若」字，可以看出老子不只是一個理論家，
而是一個深懂個中關鍵、有真功夫的修行大師。接下來說
「用之不勤」，意思就差不多了。「用」接近「綿綿」的
含義，指「用」法修道；但像前面所說的，法不能執著，
所以要用之「不勤」；「不勤」的意義接近「若存」，都
是指不能執著修行的法門或境界。憨山大師說：「凡有心
要作，謂之勤。」「無心而應用，故不勤耳。」[20]禪修的
難處就在「無心而應用」啊！既要「應用」，又要「無心」；

---

20 同註 12，頁 58。

有無之間，拿捏住恰到好處的分寸，等於將 A 與 − A 兩種矛盾的生命狀態整合爲一。所以禪修之難，在有爲與無爲、提起與放下、緊與鬆、用功與自然、有用與無用之間，孕育出一個高度覺醒的精神狀態。「綿綿」與「用」指向「有爲、提起、緊、用功、有用」的修行功夫，而「若存」與「不勤」則指向「無爲、放下、鬆、自然、無用」的心靈境界。老子的「若存」與「不勤」，用字精妙，是提醒在禪修之際，鬆緊之間，必須注意不刻意、「不控制」的實修法要。修行要用心，但又要在放下用心的狀況下用心。我們只有在沒有絲毫控制、勉強的自然狀態下，才有機會「跳」進終極的覺醒。

奧修說得更尖銳：「控制是一個醜陋的字眼。……如果你變得有覺知，控制和放縱兩者都會消失。」[21]

Ⅵ關於「不抗爭」的分析

無爲的精神，不只表現在不主動的控制外界，同時也表現在不被動的抗爭存在的安排。面對命運、擁抱命運、跟命運合一，不代表就是向命運低頭。「不抗爭」不是意志的屈服（東方文化不強調個人意志力的展現，所以也就不存在屈服或不屈服的問題），而是準備進入「整體命運」的心靈修養。

「不抗爭」是反面的說法，正面的說法則是隨順生命的流動與節奏。讓生命像流水一般的柔軟、無我、不抗爭，

---

21 見奧修《生命的遊戲》頁 128 至 129。（奧修出版社，2002 年 9 月初版。）

但無孔不入、柔能克剛。所以對道家來說，「隨波逐流」
實質是一個正面的形容。

　　因此「不抗爭」哲學也就是水的哲學。老子說：

上善若水，水善利萬物而不爭。　　——《老子》8

以其不爭，故天下莫能與之爭。　　——《老子》66

聖人之道，為而不爭。　　　　　　——《老子》81

天之道，不爭而善勝。　　　　　　——《老子》73

天下至柔，馳騁天下之至堅。　　　——《老子》43

　　8 章說上善之士，像流水一般柔軟無為，能夠養育萬
物，又絕不抗爭存在的安排，欣於所遇，每一個「存在」
都是天道的禮物，每一個「存在」都必然有它背後的理由。
66 章說「以其不爭，故天下莫能與之爭。」那是因為修行
者與整個存在處於「合一」狀態，合一狀態也就是「不抗
爭」狀態；在合一中，抗爭、以至戰爭，是不會發生的。
跳出戰場，自然沒有人會把你視為敵人，所以「天下莫能
與之爭」。81 章解釋了一般人認為道家思想是消極思想的
誤解。聖人從大自然裡學會了「水的哲學」：「為而不爭」。
道家並不消極啊！它直接去做事、行動（為），只是用「不
抗爭」的精神去做事、行動 —— 或許這是一種更能取消人
與人、人與自然的緊張關係而且更有效的做事方法罷。不
只聖人之道如此，天之道也一樣強調「不爭」的精神，73
章說：「天之道，不爭而善勝。」誰能違背大自然的法理
（天之道）呢？與自然對抗注定是必敗無疑的，生命愈不
自然，敗亡的速度就愈快；但老天爺、大自然只是一直在

那裡，祂沒有跟誰爭呀！所以說「不爭而善勝。」這麼說「不抗爭」是天、人之道的基本原理，它的力量是洶湧澎湃而不能阻擋的，43 章說：「天下至柔，馳騁天下之至堅。」就像水，雖然柔弱無我，卻可以「穿山透地，浸潤金石」[22]啊！接下來，下面的一章《老子》從更深的層面去談論「不抗爭」的原理：

> 將欲翕之，必固張之；將欲弱之，必固強之；將欲廢之，必固興之；將欲奪之，必固與之；是謂微明。
> 柔弱勝剛強，魚不可脫於淵，國之利器不可以示人。

——《老子》36

36 章繼續講論這種微妙自然的生命節奏。翕，是收歛；張，指擴張。弱，是低潮；強，指高潮。廢，即廢止；興，指興起。奪，即搶奪；與，指給與。也就是說：擴張是收歛的前兆，高潮是低潮的開始，興起是廢止的母親，給予是搶奪的原因。存在自有它高低起伏、浮沉興衰的自然節奏，人為的控制、強求是沒有絲毫作用的。這種存在的節奏稱為精微的生命明光（微明），要體會這份「微明」不能太剛強、太自我，必須要很柔軟、很敏感、很細膩、很有接受性，才能掌握與進入，所以說「柔弱勝剛強」。而且生命不可以抗拒這份精微、自然的存在節奏，就像魚不可以脫離水域一樣（魚不可脫於淵）；面對存在的河流，是不能抗爭的。這種對「微明」揣摩、掌握的觸感，我想

---

22 同註 12，頁 104。

就是老子所謂的「國之利器」── 進入心靈之國的利器。至於爲什麼「不可以示人」？因爲每個生命流動的節奏與存在感都是不一樣的，將自己隨順生命流動的心得隨便告訴別人，可能反會誤導、干擾別人的生命成長；因爲別人可能會被你的生命經驗吸引，而誤走上一條不適合他生命經驗的道路。這就是存在的獨特性，不可以輕易告訴別人啊！言語，有時反而是心靈成長的障礙。

「不抗爭」，是「流水哲學」的基本原則，裡頭有著深邃精微的生命學習。

關於老子的「流水哲學」，奧修也有精彩的論述：

> 信任意味著你不抗爭；臣服意味著你不把生命看成敵人，而是看成朋友。一旦你信任生命的河流，突然間你就會開始享受。
>
> ……你信任水。一個好的泳將非常信任水，他幾乎變成跟河流合而爲一。他不抗爭，他不會去抓水，他不會僵硬和緊張。
>
> 如果你很僵硬、很緊張，你將會被淹沒；如果你很放鬆，河流將會照顧你。
>
> ……不管你是在玩水、在游泳，或者只是漂浮，或是潛水，都會有很大的喜悅產生。但你跟河流並不是分開的，你會融入它，跟它合而爲一。
>
> 臣服意味著你生活的方式就跟一個好的泳將在河裡游泳一樣。生命是一條河流，……河流帶領你到哪裡，你就去哪裡。臣服並不是向誰臣服，它只是一

種生活方式。

水是沒有侵略性的，它從來不抗爭，它不用抗爭就可以走出它自己的路。中國人或日本人就是從水那裡學到了柔道或柔術。不要抗爭就可以求得勝利……

從水學習一件事：它可以跨越過很大的石牆，花崗石牆。它不抗爭，它一直都靜靜地流動，如果那個石頭太大了，它就會找尋另外的路，它會繞過它。但是漸漸、漸漸地，那個花崗石就溶於水而變成沙。問海中的沙，看看它們是從哪裡來的，它們來自山區。它們會告訴你一個很大的秘密：「……我們無法相信這個可憐的水，那麼柔軟，那麼沒有傷害性，那麼非暴力……它怎麼可能摧毀我們？但是它卻摧毀了我們。」

這就是女性能量的美。不要像一塊岩石。要像水一樣——很柔軟、很女性化。[23]

流水的力量，那麼的柔順、無我、不抗爭任何存在的安排，但無言的，征服了整個世界。

Ⅶ 關於「不顧慮」的分析

最後補充「不顧慮」與「不等待」兩項修行律則。

「不顧慮」的靈感是來自「第四道」的說法。「第四道」創始人葛吉夫認為人性中有四種非常耗費生命能量的

---

23 同註21，頁239至241。

「顧慮」，不同的「顧慮」通過不同的形式阻礙靈性的成長。用比較簡單的語言表達，這四種「顧慮」包括了：

1.顧慮別人對自己不夠好。
2.顧慮自己對別人不夠好。
3.顧慮天氣與環境。
4.顧慮責任。[24]

第一種顧慮稱爲「強勢的顧慮」，有這種顧慮的人性格太自我，以爲自己是宇宙的中心，「別人對自己不公平」是這種顧慮者經常出現的思考角度，常常掛懷別人對自己不夠了解及不夠欣賞而感到難過。

第二種顧慮稱爲「弱勢的顧慮」，有這種顧慮的人性格太無我，容易嚴重的自信心不足，「爲別人設想得不夠」是這種顧慮者經常出現的思考角度，常常掛懷自己對別人不夠了解及不夠欣賞而感到自責。

第三種顧慮是第一種顧慮更進一步的放大與扭曲。聽起來很荒謬，這種人會被不順心的天氣激怒，或者在意整個外在環境沒有爲自己服務。這是一種典型自大狂的心理疾病。

第四種顧慮是第二種顧慮更進一步的放大與扭曲。這種人過度發展利他主義的心理機制，變成盲目、習慣性的對別人好，藉以逃避或掩飾內心的不安及匱乏。

---

24 四種「顧慮」的說法見 Peter D・Ouspensky 著，黃承晃等譯《探索奇蹟》（方智，1999 年 7 月初版）頁 198 至 199。

「八不律」裡的「不顧慮」主要是針對第一種與第二種顧慮而做的生命工作，而老子提出的，則主要是關於「第一種顧慮 —— 強勢的顧慮」的意見：

> 自見者不明，自是者不彰，自伐者無功，自矜者不長。其在道也，曰餘食贅行。　　——《老子》24
>
> 不自見故明，不自是故彰，不自伐故有功，不自矜故長。　　　　　　　　　　　　　——《老子》22

這兩章《老子》文字很接近，是正反兩面的說法。

老子的意思是如果人一顧慮別人對自己不夠好，害怕得不到別人的尊重、欣賞、了解、肯定、或掌聲，就會一再強調自己的好，以求得別人的注意，發生「自我膨脹」的情形 —— 自見（自我表現）、自是（堅持己見）、自伐（自我誇耀）、自矜（自恃才能）。只要一出現「自見、自是、自伐、自矜」的因，即會產生「不明、不彰、無功、不長」的果。對自己來說，「自我膨脹」阻斷了靈性道路的發展；對人與人之間的關係來說，「自我膨脹」等於是「邀功」、「市恩」[25]，無形中破壞了他人對你真正的愛與尊重。老子說這種「自我膨脹」對真理來說（其在道也）是「餘食贅行」 —— 撿別人吃剩下的食物，滿身贅肉在路上抖動著行走 —— 說得真難聽啊！所以只有真能做到不顧慮別人的看法，取消自我膨脹，才能展現真正的生命明光。

這種「不顧慮」的生命態度，讓筆者想起儒家經典也

---

25 市恩，在市場上進行情感的買賣。對別人好，然後要求別人對自己好，等於是情感的交易，所以稱為市恩。

有類似的說法。孔門高弟顏回曾經講過「無伐善，無施勞。」也是從「不顧慮」的精神而來。

孔子居魯，問隨侍弟子生命的方向（「盍言爾志」——語見《論語‧公冶長篇》）。當時兩個最得意的弟子子路及顏回在旁，性格迥異的兩個人說出了全然不同的答案。

子路豪氣干雲的說：「願車馬，衣輕裘，與朋友共，敝之而無憾！」用今天的話，就是說：開最好的車，穿名貴的衣服，與朋友共享富貴，能夠照顧好友心中略無遺憾。這是社會性意義的成功。

相反的，顏回卻答得雲淡風輕：「願無伐善，無施勞。」顏回不愧是孔門高弟，讀到他的話，只覺得既震驚又窩心！顏子說的是心靈性意義的成功。

「無伐善」，用今天的話說就是不臭屁，幫助別人卻不誇耀自己的好。

「無施勞」，就是不覺得累，幫助、施予別人卻不累倒自己。

更深刻的分析，「伐」是攻擊，所以「伐善」意指攻擊、破壞了一番好意。原來人一臭屁、吹誇自己的好，常常顧慮別人對自己不夠好，顧慮別人不回報自己的愛，或心中藏了一張「恩惠收支表」，常常向人炫耀，等於變相催討情感的債務；如此一來，便破壞了當初純粹、無條件愛人、助人的一番善良，墮落成愛的交易，真愛淪為交易，愛人之心風雲流散，此之謂「伐善」。

至於「伐善」與「施勞」其實是因果的關係。原來人

愈「伐善」、愈顧慮別人對自己不夠好、愈怕得不到別人的肯定及回報，就愈會做得更多、愈「施勞」，希望完成愛的交易。於是一直期待、擔心、付出、要求，到最後疲不能興，這便是無力愛人的根本原因。

這種「愛的窘境」，顏子便提出了「無伐善，無施勞」六字看似尋常，卻氣度驚人的解決之道。用一句話總結，就是：不要求別人回報，不顧慮別人對自己不夠好。因為只有真正做到「不顧慮」，才不會有自我膨脹、伐善、施勞的情況發生。

嘿！好個「幫助人卻不誇自己的好，幫助人卻不把自己累倒。」真是雲淡風輕卻可大可久。

VIII　關於「不等待」的分析

在筆者的經驗裡，不只有四種「顧慮」的體會，也有四種「等待」的發現，同樣會妨礙靈性的成長及開發。這四種「等待」包括了：

1. 等帶過去。將生命滯留、封鎖在過去苦或樂的回憶之中，是一種不健康的「等待」。

2. 等待未來。

3. 等待成敗。理智的慾望。

4. 等待情感。情感的執著。

其實第三種及第四種的等待，都是從第二種的等待引申而來；因為成敗與情感的結果都只能出現在未來，所以也都是屬於「等待未來」的頭腦作用。

「不等待」過去及未來的生命狀態，其實是指向「活

在當下」的生命哲學。（關於「活在當下」哲學的內涵，詳見下文。）因為只有「當下」是唯一真實的時空，只有「活在當下」是唯一真實的生命狀態；「過去」與「未來」其實都是頭腦虛構出來的假象；「不等待」的教法，要我們回歸生命的真實。

關於「不等待」，老子其實說的並不多，這裡就略過不談了。

看完了「八不律」的逐條分析，希望能對你的生命態度及修行功夫提供一定的參考價值。但，讀者有否發現「八不律」其實擁有共同的主題及精神？

（三）結　構

進一步討論「八不律」的共同主題之前，先行對這八條律則的「結構」做一個扼要的重組與整理，即在局部探勘之後做一個整體的回顧。

首先，作為最基本心法的「不要求」與「不判斷」，描述的是個人與外界的「正當」關係。「要求」是希望他人或環境對自我有所給予，「判斷」則是自我對他人或環境發出批評。「方向」是剛好相反的。所以學習對一切事物保持「不要求」心態，是為了達成「無慾無我」的心靈；「不判斷」則是要讓生命保留在「一體性」狀態。這是最深刻的基本心法。

接著第二對的律則是「不計畫」與「不緊張」。這是對治頭腦與心靈的法門。「不計畫」主要是在「左腦」上

提出意見，「不緊張」則是在「右腦」上給予指導；「不計畫」是要減緩過度使用與發展的頭腦，「不緊張」則是要喚起被負面情緒包圍的心靈；「不計畫」是針對理性的濫用，「不緊張」則針對感性的干擾；所以說前者是「左腦的修法」，後者是「右腦的律則」。第二對律則是更針對性的修行見地。

　　「不計畫」與「不緊張」是講左腦與右腦、理性與感性的修法；第三對律則的「不控制」與「不抗爭」則是討論個人與外界的「戰爭」。「控制」是指人主動的去控制世界，「抗爭」是指人被動的去反抗自然的命運。無為的精神，不只表現在不主動的控制外界，同時也表現在不被動的抗爭存在的安排。所以第三對律則深富自然無為的道家家風。

　　最後，第四對的「不顧慮」與「不等待」是兩項補充修法。「顧慮」有四種：

（1）顧慮別人對自己不夠好。這是強勢的顧慮。

（2）顧慮自己對別人不夠好。這是弱勢的顧慮。

（3）顧慮天氣與環境。這是（1）的引申及進一步扭曲。

（4）顧慮責任。這是（2）的引申及進一步扭曲。

　　同樣的，「等待」也有四種：

（1）等帶過去。　　　（3）等待成敗。理智的慾望。

（2）等待未來。　　　（4）等待情感。情感的執著。

　　四種「顧慮」讓生命充滿「自我」的執著，四種「等待」讓心靈無法回歸當下。了解然後對屬於自己的「顧慮」

與「等待」說「不」，幫助生命回歸無我與真實。

在下頁，我們將「八不律」的結構濃縮成一目了然的「結構表」：

表 16：八不律結構表

律則	所處理的生命問題	不同的修行方向
不要求 （基本心法） 不判斷	個人與外界的「正當」關係	取消對他人或環境對自我有所給予的希望
		取消自我對他人或環境發出的批評
不計畫 （針對性功法） 不緊張	頭腦與心靈的「正常」狀態	針對頭腦、左腦、理性過度使用的修法
		針對心靈、右腦、感性遭受干擾的修法
不控制 （針對性功法） 不抗爭	個人與外界的「戰爭」停止	停止主動的控制他人與世界
		停止被動的抗爭自然與存在
不顧慮 （補充心法） 不等待	處理四種「顧慮」與「等待」	取消四種「顧慮」的自我執著
		取消四種「等待」而活在當下

（四）收　攝

「八不律」的內容與結構看似複雜，其實擁有一貫的精神與主題。我們甚至可以說這是一個八而一、一而八的修行功法。「八不律」的內容其實通通可以收攝到「不要求」的基本心法上面啊！「八不律」有它「繁」與「簡」的兩個面相。

其實只要真能做到對一切人、事、物、甚至對自己不要求，回歸生活中每一件事保持不要求狀態，即自然不會

出現「判斷、計畫、緊張、控制、抗爭、顧慮、等待」種種的情緒及行爲。因此我們可以這麼說，舖展開來是「八不律」的針對性做法，收攝爲一則是「不要求」的基本精神。喜歡簡法的朋友，可以利用「不要求」心法來鍛鍊自己的心性；但也可以參考「八不律」中任何一條的內容，希望能對不同因緣、根器、及需要的同修提供一點建議及幫助。

（五）結　論

逐條分析「八不律」的涵義之後，再收攝爲「不要求」的基本心法。

但「八不」與「不要求」都是偏向個人的經驗與現代的用語，如果使用古代的語言，或者用老子的學問系統印證，則「八不」與「不要求」的意義其實都接近老子「無」的修行功夫！而「無」的最終境界是爲了達成「自我」的取消。所以我們可以這麼說：「八不」是功夫的分說，「不要求」是功夫的總論，從老子系統來說就是「無」的修行，而「無」的修行是爲了達成「自我」的取消。那麼我們便將「無」的功夫與「自我」的取消作爲「八不律」的兩點結論罷。

I 「無」的工夫

「無」的功夫是減法，生命的減法。「無」不是理論，而是有實「用」價值的行動，它表面柔弱，其實卻是天地間一種最根源的力量。請看下列的《老子》：

為學日益，為道日損。損之又損，以至於無為。

——《老子》48

三十輻共一轂，當其無，有車之用；埏埴以為器，
當其無，有器之用；鑿戶牖以為室，當其無，有室
之用。故有之以為利，無之以為用。

——《老子》11

弱者道之用。　　　　　　　　　——《老子》40

48 章說「知識性的學習」（為學）在每天增益（增益各種後天的能力），所以是「加法」，是「有」的學習；而「真理性的學習」（為道）在逐漸減損（減損種種負面情緒及成見），所以是「減法」，是「無」的學習。這是兩種方向相反的學習狀態。在「減法」的道路上，不斷清除內在的障礙，「損之又損」，學習對種種人為造作的頭腦作用說「不」，最後到達「無為」的境界。

11 章說得更清楚：「無」是有實「用」性的 —— 無之以為用。「無」是功夫，不是理論。在這一章裡列舉了三個「無」的實用例子 —— 車輪輪軸的中空處（卻是整個車輪發動力量的中心）、空碗（才能承物）、空屋（才能住人）—— 用以證明「無」的實際作用。借用近代大儒牟宗三先生的話來說，「無」與「八不律」是「境界形態的作用層」的智慧[26]、是「功夫論」、是強調「用」（不直接說「體」）、是行動（不是知見）、是修行（不是理論）

---

26 見牟宗三《中國哲學十九講》之「第七講　道之『作用的表象』」，同註 9。

的具體法門。

40 章更進一步說：「弱者道之用。」表面看似柔弱的力量，其實是真理的發用啊！是的！「無」與「八不」給人表面的印象是消極的、柔弱的，但其實是一種無堅不摧、無孔不入、無剛不克、沛然莫之能禦的精神力量；「無」與「八不」可以視為是道的心靈面對世間種種人為造作時的「減法」與「歸零」。總之，「無」、「八不律」或「不要求」，不管所用的名言如何不同，其實通通都指向「自我」執著的取消。

II「自我」的取消

下面一章《老子》一針見血的點破了「自我」是所有生命災難的根源。

> 吾所以有大患者，為吾有身；及吾無身，吾何有患。
>
> ── 《老子》13

自我（身）是一切生命災難（患）的根源與關鍵啊！憨山大師註得好：「然身，乃眾患之本。既有此身，則飢寒病苦，死生大患，眾苦所歸，必不可免。」[27]是的！想想看，如果將「自我」抽空，那人生還有痛苦的需要嗎？還有什麼痛苦可言嗎？「自我」是痛苦的根本原因。奧修也說：

> 自我不是正確的，自我可能是人最慘的遭遇……[28]
>
> 有人比你美，這讓你受傷；有人比你富有，這讓你

---

27 同註 12，頁 65 至 66。
28 見奧修《與先哲奇人相遇》，同註 11，頁 85。

受傷；有人比你有學問，這讓你受傷。有幾百萬的
人會讓你受傷，但是你不知道，讓你受傷的並不是
這些東西，因為它們並沒有讓我受傷，它們讓你受
傷是因為你的自我。[29]

如果你變得愈來愈悲慘，那麼你就落入了自大狂的
陷阱中。[30]

拆掉整個自我！當你毀掉自我，你就會發現你的存
在，那是世界上最偉大的發現……[31]

　　老子和奧修的意見不是很一致嗎？自我，是所有修行
家首要處理的問題，是一切生命災難與痛苦的罪魁禍首。
所以「無」的功夫就是要「拆掉整個自我」，將自我「無」
掉。「八不律」也是要「拆掉整個自我」，對從自我延伸
出來的種種頭腦作用說「不」。想想看，如果沒有自我，
人生也就不需要有「要求、判斷、計畫、緊張、控制、抗
爭、顧慮、等待」等等勞累煩惱的妄念妄行了。通過種種
功夫「拆掉整個自我」，讓「自我」雲散煙消，以便生命
能夠回到真實的自由、寧靜、豐富、純淨、和平、狂喜、
放鬆、與至樂之中。這是所有修行法門的終極歸宿與追求。

（六）回　歸

　　本節談「八不律」，差不多該結束了，但我們還欠缺

---

29 見奧修《奧修說自我 ── 從幻象中解脫》，同註 14，頁 16。
30 見奧修《奧修說自我 ── 從幻象中解脫》，同註 14，頁 315。
31 見奧修《奧修說自我 ── 從幻象中解脫》，同註 14，頁 12。

一個最後的「回歸」。為所有功夫與心法找到一個更具體的目的地。

　　「八不律」、「不要求」與「無」的功夫都指向「自我」的取消；但取消「自我」是一個消極的說法，有沒有更積極的修行情境呢？取消「自我」的說法不免玄虛模糊，因為「自我」本來就是一個虛假的現象，有沒有更真實的功夫指導呢？有！活在當下！就是「活在當下」。或者，筆者更喜歡一個更精準的講法：「覺知在當下」。取消自我、拆掉整個自我，讓生命回歸當下、活在當下、覺知在當下。

　　回歸當下、活在當下、覺知在當下 —— 當下是生命的故鄉，當下是唯一真實的時空，當下含藏真理的整體奧祕。從「取消自我」到「覺知在當下」，就是從生命的虛假回歸真實；同理，能否做到「覺知在當下」，即是檢查有否真正做到「取消自我」的一個考核座標，因為「自我」與「當下」是兩個相對性的生命狀態 ——「自我」消失，生命即回歸、安住在「當下」的真實。

　　關於「覺知在當下」深層的哲學內涵，將在下文的第十二章詳論，本節的最後，我們將相關的論點的關係整理成下表，以便參考：

表 17：八不律向度表

八不律（分說）→不要求、無（總說）→自我的取消→覺知在當下

　　本章談情感或內心的治療工作、談心的「止怨」的進階技術：首先藉由「痛苦智慧」的診斷技法去尋找、發現、了解自我生命大地中深深埋藏的「地雷」，清楚掌握自我生命的佈雷區後，跟著通過「八不律」去進行拆雷的治療工作，毅然而然的，對你生命中的痛苦、陰影、及負面能量說「不」！經由在心性上不斷的做工與練習 —— 不要求，不判斷，不計畫，不緊張，不控制，不抗爭，不顧慮，不等待 —— 逐漸能夠雲淡風輕的對困擾你多年的「老朋友」一一告別與放下。好了！當我們準備好一副放鬆喜悅的身體，也準備好一顆清淨輕安的心靈，身心俱足，那麼就神清意舒的邁進靈性蛻變、意識成長的「忘言」工作中去罷。

拾、身、心、靈三個層面工作的進階技術縱橫談（下）

—— 靈的「忘言」技法：坐禪與靜心

　　帶著一副放鬆的身體與一顆忘憂的心靈，身心兩安，準備進入「忘言」的靈性蛻變工作；是的！身體是舟筏，內心是舵手，靈性意識的蛻變才是我們要回歸的本家及彼岸。這個，才是主題！所以，在談完身體的工作、內心的治療之後，在本章，順理成章的接著討論靈修的技法。

　　我們用關鍵詞「忘言」，代表清除種種習染的功法，應該是一個準確的用語，前文已經深論其義。[1]至於「忘言」要忘卻的，不管是語言文字的汙染、妄念雜念的干擾、或頭腦的作用，總之都是指放空頭腦，而讓生命深處的終極靈性能夠脫繭而出的種種技法，即像回教寶典《蘇菲之路》意簡言賅的指出：「**蘇菲，是脫去外殼的真理。**」[2]

　　事實上，我們可以從不同的說法去印證「忘言」工作

---

1 見本書頁 24 至 29。
2 見伊德里斯・夏輯，孟祥森選譯《蘇菲之路》頁 84。（聯經，民國 75 年 12 月初版。）

的特殊意義。譬如，奧修曾經說過，如果能在四十八分鐘內保持全然的頭腦放空，一天就可以成道，片刻就可以成道。[3]但問題是不能「努力」去放空、「刻意」去放空，不能刻意去觀照，一刻意，思想就介入了，就必須從頭開始；所以是要自然而然的達成、進入、「流」入空性、觀照的意識狀態。奧修的意思說，如果能在那麼長的一段時間內保持觀照而停止思想，沒有思想流過頭腦，那麼人即成為真正的主人，客人便會隨時造訪 —— 終極的神性。

另外，從人腦科學的角度，可以得知在禪定、冥想的狀態中，人類腦部會發出 α 或 θ 的慢腦波。所謂腦波，即腦神經細胞所釋放出的周期性微弱電流,它共有四種類型：

＊β 波 —— 人類日常活動的快速波。

＊α 波 —— 放鬆狀態下的慢速波。

＊θ 波 —— 又稱盹波。打盹、入眠、或從事創造性活動時的慢速波。

＊δ 波 —— 人體深眠時的腦波。

研究指出，在放空頭腦的修行活動中，腦部會發出 α 或 θ 的慢速波，慢速波出現，時間感會變慢，意識會進入更精微的層次，當然增強慢速波出現的頻率，也會對身、心健康有所幫助。不只靈修活動，運動選手在進行運動競賽時，也會出現慢腦波的情形，譬如賽車、棒球、馬拉松長跑的選手在熬過了痛苦的「撞牆時期」之後，即會進入

---

3 四十八分鐘只是一個比喻、大約的說法，奧修的意思應該是指長時間進入一個質、量都全然純淨的無想狀態、頭腦放空狀態。

所謂的長跑快感或變性意識的精神狀態之中，這時慢速波出現、時間感變慢、選手們的運動能力也變得更有效果（譬如賽車手更能履險如夷的駕馭高速度的賽車，打擊手更能精準的擊中彷彿變慢了的來球，長跑選手也跑得更亢奮及更有精神）。其實，有過運動經驗的朋友們都知道，一旦運動員進入狀況，運動員身、心的控制權便會交給直覺與身體，而不是交給頭腦或思考，所以運動選手種種特異的長跑快感與變性意識的經驗，其實也是「忘言」或放空頭腦的效果及作用。[4]

　　接下來，下文即將介紹兩種放空頭腦的「忘言」技法── 禪坐與靜心。禪坐是很普遍的修行法門，靜心則是奧修師傅流傳下來的主要功法。當然，任何大家大派的「法」基本上都具有整體及多元的特性，正如本書前文所說的：身、心、靈的工作本來一體。即如禪坐功夫也具備治療、清除內「心」負面能量及情緒的作用，而靜心法門卻有很強烈的「身」體工作的意味。但這兩項技法最終極的目標畢竟是要達成「靈」性意識的成長及覺醒，所以本書把它們列在「靈」修的技法之中。

　　總之，身體工作的目的在放鬆，情感工作的目的在止怨，靈性工作的目的在忘言。也就是鬆、靜、空的生命境界。那麼，讓我們先後討論禪坐及靜心法門中精微細緻的「忘言」功夫。

4　見七田真著、盧兆麟譯《右腦智力革命》頁 30 至 34。（創意力文化，1997 年 8 月初版。）

一、禪坐功夫

關於「坐禪」或「禪定」的意義，上文在討論「跑步禪」時曾引用禪宗六祖惠能的說法：

何名坐禪？

外於一切善惡境界，心念不起，名為坐；

內見自性不動，名為禪。

何名禪定？

外離相為禪，內不亂為定。

外禪內定，是為禪定。[5]

可見禪坐是一門不隨物轉、自性覺醒的內修功夫。上文談「跑步禪」時也曾提到，在劇烈的跑步或身體工作之後，正是靜坐的最佳時機，因為這是一門動後之靜，靜中藏動，接通動靜陰陽二氣的技法。

至於本文談論禪坐或打坐的功夫，並不打算介紹相關的技術及成法，譬如「七支坐法」及「止觀心法」，因為坊間的佛學著作多有論說，本書即不贅言。[6]因此，下文嘗試通過奧修師傅的洞見，整理關於這項法門更深邃的基本心法與更細膩的起心動念，分成四點論述如下：

5 見禪宗六祖慧能《六祖壇經·教授坐禪第四》。
6 關於「七支坐法」的技術，會在本章的附文介紹。

（一）禪坐心法一之上：從有為、主動、緊張、已知的鍛鍊
　　　　　　　　　　到無為、被動、放鬆、未知的領域

禪坐是一道橋。

橋的一端是已知、有為的世界，橋的另一端是未知、無為的領域。

禪坐是一道從形下技術通向形上境界的靈修之橋。

所以禪坐有雙面性，一面是主動、積極的鍛鍊，另一面是被動、寧靜的等待。也就是說禪坐同時擁有主動與被動、有為與無為、緊張與放鬆的雙重面相。

禪坐也是一個中繼站：在人間世，我們該做的、該努力的、該用功的，都已經做過、努力過、用功過了；那，就讓生命在禪坐中全然的停下來罷，什麼都不做，什麼都不想，什麼都不管，只是單純的坐著，然後靜靜的等待一個不需要再做、努力、用功，而且儘管再做、努力、用功也不見得有用，也不知道什麼時候會發生，卻隨時可能發生的片刻。

奧修曾經說過，靜心與禪坐一樣「**總是被動的，它的本質就是被動的**」[7]，它不應該主動，主動、作為會產生擾亂，擾亂禪定的本質。

禪坐必須被動。

禪坐必須無為。

禪坐就是無為。

---

7 見奧修《靜心冥想》頁43。（奧修出版社，1989年12初版。）

　　但並不是什麼都不做，相反的要做很多，才能達到無為。但所有的作為都不是禪定的核心，一切有為的努力都只是一個墊腳石、跳板、階梯 —— 通過有為功夫到達無為之門。因為有為與無為也是陰陽兩儀的道理：生命中的每一個動作都會產生相反的力量及導致相反的面向，所以努力的有為的極限可能推使飽滿的無為的發生。

　　在修行的道路上，就是必須竭盡所能的有為與努力，然後在禪坐中達到一個不可能再做任何事情的「臨界點」，到點之後就是徹底的「丟棄、停頓、不要求、死心、放鬆、無為、被動」，用奧修的話，就是「變成一潭死水，沒有退路，也不可能繼續前進，你處於每一件事都結束的點」[8]，對每一件事都不再有絲毫興趣，於是在某一個片刻，用奧修的語言，真正的禪定、無為就「開花」了！發生了！這是「努力」導致「不努力」，「主動」導致「被動」，「頭腦」導致「超越頭腦」，「緊張的頂點」導致「放鬆的覺知」。

　　而且終極無為的禪定狀態是不會退轉的，奧修說：「一旦你嘗到了它，那個品嘗就永遠不會再失去，不論你走到那裡，它都會跟著你。」[9]這是一種發自生命中心的寧靜、源頭性的寧靜。但前提是必須要非常的努力與有為，奧修說：「做任何活動，做到極限，做到發瘋或靜心，溫溫的

---

8 同註 7，《靜心冥想》頁 49。
9 同註 7，《靜心冥想》頁 50。

追尋是沒有用的。」[10]

另一組描述禪坐的雙面性的準確用語是「緊張與放鬆」。

橋的一邊是緊張的努力，另一邊則是徹底、全然的放鬆。

真正的放鬆是每一個細胞、每一條神經、每一條肌肉、每一個意識都自行的、自然的、天真的、純粹的、整體的放鬆，終極的放鬆是什麼都不必做，它只是內心本質的覺醒。奧修說「試著去放鬆是荒謬的，這樣的努力跟放鬆是相抵觸的，你不能夠去放鬆：你只能夠被放鬆。」[11]也就是說，緊張是自我的自然狀態，而放鬆卻是真正的無我與無為；唯有當自我不存在時，放鬆才能夠發生。

因為人的存在本身就是一個緊張，沒有人能夠沒有緊張而存在，唯有當「我」不在時，放鬆才會發生。人是慾望的存在，不同的人生階段會產生不同的慾望，而相同的是，所有的慾望都會製造緊張。在禪坐中，我們將達到極限的緊張像彩虹一樣的蒸發，然後逐漸的向無為、無我、放鬆的另一端移動。

但真正的放鬆是無法說明清楚的，奧修說「能夠了解緊張」，但「不能夠了解放鬆」[12]，因為真正的放鬆不屬於頭腦，它無法用語言解釋，而是心靈的自然狀態。當一

---

10 同註 7，《靜心冥想》頁 55。
11 同註 7，《靜心冥想》頁 95。
12 同註 7，《靜心冥想》頁 96。

個沒有緊張的片刻被釋放出來，那就不只是身體的放鬆而已，而是整個生命都放鬆了。

這種終極的放鬆、被動、無為的人格是沒有頭腦的，奧修形容一個「沒有頭腦（no-mind）」的人格是：活的，但沒有任何觀念；做，但不想；愛，但沒有愛的觀念；寧靜，但超越任何的禪定練習。所以禪坐的另一端的成道狀態是：一個片刻接著一個片刻的活在當下，與整體合一，但是頭腦不會介入其間，頭腦會製造二分，沒有頭腦即不會有二分的緊張狀態。[13]

從上文的脈絡一直談下來，我們了解到修行的道路共有三段功夫，而禪坐屬於「中段」的停泊：

＊第一段是有為功夫。它的重點是「修行」。主要的法門是種種的身、心的技術。

這個階段要很活躍（但奧修說根本不是真的靜心），要主動的工作，不只要努力，還要超級努力。因為那麼多世以來我們一直習慣很主動的生活，主動已經變成頭腦很大的一部份，所以先要把這部份的能量釋放光，把主動釋放光，即是通過主動來達到不主動、被動的人生。而在這個階段做的許多身體工作及內心治療，都可能產生強烈的或種種感應。

＊第二段是無為狀態。它的重點是「觀照」。禪坐及其他的靈修功夫即屬於此一階段。

---

13 同註 7，《靜心冥想》頁 154。

　　接著的階段要完全的不活躍（奧修說這才是真正的靜心），要習慣被動的等待覺知的出現。覺知、靜心狀態、完全意識一定是被動的，無為是進入完全意識的一個門。在這個階段要習慣一種跟過去全然不同的人生觀及生命觀：徹底的被動、觀照、放鬆、及不計畫的人生。在這個階段的禪坐中，慢慢的把觀照點甚至觀照本身都漸漸的放下、忘卻，而且在這個階段中，強烈的氣感也會逐漸變淡、消失。

　　＊第三段是『有為的無為』的境界。這是純粹的「覺知」。這是一種完全意識狀態。

　　在無為、被動的禪坐之橋上，覺知出現了，奧修說當覺知達到某一點，即不再需要任何法門或禪坐來達到它、知道它、感覺它，因為你已經成了它！你已經是它！人變成了一個覺知。這個時候修行者可以主動的覺知了，因為在終極的意識裡，無為、被動、觀照的「法」已經沒用了，把它丟掉，把「法」丟掉，到那個時候，修行者已經能夠將有為無為、主動被動全然結合，他終於可以「有為的無為」、「主動的被動」了 —— 在有為及主動中仍然保持是一個無為及被動的觀照者。修行者已經能夠隨時主動的進入無為、覺知、觀照的意識狀態[14]，這就是《論語》上所說的「我欲仁，斯仁至矣」[15]的境界罷，一種主動的被動、有為的無為的精神境界。

14　同註 7，《靜心冥想》頁 46。
15　見《論語‧述而篇》30 章。

　　此外，奧修還有另一種分類的方式。

　　奧修認爲理智層面有兩個領域：已知的和未知的。

　　至於宗教層面則有三個領域：已知的、未知的、和不可知的。

　　所謂「不可知的」，意義指永遠不可能被頭腦知道、被知識理解的生命本質。[16]這是一個更深的生命領域，是理智所不能了解和想像的。這是一個超越、完整的意識狀態，在這個意識狀態裡，沒有渴望，也沒有未來，因爲未來是由人的渴望所造成的，未來是慾望的投射，如果沒有慾望，就沒有未來；進一步，沒有未來，就不需要有過去，因爲過去一直是一個背景，我們根據或透過這個背景來渴望未來。所以這是一個沒有過去、未來、慾望，而且不可知的生命領域。這個領域屬於「禪坐之橋」的另一端。

　　記住，這是禪坐的第一個心法：這個心法告訴我們禪坐是一座橋、一個中間點、一個暫時停靠休息的渡口，在這裡，讓一切有爲的努力完全停下來，靜止下來，然後什麼都不做，只是坐著，純粹的坐著，坐著靜靜等待一個「跳」進無爲的、非努力的、不可知的神祕國度的契機。

（二）禪坐心法一之下：從理性、有意識的努力到非理性、無意識的增益

　　我們繼續談這座橋。

---

16 同註 7，《靜心冥想》頁 235。

　　由於奧修對這座橋留下了太多寶貴的意見，所以在本節分成上下兩點來討論。

　　上文我們用「有爲無爲、主動被動、緊張放鬆、已知未知」來指稱禪坐的兩面性，在這裡，我們換一組說法來進一步說明：「理性、有意識的努力與非理性、無意識的增益」。

　　奧修認爲，對修道而言，理性、有意識的努力是沒有用的，但仍然要堅持做！

　　奧修舉睡眠爲例。他說對於睡眠，我們沒辦法做任何事，因爲任何「做」都會成爲一個打擾，「做」會讓睡意不出現。睡眠需要一個無爲的頭腦，唯有當什麼事都不做，它才會出現。但如果告訴一個失眠的人什麼事都不做，光是躺在床上他就會很緊張，「不做任何事」反而變成一個最後的「做」，一個最緊張的「做」，企圖放鬆反而變成一種努力，但愈努力就愈不能放鬆。於是我們只好改用另一種方法：告訴失眠者去做每一件可能帶來睡眠的事（譬如數羊、做放鬆呼吸等等），當然，睡眠不會經由這些努力而來臨，但還是要堅持做！失眠者很快會發覺所有這些努力都是沒用的，但在某一個片刻，當有意識的作爲變得完全沒用，突然，就睡著了！當然睡眠根本不是因爲「做」而來，但「做」在某方面而言是有幫助的，幫助我們了解到「做」的徹底沒用，然後放棄，突然間，一切便自然發生了！

　　所以持續爲「彼岸」做一些有意識的努力，但要經常

記住，努力是沒有用的，可是不要停止，而且還要超級努力的做，這樣會把修行者逼迫到一個邊緣，讓他對「欲求」、「努力」感到非常挫折，於是，突然間，只能坐下來，什麼事都不做，只是純純、靜靜的坐著，坐進了禪坐之橋。所以真正的禪坐是完全沒有計畫、準備、努力的，只是單純的坐在橋上，忽然，某些事就會發生，會出現一個「跳」—— 跳入神性！跳入靈性爆炸！奧修說這是一個非常矛盾的事實：堅持做「沒有用」的修行功夫，沒有用，但必須做！[17]

　　人有兩種能力，或者說人同時需要開發兩種能力。第一種是聰明才智，聰明才智是謀生的工具，但聰明才智必然會窄化生命，才能達到謀生的目的；相反的，修行並不是一項工作，而是一個遊戲、一個慶典、一個歡樂。所以我們需要第二種能力，第二種能力是歡樂的能力，而歡樂的定義是：享受每一個發生在你身上的片刻的能力。也可以這樣說，第一種能力是有意識的能力，第二種能力是無意識的能力；第一種能力是謀生的能力，第二種能力是成道的能力。無意識的人生就是不選擇的人生，那是一種泰然自若的擁抱每一個經驗的人生風度（不管是快樂的還是痛苦的經驗），而當我們邀請整個存在進入我們生命的時候，就會出現一個整體性經驗、一個融合經驗，這個整體性與融合即是真正的禪定 —— 一個無選擇的覺知與慶典。

---

17 同註 7，《靜心冥想》頁 208 至 210。

問題是，人們窄化生命習慣了，當我們不需要窄化的時候，仍然去窄化我們的生命，我們習慣用窄化的聰明才智去對抗、消滅整體性、融合的意識。奧修舉講話的例子：講話如果顧慮到結果，那麼講話就變成一項無趣的生意或工作；相反的，如果講話沒有任何期望或顧慮，那麼這種講話就變成一個遊戲，這個行為本身就是一個結果，而且不必要去窄化生命。所以人生的任何事情都可以成為窄化的片刻，也都可以成為禪定的片刻，關鍵在背後的心態是有意識、有目的的，還是無意識、無目的的。只要是無選擇性的、遊戲性的，就是無為！就是覺知！就是禪定！所以要學會在「用與不用」兩種能力之間自由轉換，才能幫助人們從習慣性的窄化中掙脫出來。[18]其實，這兩種能力都是我們需要的，任何單方面的人生都有缺陷。為了生存目的，我們需要第一種能力：用、聰明才智、理性、有意識、努力的能力；但為了靈性進化，我們同時需要第二種能力：不用、歡樂遊戲、非理性、無意識、非努力的能力。

　　所以禪坐就是一個跳進不用、歡樂遊戲、非理性、無意識、非努力的工作，但不能照著計畫跳，禪坐絕對是非計畫性的。因為所有的計畫都是屬於意識的，而有意識的頭腦會對抗無意識的精神境界。

　　人沒有辦法主動帶出終極意識，但可以阻止它的來臨。譬如我們沒有辦法命令陽光進入屋子，但可以把門窗

---

18 同註 7，《靜心冥想》頁 13 至 17。

關起來。有意識的頭腦可以做很多事，但在靈性工作上，頭腦什麼也不能做。對靈性工作而言，所有主動的作為都是負向的，而每一件正向的事都是一個禮物與祝福，而且必然是自然發生及被動的，這，就是老子說的「無為」。[19]同樣的，禪坐必須是被動的，禪坐必須無為，禪坐就是無為。

　　所以成長者需要練習一種非計畫性的禪坐，需要學習一種非計畫性的人生觀。

（三）禪坐心法二：反修、契機、與常課

　　既然禪坐必須是非計畫性的，就不能只把它當作一個「常課」、一個經常性練習；也就是說，最好的禪坐，每一坐都是「突發」的，它是一個非計畫性產物，所以修行者必須隨時掌握入坐的契機。

　　那麼，第二項心法就是要談禪坐或靈修的時機問題。

　　這是一個很重要的問題，捉對發動、入坐的時機，對靈性成長來說是非常關鍵的一個竅門。

　　當然，我們還是要維持每日的常課，讓身、心、靈保持在較佳的狀態，修行的功力比較不容易退轉。即像上文所說的，對成道、覺醒而言，有為的功夫不是原因，但要堅持做！當然，除了常課，更重要的是捉住修行、入坐的「幾」。

　　「幾」是很重要的，其實這個字本身已經隱含著深刻

---

19 同註 7，《靜心冥想》頁 24。

的意義。其實契「機」、時「機」的原字就是「幾」，「木」的部首是後加的。在許慎的《說文解字》中，把「幾」的奧義作了一個很生動的文字學解釋。基本上《說文解字》把「幾」解釋成「微妙、神妙」的意思，但更深刻的是對「幾」的字形結構分析，這要從「幺」的字形講起，「幺」的小篆字形是「　」，《說文解字》的解釋是「小也，象子初生之形。」所以「　」字其實是畫新生兒從媽媽產道分娩頭部先出來的樣子！而引申義便是「微小」的意思。那麼，一個「幺」是微小，兩個「幺」（「ㄠㄠ」）當然就是微小中的微小，進一步，根據《說文解字》，「幾」的字形結構是「从ㄠㄠ，从戍，戍，兵守也。」ㄠㄠ是微中之微，戍是「守」義，所以整合起來，「幾」的意思便是「守候、靜待極微妙的人生契機的出現啊！」[20]從這裡可以清楚看出「幾」一字的深層意義，也可以看出中國文字的威力，中國文字不單是象形文字，更是觀念文字、哲學文字。

所以練習禪坐，也是要守候、靜待一個極微妙的入坐契機啊！

筆者的個人經驗，每當感到身體困乏、疲倦的時候，可能正是一個「幾」，所以，立即入坐！筆者常常在長時間的講課之後，會感到神識昏亂，這種時候不要再勉強自己思考或工作，而應該立即入坐（哪怕在公車上閉目坐十分鐘也好），身、心、靈收復的效果會很快，打坐的氣感

---

20 這一段字形結構的分析見東漢許慎著、清段玉裁註解《說文解字注》頁160至161。（黎明文化，民國69年10月五版。）

也會很強。

同理，當情感憂傷、情緒低潮的時候，也可能是一個「幾」，所以，立即入坐！這就是「反修」── 負面經驗是進入真理國度的最佳入口。《老子》40 章說：「**反者道之動。**」反面經驗是大道發動的最佳時機，痛苦往往是通向自由與真理的偉大道路啊！譬如在日常生活之中，我們對第一次犯錯的罪惡感與挫折感，總是印象深長、久久難忘；相反的，正面的經驗如果習慣久了，就會變得習以為常，甚至忽視它的存在。所以反面經驗往往是最敏銳的生命狀態，在憂傷的情緒中入坐，不僅會有甚強的治療效果，也可能是一個成道的好機會。

即使從生命治療的角度來講：在負面的情緒中，生命的狀態與能量是很低的，這時候不可能做成任何一件有意義的事，這時候只能夠休息，這時候最需要的是休息；而禪坐或靈修便是一種更大、更深的休息。人的身體覺受、情緒狀態、能量狀態、及思考能力是四者一體同步的，所以在內心憂傷的時候，唯有通過禪坐來提高能量，然後才會有充盈的體力、平靜的情緒、及敏銳的思考去下準確的人生判斷。

其實不一定是反面的「幾」，有時候正面的「幾」也是一個修行的好機會。譬如突然間感到氣感很強，或者突然好想打坐，那就不要猶豫，毅然放下一切手邊的事情，立即入坐！因為錯過一個片刻，可能感覺就沒了。

這就是筆者強調修行時機的重要性，不妨稱之為「靈

感禪坐法」—— 靈感一來，機緣一到，不要遲疑，立即入坐。

總結的說，「幾」與常課，是禪坐法門的頓與漸、奇與正、點與線、慧與定的一體兩面。從頓法的一面來說，「那個片刻」隨時會降臨，可能在任何時候，當一看到「幾」的靈光閃動，不要猶豫，不要錯過，掌握好每一個禪修的機緣，立即入坐！

（四）禪坐心法三：靈性意識的成長 ——
無慾求（不要求）⇨無意識⇨意識⇨觀照⇨覺知⇨覺知在當下

一個好的禪坐，其實是由一連串精細幽微的心靈動作所構成的，由於太精細，只有當事人能夠充分的明白與掌握，而旁人無法準確的說明及了解。一個深入的禪坐其實是對許多條件的整體消化與吸收（知識的條件、經驗的條件、靈性的條件），而這些精細的心靈動作也可以稱為高級的心靈物質，這些心靈物質的精細程度超出了語言所能表達的範圍，只有當事人能夠有機會了解，但也不容易說清楚明白。

上文我們談到了兩個禪坐的心法，入坐的契機與禪坐的兩面性 —— 禪坐者必須學會非常機敏、靈活、果斷、勇敢、捨得、迅速的進入禪坐的契機及情境，然後坐進禪坐之橋中，慢慢的從有為過度到無為，接著什麼也不做，只是靜靜的坐著，純純的坐著，沒有頭腦作用的坐著。那麼，接下來，在第三個心法裡所要談的，是一連串的心靈物質

（動作）及靈性意識的成長，雖然這些心靈動作游移在橋的兩邊，但還是比較靠近橋的後段（靠近完全意識、神性意識的一端），所以第三個心法要談的，其實就是橋的另一端的神祕世界。譬如，奧修曾經談過關於靜心、靈修、禪坐的三步心靈動作 ——

A.放鬆　　　　　：首先放鬆整個身與心。

B.觀照　　　　　：接著停在一個觀照點。

C.不判斷、不要求：而且是在對任何心念、事情不判斷、不要求的精神狀態下停在一個觀照點。[21]

　　奧修說這三步功夫就是靜心、就是禪。

　　當然，在橋的另一端，第一步要做的是無慾求或不要求的功夫。其實，不只禪坐，修行者要學習回歸生活中每一件事都保持「不要求」的狀態，因為這裡頭也是隱含著陰陽對反的道理。奧修說當我們採取任何態度，最後總會達到它的反面。這是存在深刻的正反兩極的交互運作（陰陽兩儀，物極必反）：被期待的永不會來臨，被渴望的永不會達成，任何慾望也永遠不會實現；而且愈是慾求它，就愈會失去它。不論在哪一個層面都一樣，對任何事情要求太多，經由那個要求，就會失去要求的東西。因此必須做到停留在全然「不要求」的心靈狀態，才有可能達成「終極的慾求」。即使從更生活的角度來說，「不要求」也會

---

21 同註 7，《靜心冥想》封底的文字說明。

讓生命變得更美、更放鬆、更自在。[22]

　　奧修進一步說必須了解「無慾」的真實含義。無慾不是慾求的相反，而是慾求的不存在。如果把它變成相反，又會開始另一種慾求 ── 慾求「無慾」。當這種情況發生，就會退回同一個層次，擺脫不了陰陽對反的輪迴。所以不能只改變慾求的對象，而是要改變慾求本身。因爲，儘管人生的目標不是財富，而是真理；儘管目標不是這個世界，而是那個世界；目標還是存在的，慾求、渴望還是一樣存在的，而由慾求帶來的緊張、痛苦的身心狀態還是一樣存在的，整個過程將再度重複。也就是說，如果還在慾求結果（不管任何形式的結果），那麼就會有一個很微妙的努力在繼續著，也就沒有辦法只是純粹、簡單的坐著，因爲會有一個慾求結果的活動在禪坐內部繼續著；有了慾求，就無法寧靜，就無法進入禪定，慾求是真正的噪音。[23]更直接的說，在禪坐之橋中，不能有成佛、成道的心念（因爲成佛成道也是一種慾求，而且可能是更危險的一種慾求），因爲如此一來，就是一個不寧靜、不清淨的禪坐。所以禪坐就是禪坐，沒有任何目的，不希冀任何慾求，不要求任何結果，只是靜靜、純純的坐著，放鬆的坐著，沒有目的的坐著。但這樣一個寧靜、清淨的禪坐反而擁有最大成佛、成道的可能 ── 這是一個生命原理的矛盾，一個隱藏終極真理的靈性矛盾。

22　同註 7，《靜心冥想》頁 189。
23　同註 7，《靜心冥想》頁 193 至 196。

　　無慾求、不要求的功夫會帶來一種「無意識」的狀態，無意識其實是指「自我」的解離——沒有自我意識，沒有物我意識，只有一體流行的整體性意識在作用。所以解離自我、瓦解自我是爲了提高意識的進化，瓦解理性的頭腦，是爲了讓超越理性、超越頭腦的覺知出現。

　　但從無意識跳躍到覺知是困難的，從純淨的無意識到覺知之間有一個空隙，這個空隙可以由「觀照」來塡充。直接跳進終極意識是費力的，一個中間的步驟是有幫助的。

　　奧修說觀照是朝向覺知的一個技巧、方法、詭計、甚至是謊言。譬如，要讓一個終日關在家裡不願意出外的人打開門去外面看看廣闊的天空，跟他說再多道理是沒有用的，理論不能改變人的盲目慣性；你乾脆在房子外頭大喊「失火了」！當那個自閉者慌慌張張的跑出房子外頭，他終於看到美麗寬闊的天空了。所以，那一句「失火了」只是一個技巧、一個策略、一把鑰匙，而不是天空本身。同樣的，觀照也不是覺知，但是跟平常無意識的行動比較，它是一個較高的階段。在日常生活及禪坐中練習觀照，某些東西會慢慢改變，行動變成有意識的，無意識漸漸被意識取代。但觀照的練習必須要以意識的遞增爲基礎，或者說，觀照是一個副產品，當我們變得愈來愈有意識，當我們愈來愈能夠知道自己在做什麼，就愈能進入觀照，也就是說意識是達成觀照的一個方法，進一步，下一個步驟是：

觀照是達成覺知的一個方法。[24]

　　所以這是禪坐之橋上五個步驟的心靈動作：無慾求→無意識→意識→觀照→覺知。

　　透過意識能夠達到觀照，透過觀照能夠達到覺知，透過覺知能夠達到「沒有達成」。透過覺知能夠達成所有已經達成的，覺知之後已經沒有東西了，覺知是終極的圓滿。其實，人的存在是一個頭腦的現象，剛開始，充滿頭腦的慾求及痛苦，漸漸的修行者通過種種身、心、靈的工作，遞減慾求的存在，而進入無意識的精神狀態；接著，從無意識到有意識，也是一個漸進的成長過程，首先是百分之九十九的無意識及百分之一的意識，如果能意識到自己的意識，那百分之一將會持續增加，百分之九十九的無意識將繼續減少，那麼，某天，當變成百分之百的有意識，就會成為一個觀照者；進一步，到了那個跳躍的點，就能夠去敲覺知之門，跳進覺知之中，而在覺知當中，我們會失去觀照者，只留下了觀照，失去了做者，失去了主體性，失去了自我中心的意識，最後，便純粹是「沒有自我」的不二意識或整體意識會留下來。也即是說，當進入覺知，即沒有任何有意識的主體與客體，也沒有任何有意識的行動，但這並非意味著覺知不是意識，相反的，它是終極的意識，因為覺知是超越頭腦的，當超越頭腦時，就不會再有無意識，也沒有與之相對的意識，只剩下純粹的覺知。

---

24 同註 7，《靜心冥想》頁 240 至 242，這一段奧修的意見有加上筆者個人的看法及整理。

頭腦是二分性的媒介，所以意識永遠無法超越二分性，覺知卻是非二分性的，所以覺知意味著沒有頭腦的狀態，覺知是整體性的，它是終極的純粹，它是一，它是不二。[25]覺知是不二自性，是一體光明的不二自性。用中國傳統文化的語言來說，這是一種太極光明，一種不選擇性的光明，這是生命的不二狀態、合一狀態；落在現實的人間，它是一個純粹的遊戲、歡樂、與慶典，一個無為自然的終極覺醒。

但對一個人間的修行者來說，終極的覺知還不是「真正的終極」，這還不是最後一步，這裡面還有一個微妙的轉折，就是覺醒狀態必須回歸、落實在一個當下的片刻。同理，禪坐必須覺知的坐在當下，沒有任何念頭、要求（包括成佛、成道的念頭）的只是坐在當下。「覺知在當下」，這項心法最主要要對付的「敵人」，是時間。時間是頑固的，因為人是時間的動物，對一般人來說，生命是屬於時間的存在。

時間是慾求的副產品，慾求愈多，就需要愈多的時間。奧修說可以有兩種方式解決時間的問題，一種是東方式的——輪迴的學說，因為在輪迴的生命裡時間根本不會結束，所以就不用擔心時間的壓力。另一種解決方法是西方式的——更加意識到時間的迫切性，所以要在一定的時間內做很多事，因此強勢的時間意識是西方頭腦的共同特點

---

25 同註 7，《靜心冥想》頁 242 至 243。

之一。於是創造出兩種盲目：盲目的懶散（東方式的）及盲目的忙碌（西方式的）。其實，既然了解慾求與時間緊緊的糾纏在一起，因此更根本的解決方法是取消時間，如果取消時間感，慾求就沒辦法移動了，因為任何慾求都會創造時間與未來。但當下這個片刻並非真正的時間，當下是屬於存在的。「當下」並非時間性的，而是存在性的。所以「當下」是解決時間問題的核心心法。奧修認為一切有效的修行設計與技術只是要使你愈來愈強烈的存在於當下的此時此地，幫助你忘掉過去與未來，而所有身、心、靈的法門都可以用來作為跳板，跳進當下的此時此地、跳進當下的覺知。而沒有分裂的、全然的活在當下就是靜心，就是無為，就是禪定。[26]

　　所以任何日常生活的事情都可以變成禪定，只要是活在當下、覺知在當下的做，就是禪定。譬如，如果只是純粹的在吃東西，覺知在當下的吃，而沒有吃者的意識，這是吃的禪定（吃飯禪）；如果只是純粹的在走路，覺知在當下的走路，而沒有走者的意識，這是走路的禪定（行禪）；如果只是純粹的在關愛他人，覺知在當下的愛人，而沒有愛者的自我意識，愛者消失了，因為有自我的愛是一種災難，沒有自我的愛才是神聖的，於是變成了愛的禪定（愛之禪）；同理，如果只是純粹的坐著，覺知在當下的坐著，而沒有坐者的意識，沒有刻意的打坐，這就是坐的禪定（坐

---

26 同註 7，《靜心冥想》頁 89 至 91。

禪）。

　　所以當下是一個最後的關鍵，覺知在當下是一個最後的回歸。其實人生的每一件事情都發生在當下這個片刻 ── 每一件過去的事，每一件未來的事，都活在當下；但這個片刻常常被浪費掉了，而這個片刻才是真實的人生。而所謂活在當下，其實就是一種泰然自若地全然跟自己在一起的能力及修養。[27]

　　因此禪坐的最後一個「動作」就是：返歸當下、當下自在、記得自己。記住：當下是唯一真實的時空，當下是生命的曼陀羅。而所謂歡樂的定義是：享受發生在每一個當下片刻的事情的能力 ── 欣於所遇，不論甘苦，隨緣盡興，覺知在當下。

　　最後，做個總結，在第三個禪坐心法中，我們談橋的另一端的靈性意識及心靈動作，可以整理出如下的理序及公式：

＊無慾求（不要求）⇨無意識⇨意識⇨觀照⇨覺知⇨覺知在當下

　　這，很難做到嗎？說難，當然一點也不容易，這是高門檻、高難度的心性鍛鍊。但「極難」會反彈到「極易」，這是上文所討論過的陰陽對反的生命原理。所以，說易，也是很容易，只要覺知在當下的每一個片刻，就行了。不是嗎？覺知在當下，這是終極的回歸、真實、與禪。

---

27 同註 7，《靜心冥想》頁 176。

　　本節整理了三項禪坐的心法：包括入坐的時機問題、禪坐的雙面性、以及禪修時一連串精微細緻的心靈動作。這三項心法的內容主要是參考奧修師傅《靜心冥想》一書，再加上筆者個人的整理及看法。本節談禪坐，是談禪坐的「心法」，而不是「身法」；討論禪坐「形而上的心念動作」，而非「形而下的操作技術」。也許，關於「身法」的部份，我們將在附文中再加以補充。好了，最後想說的一句話是：禪坐是很究竟、也很單純的修行技巧，它幫助我們找回那一份塵封許久的簡單、清淨、輕安、與透亮的內在靈性。

二、靜心技術

　　談完禪坐，接下來介紹靜心。

　　「靜心」是奧修流傳下來主要的修行技法，即像上文提過的，靜心有很強烈的身體工作的味道；所以，如果都是禪，禪坐傾向「靜態的禪」，而靜心則比較屬於「動態的禪」。本節討論靜心，首先交代奧修師傅的生平及靜心的定義，作為討論的基礎，跟著進一步介紹奧修靜心中兩種最具代表性的技巧——動態靜心與神祕玫瑰靜心，奧修所提出的第一個及最後一個的靜心。

（一）奧修小傳

　　奧修（Osho）是當代最重要的修行師父之一，他稱自己為「真正的存在主義者」。奧修於一九三一年生於印度，

二十一歲成道，六○年代末期，漸漸發展出動態靜心等等的靜心技巧，並開始在印度各地舉辦靜心營，影響力遍及東、西方。奧修在世時，全世界有三十萬門徒，一九七四年，在印度普那（Poona）成立國際靜心社區及大學，進行密集演講及靜心教學，在一九九○年離開了他的身體及這個星球。

奧修說過很多次：他只是一個普通人，如果一個像他一樣普通的人可以成道，每個人都可以。奧修認為在自己的存在裡體驗神性，會帶來很大的生命蛻變，活出真正的自我，成為一個在內在找到真理和寧靜的人。奧修曾說：我不傳授你任何道德律法，我從不說「這是對，那是錯；此人崇高而彼等敗德。」這種思辨層次是極孩子氣的。我只談論一個準則：「覺知」。在覺知下，你的所作所為必然是正確無誤的，因為人在覺知的狀態下是不會犯錯的。

奧修強調自由，非常反對傳統的教學法，鼓勵弟子工作及賺取財富。他講授的內容包括禪、道、老子、莊子、蘇菲、印度教、瑜珈等不同的靈性系統。他說：「我的話不是一種教義，也不是一種哲學，我的話是一種『煉金術』，一種關於『轉變』的科學……只有少數的勇者會準備聆聽。」奧修死後，靜心教學依舊在普那社區及世界各地廣泛流傳著。

（二）甚麼是靜心？

奧修使用「靜心」（Meditation）一詞，賦予它既多元又單一、既豐富又簡明的內容及含意；在下文，我們通過

奧修的話，略窺靜心的理想及境界：

* 靜心是一種沒有頭腦（no-mind；無心）的狀態，
  靜心是一種沒有內容物的純粹意識狀態。[28]

* 當沒有思想在活動、沒有慾望在蠢動、你完全寧
  靜，那個寧靜就是靜心。[29]

* 洞察小孩子的眼睛，注意看，你將會看到非常的
  寧靜和天真，每一個小孩出生時都帶著一種靜心
  的狀態。[30]

* 靜心不是集中精神，在集中精神的時候有一個「自
  己」在專注，也有一個「客體」在被專注，有一
  個二分性……集中精神是一項行動，是一項有意
  志的行動，而靜心是一種沒有意志的狀態，是一
  種不活動的狀態，它是放鬆。……那個純粹的、
  沒有規範的自發性狀態就是靜心。……你不能夠
  去靜心，你只能夠處於靜心之中……集中精神是
  人性的，而靜心是神性的。[31]

* 所有的靜心都是使你醉、使你醉在神性裡面的很
  微妙的方法。[32]

---

28 見奧修《橘皮書 —— 奧修的靜心技巧》頁 15。（奧修出版社，2001
  年 7 月初版 11 刷。）。
29 同註 28，《橘皮書 —— 奧修的靜心技巧》頁 15。
30 同註 28，《橘皮書 —— 奧修的靜心技巧》頁 16。
31 同註 28，《橘皮書 —— 奧修的靜心技巧》頁 18 至 19。
32 同註 28，《橘皮書 —— 奧修的靜心技巧》頁 28。

＊靜心以發洩作為開始，而以慶祝作為結束。[33]

＊生活在當下這個片刻就是靜心。[34]

＊靜心意味著脫離慾望、脫離思想、脫離頭腦。靜心意味著放鬆在當下這個片刻。[35]

＊只有靜心能夠脫掉你的制約（Only meditation can uncondition you）。[36]

＊靜心能夠給你最偉大的瞥見，因為它是世界上最沒有用的東西。你只是甚麼事都不做，你只是進入寧靜。[37]

＊靜心對一個佛而言是沒有意義的，對一個已經達成他完整的本性的人而言是沒有意義的。靜心是一種藥物，它終歸要被丟棄。……靜心並不是某種要一直被攜帶著的東西。靜心發生作用的那一天將會到來，到那時候，它就不需要了……[38]

看完奧修的話語，是否了解靜心的生命境界呢？尤其最後一段話，讓我們更清楚知道靜心其實是深富「治療」意味的；它是一種藥物，它是一個方便法門，它是一個療程。好了！讓我們進一步縮小範圍，專論「動態靜心」的含意及技術。

---

33 同註 28，《橘皮書 —— 奧修的靜心技巧》頁 49。
34 同註 28，《橘皮書 —— 奧修的靜心技巧》頁 59。
35 同註 28，《橘皮書 —— 奧修的靜心技巧》封底。
36 同註 28，《橘皮書 —— 奧修的靜心技巧》頁 85。
37 同註 28，《橘皮書 —— 奧修的靜心技巧》頁 106。
38 同註 28，《橘皮書 —— 奧修的靜心技巧》頁 209。

（三）動態靜心

　　動態靜心是奧修在世上發表的第一個靜心，也是最為人所熟知的靜心技巧，可說是奧修靜心的代表法門。動態靜心是很強烈的靜心，它通過強烈的身體動作，達到身心治療及靈性成長的效果；尤其前面的幾個階段，確實有很強的「發洩」的意味。它的策略是先行傾倒、發洩生命的負面情緒，好騰出更大的內在空間，讓靈性的甘泉有湧現的機會。奧修說：

> 人是神經錯亂的，並非只有少數人是神經錯亂的，
> 整個人類都是神經錯亂的……神經錯亂是人的正常
> 情況，因為每一個人都被訓練和制約過，只是按照
> 他原來的樣子，他是不被允許的，他必須被塑造成
> 一個特殊的型式，那個型式造成他的神經錯亂。……
> 表面上你會覺得更滿足，而那個力量、那個神經病
> 的力量，將會繼續在裡面沸騰，它們隨時都可能爆
> 發，而使表面破裂。……那就是為甚麼我強調首先
> 要消除你的內在分裂……第一件事是如何消除你的
> 神經錯亂……任何隱藏的東西都必須被釋放出
> 來……當你的內在分裂，你的能量就跟他自己作
> 戰，那麼它就無法被用來使你蛻變。……那些壓抑
> 著他們的神經錯亂的人會變得愈來愈神經錯亂……
> 除非你變成「有意識地瘋狂」……「允許你自己瘋
> 狂」……「允許它表現出來，要去意識它，那是朝

向神智健全唯一的道路。」[39]

每一個人都有一個瘋人院在裡面……用一個靜態的方法，你只會變得愈來愈瘋狂（靜靜地瘋狂），不會變成別的。你那瘋人院的門必須被打開！不要害怕別人會怎麼講。一個顧慮到別人會怎麼想的人永遠不能向內走。[40]

而且，奧修深深懂得身心一體的原理，他舉動態靜心第二階段的「混亂呼吸」為例，認為只有強烈的呼吸才能釋放內在的瘋狂；相對的，瘋狂釋放後的放鬆也會反映在生理的層面上。他說：

混亂式的呼吸是要摧毀你過去所有的呼吸形式……在你裡面造成混亂，因為除非可以造成混亂，否則你沒有辦法釋放你壓抑的感情，那些感情現在已經進入了身體。……「身體頭腦」（心理身體），兩者在一起。任何身體所做的都會到達你的頭腦，任何頭腦所做的都會到達你的身體……十分鐘的混亂式呼吸是很棒的！但它必須是混亂的……深而且快的呼吸可以給你更多氧氣，身體的氧氣愈多，你就變得愈活，愈像動物。動物是活的，人是半死半活的，你必須再被造就成動物，唯有如此，一些更高的東西才能夠在你裡面發展。[41]

---

39 同註 7，《靜心冥想》頁 57 至 60。
40 同註 7，《靜心冥想》頁 82。
41 同註 7，《靜心冥想》頁 62。

　　了解了動態靜心的基本原理，進一步，讓我們看看如何通過具體的技術，釋放內在的瘋人院。

　　奧修說過，在早上做活躍的靜心，到晚上則練習比較寧靜的靜心；也就是從白天移動到晚上、從外在移動到內在、從剛強移動到溫柔、從主動移動到被動。

　　做靜心，不必採取嚴肅的態度，沒有期望要達成甚麼，你可以只是跟它玩，跟你自己的身體玩，享受它，享受你自己。用遊戲的生命態度流動，不要嚴肅，嚴肅只是一種罪惡。無為一點，無為才是進入真理國境的通行證。

　　動態靜心可以一個人做，也可以一群人做，當然，共修的能量會特別強。必須空肚子做，閉著眼睛，盡可能穿較少及輕便的衣服。在下文，我們將引錄如何進行動態靜心五個階段的全部文字，以便參考：

　　＊第一階段：十分鐘快而且深的呼吸，通過鼻孔，著重在呼氣，用力呼氣，吸氣自然會發生，讓身體盡量放鬆，然後開始快而且深的混亂呼吸，盡可能深而且快，繼續強烈呼吸十分鐘，不要停止，要全然投入，如果，當你呼吸的時候身體想要移動，就讓它移動，完全跟它合作。

　　＊第二階段：十分鐘的發洩（壓抑的傾洩），要跟呼吸所產生出來的任何能量完全合作，著重在發洩和完全放開來，讓任何發生的事情發生，不要壓抑任何東西，如果你覺得想哭就哭，如果你覺得想跳舞就跳舞。笑、喊、尖叫、跳、震動，你

想怎麼做就怎麼做！對於任何在你裡面發生的，你只要成為一個觀照。

* 第三階段：喊「護！護！護！」十分鐘，雙手向上舉起，上下跳動，一邊喊「護」，一邊跳，當你跳的時候，讓腳掌重重放下，好讓那個聲音深入地達到性中心，使你自己完全精疲力盡。

* 第四階段：十五分鐘完全停止，按照原來的樣子，完全不動，當音樂喊停的時候，不管你是甚麼樣的姿勢都要完全停止，透過呼吸，能量被喚醒，透過壓抑的傾洩，能量被淨化，透過蘇菲的咒語「護！」，能量被提升，現在讓它在你裡面深深地運作，能量意味著活動，如果你不再將它丟出去，它就會開始在裡面運作。

* 第五階段：十五分鐘的跳舞，自由方式的跳舞，慶祝和感謝你所經驗到的深深的喜樂。[42]

簡單的說，動態靜心分成五個階段，並有 CD 音樂配合，五個階段的意義是：

（1）十分鐘的混亂呼吸→喚醒能量，

（2）十分鐘的「有意識地瘋狂」→淨化能量，

（3）十分鐘的「護」（Hoo）→提升能量，

（4）十五分鐘的完全靜止→讓能量在生命深層自行運作，及

---

42 同註 7，《靜心冥想》頁 328 至 329。

（5）十五分鐘的慶祝與跳舞→慶祝的回到人間。

　　你喜歡這樣的修行技巧嗎？還是看完上面的文字後，會讓你兩眼發直，心生畏懼？但筆者的經驗，動態靜心確實會引領你進入非常放鬆、深入的身心狀態。筆者每次做完動態靜心，後頸及上背部的壓力都得到全然的釋放（這兩處肢體心靈是筆者慣性的壓力區，代表過度工作及承擔責任的身體語言），全身放鬆，心靈充滿喜悅的寧靜、寧靜的喜悅，整個生命彷彿感受到能量的更新與淨化；做完後，常常心裡浮現起的第一句話便是：「好神啊！」而且往往當天晚上一夜好眠，第二天起來，那種中年人睡了一晚之後血氣不通的痠麻感也消失不見！

　　其實，個人認為，奧修師傅很多的靜心技術都擁有共同的原理及模式如下：

表 18：靜心向度表

發洩性技術 ex：震、跳、跑、叫、亂語、呼吸	身：鬆（放鬆）→心：靜（止怨）→靈：空（忘言）	STOP！→	深層的靈性經驗 終極的片刻湧現的可能 成道成佛的可能

　　從上表得知，很多的靜心都是從強烈的身體工作——「發洩性技術」——開始，在動態靜心，便是「混亂呼吸、有意識的瘋狂、護」三個階段的工作；通過發洩性技術，讓身心靈得到舒壓與治療（身的放鬆、心的止怨、靈的忘言），從身體工作入手，達到生命整體治療的效果；接著在身體運動極其強烈的時刻，突然喊「STOP」——頭腦瞬間空白、妄念立即截斷、靈性於是湧現；奧修認為在此關

鍵的契機，隨時可能出現成道成佛的終極片刻，別懷疑，
跳進去！

　　由此可見，動態靜心的終極目標是屬於靈性的。當然，
修行道路，有頓有漸，它隨時可能，但也必須慢慢累積足
夠的火候及資糧；至少在成佛之前，讓我們打好根基，活
在當下，享受健康、寧靜、喜悅的身體及心靈。這便是靈
修工作的終極目標與現實效應。

（四）神祕玫瑰靜心

　　奧修的靜心「族類繁多」，本文只能以有限的篇幅介
紹其中兩個。上文談的動態靜心是奧修最有名的一個靜
心，而這裡要討論的神祕玫瑰靜心，則是奧修在世的最後
一段歲月裡所創造出的靜心法門，有點大師遺教的味道。

　　神祕玫瑰靜心是奧修去世前十八個月的期間內所創造
出的技巧，是一個深具「治療」效果的靜心法門。[43]神祕
玫瑰靜心不強調團體裡學員間的互動，但靈修團體的集體
能量能夠幫助個人更深入自己的內在。

　　至於「神祕玫瑰」此一象徵的含義，奧修說：如果一
個人好好照顧他生下來所攜帶的種子，給它適當的土壤、
環境、和震動，走在種子可以開始成長的正確途徑上，那
麼最後發生的終極成長就比喻為神祕玫瑰 —— 當你的本性

---

43 從這裡開始，本小段關於神祕玫瑰靜心的論述都是從奧修《靜心觀照》
　　一書頁 119 至 128 的文本整理而來，下文相同，不再贅述。（奧修出
　　版社，2001 年 10 月初版十刷。）

開花，打開所有的花瓣，釋放出內在的優美與芬芳，就是神祕玫瑰。

奧修很看重這個最後的靜心，曾經說：「**沒有任何靜心能夠像這個小小的策略給你那麼多。**」又說：「**我曾經發明過很多靜心方法，但這個或許是最主要的、最基本的，它能夠橫掃整個世界……**」這個奧修重視的靜心，內容主要包括三個部份，修行時間長達二十一天，接下來，我們先行簡介這三個部份 —— 笑、哭、觀照 —— 的含義。

第一個部分是笑，不需要任何原因的笑，每天笑三個小時。每當修行者的的笑開始消失，就立即喊出：「呀呼！」然後回來繼續笑。只要持續的笑，會讓修行者驚訝發現有很多灰塵覆蓋在本性上面，所以經歷了連續七天、每天三個小時的穿透的笑，修行者會無法想像有多少蛻變可能發生。

第二部分是哭。第一部分移開每一樣阻礙我們笑的東西，接著在第二部分，奧修教導我們移開所有的壓抑 —— 痛苦的壓抑，而帶給內在一個新的空間。奧修說我們累世以來壓抑了許多的悲傷、失望、焦慮、及眼淚，它們都存在，壓抑著我們，覆蓋著我們，摧毀了我們的美、優雅、和喜悅。奧修進一步說，在古代的蒙古人有一個古老的觀念，認為每一世的痛苦都被壓抑著，痛苦被壓抑，因為沒有人想要它，沒有人想要成為痛苦的，所以就壓抑、避開痛苦，然後向別的地方看，但它還是存在著，它一直在生命內部持續累積，慢慢變成一個痛苦的硬殼。所以必須要有七天的時間，讓你自己哭，完全不必有原因的哭，只要準備眼

淚，不要像平常一樣避開眼淚。每當修行者覺得有眼淚要流出來，就說：「Yaa-Boo!」奧修說這些是純粹的聲音，被當作技巧使用，借此帶出笑和眼淚，完全洗淨生命，讓修行者變成一個天真的小孩。「呀呼」或「Yaa-Boo」本身並沒有什麼意義，只是工具與技巧，只是聲音，它們被用來幫助修行者進入內在的本性。

　　奧修說哭和笑是很健康的，不僅在身體上健康，在心理上也很健康。哭和笑不只是一種靜心，它們也是一種醫藥，通過哭和笑的治療，讓修行者擁有更好的內在洞察能力。奧修說這個世界需要的是心的淨化，需要去除過去所有的壓抑，笑和眼淚正好可以做到兩件事：眼淚會帶走一切隱藏在生命內部的痛苦，笑會帶走一切阻止你達到狂喜的東西。

　　最後，第三個部分是觀照 —— 山上的觀看者。在笑和眼淚之後，就會出現一個觀照的寧靜。觀照必須放在最後，因為觀照本身自動會有壓抑作用 —— 當你觀照哭泣的時候，哭泣就停止了，它變成蟄伏的。這個靜心方法就是先行去除笑和眼淚，好讓你的觀照當中沒有什麼東西可以被壓抑，這樣的話，觀照就可以打開一個純淨的天空。

　　跟著，在下文，我們將這個靜心方法的文本全部引錄，因為實修過程必須盡量正確及忠實奧修師傅的原意：

1.關於笑的指示

　　真實的笑並不是在笑任何東西，它只是在你裡面升起，就好像一朵花在樹上開花，它沒有原因，沒有合理的

解釋，它是神祕的，因此用「神祕玫瑰」來象徵它。

有七天的時間，以喊「呀呼！」喊幾聲作為開始，然後毫無理由地笑三個小時。你可以坐著或躺著。有些人覺得躺下來可以幫助胃部的肌肉放鬆，讓能量更容易流動，有些人覺得用一條被單蓋起來，或是捉住他們的腳在空中能夠幫助他們把笑帶出來，或是將他們內在格格地笑的小孩帶出來。著重點在於找出你內在的笑，毫無理由的笑，所以你的眼睛一般是閉著的，然而跟你的朋友傳個眼神來點燃笑聲也很好。

讓你的身體輕輕轉動，好像在遊戲，帶著你內在小孩的天真，允許你自己盡情的笑。

有時候你會碰到一些障礙，那些東西已經停留在那裡好幾個世紀了，它們阻止你去笑，當你有這樣的情況發生，你就喊「呀呼！」或亂語，直到笑聲再度開始。

放開來！在笑這個階段結束的時候，靜靜的坐著，眼睛閉起來幾分鐘，身體不動，就像一座雕像，聚集所有的能量在裡面，然後放開來，身體完全放鬆，讓它倒下來，不要有任何努力或控制。當你覺得準備好，再度坐起來，靜靜的坐著，觀照十五分鐘。

2.關於眼淚的指示

一旦那個笑聲結束，你就會發覺你自己充滿了眼淚，很痛苦，但那也是一個很大的釋下重擔的現象。很多世以

來的痛苦將會消失，如果你能夠去除那兩層，你就找到了你自己。

在第二個星期，以輕輕說出幾次 Yaa-Boo 作為開始，然後就讓你自己哭三個小時，你或許可以把房間弄暗一點來幫助你進入悲傷。你可以坐著或躺著。眼睛閉起來，深入所有能夠使你哭的感覺。

讓你自己真正哭得很深來洗淨你的心、釋下心的重擔，感覺你所有你懸在那裡的創傷和痛苦的水壩破開來，讓眼淚流出來。如果哭了一陣子之後你覺得眼淚卡住出不來，或許覺得想睡覺，你就亂語。前後搖動一下你的身體，或許再度說 Yaa-Boo 幾次。眼淚已經存在，不要阻止它們。

放開來！在每天哭的階段結束的時候，完全靜止地坐著幾分鐘，然後進入放開來，跟你在笑完之後所做的一樣。

在流淚的這一週期間，要對任何可能會引起流淚的情形敞開，讓你自己成為脆弱的。

3.關於「山上的觀看者」的指示

在第三個星期，每天靜坐三個小時，坐四十五分鐘之後可以起來配合輕音樂或能夠打動心的音樂跳舞，然後再重複同樣的過程兩次。

你可以坐在地板上或是坐在椅子上。你的頭和背部要儘可能保持直立，眼睛閉起來，呼吸保持自然。放鬆，要有覺知，變成好像一個「山上的觀看者」，

只是觀照著任何經過的事物。觀照的過程就是靜心，至於你觀照什麼東西，那並不重要。記住：不要變得與任何當時所浮現的思想、感情、身體的感覺、和判斷等認同，也不要迷失在它們裡面。

靜坐之後，放一些你喜歡的溫和的音樂，然後跳舞。讓身體舞出它自己的方式，當你在移動的時候，繼續保持觀照，不要迷失在音樂裡。

4.一些有幫助的要點

在整個二十一天的期間，最好避開其他發洩性的靜心或課程，比方說動態靜心或亢達里尼靜心，或是像呼吸、情感釋放、或生物動能的課程。

如果你跟朋友們一起做神祕玫瑰靜心，在靜心當中不要互相交談。

在笑或哭的兩個星期之間，有很多人會碰到憤怒的那一層，不要陷住在那裡，讓它用亂語或身體的移動將它表達出來，然後再回到笑或哭。

慶祝你的笑，慶祝你的眼淚，慶祝你靜靜觀照的片刻！

動態靜心傾向動態，神祕玫瑰靜心傾向靜態；動態靜心比較陽剛，神祕玫瑰靜心比較陰柔；動態靜心很強烈（身體性的），神祕玫瑰靜心則很深入（情感性的）；動態靜心像一個生命的強震或震撼教育，神祕玫瑰靜心則彷彿一趟深度靈魂之旅；動態靜心像是一個頓悟的機會，神祕玫

瑰靜心則是奧修爲後代無數靜心者所留下的成道的溫床。

當然,神祕玫瑰靜心所需要的時間較長,也就需要更多心理上及生活上的準備;而不管動態靜心或神祕玫瑰靜心,都是奧修爲當代人所設計的更現代化、更入世、更實用的靈修法門。

最後,還有一點,讀者有沒有注意到不管在動態靜心或神祕玫瑰靜心裡,奧修都經常放進跳舞的部分,是的!舞蹈是奧修技巧中一個很重要的環節,也許在本章的附文裡,我們另行補論靈性舞蹈的技術。

(五) 其他的靜心

沒有統計過奧修留下了多少種靜心,也許那是無法統計的,但少說也有百種以上。靜心世界是豐富而多元的,就像生命一般的豐富,人生一樣的複雜多元。在奧修的「靜心家族」裡,有些是從傳統技法發展出來的,有些則是針對現代人的需要而研發的新方法;有些靜心屬於動態,有些靜心屬於靜態;有些著重強烈的身體動作,有些強調深層的內心探索;有些靜心是呼吸的技巧,有些靜心是跳舞的動作;有些靜心白天做較好,有些則需要晚上進行;有些靜心長,有些靜心短……但不管哪一種性質的靜心,都指向一個共同的向度:生活。是的!在現實的生活中修行,是一個很重要的態度,修行不能脫離生活,修行必須在生活中發生。關於修行,奧修認爲並沒有一張印好的既定藍圖,每個人都必須找出一條屬於自己的修行路線,「修行」

不應該是異於生活的東西。奧修曾經明白的表示：「**出了生活之外沒有其他的神。**」修行是必須與生活結合在一起的。[44]事實上，對奧修來說，生活中的任何事情都可以變成靜心 —— 跑步、游泳、笑、哭、抽菸、甚至是被蚊子咬……靜心是屬於生活的，或者說，生活本身就是一個最大的靜心。

除了動態靜心及神祕玫瑰靜心，下文所介紹的十餘種靜心，是奧修「靜心家族」中經常被使用的技巧，當然，本文只能簡介，詳細的內容讀者可參看像《橘皮書》及《靜心觀照》等等的靜心專著。還有一點必須明說明：下表的內容是筆者實踐靜心功夫及閱讀奧修著作的個人心得的整理，純屬筆者的個人看法，當然還是以盡量忠實於奧修的原意為基本原則。好罷，就讓筆者來簡單導覽奧修的靜心世界。

＊動態靜心與亢達里尼靜心

首先要介紹的是在「靜心家族」中很有名的一對姐妹靜心 —— 動態靜心與亢達里尼靜心。之所以稱為姐妹靜心，第一個理由：這一對靜心都以強烈的身體動作見稱（動態靜心的混亂呼吸與有意識的瘋狂，以及亢達里尼靜心的震動）；其次：動態是日出時分做的靜心，而亢達里尼則相對的是日落的靜心（當然奧修也沒有禁止在其他的時間不可以做）。這一對靜心都有很強烈的「洗滌」效果，如果在同一天裡，晨曦做動態，黃昏做亢達里尼，將會在一

---

44 同註 43，《靜心觀照》譯者序。

天的工作之前及之後，讓靈魂得到能量的更新與補充。

＊脈輪呼吸靜心與脈輪聲音靜心

同樣是姐妹靜心，但不同於上一組的「日夜相對」，脈輪呼吸與脈輪聲音則是「動靜相對」的靜心。脈輪呼吸靜心是配合七個脈輪的觀想來做呼吸，同樣的，在這個靜心裡所做的呼吸是頗辛苦的。至於脈輪聲音靜心則是配合七個脈輪的觀想來聽音樂及靜坐。這是一動一靜、相輔相成的兩個技法。

＊亂語靜心及德伐瓦泥靜心

第三對的姐妹靜心同樣是一動一靜，但主題從「脈輪」轉移到「亂語」。亂語靜心是一種高度發洩的技巧，通過強烈的無意義的聲音、快速的胡言亂語、及混亂的身體動作來打破邏輯頭腦的慣性桎梏。相對於亂語靜心的強烈的亂語，德伐瓦泥則可以說是寧靜的亂語。德伐瓦泥的意思是「神聖的聲音」，它通過拉提漢（自發性的意思）的移動及混亂語言，藉由放鬆、嬰兒般、咒語般的神祕聲音，帶領自己進入深層的意識世界。奧修說晚上睡覺前做這個靜心，睡眠一定會進入很深的地方。

＊曼達拉靜心

這是另一種強而有力的、動態的傾瀉鬱積的技巧，它的主題是「原地跑步」。筆者的經驗，曼達拉是很累的，每次做完，小腿都會痠疼個好幾天，但整個人卻會有極度放鬆的明顯效果。

＊那塔拉吉舞蹈靜心

筆者習慣稱那塔拉吉靜心為「跳舞靜心」，在這個靜心的第一個階段裡，要連續不停的跳四十分鐘的舞！同樣的，這是一個很快樂、也很強烈的動態技術。

＊旋轉靜心

這是另一種的「跳舞靜心」，是奧修從回教蘇菲宗的古老技巧旋轉舞發展出來的靜心，通過既歡樂又艱辛的旋轉，帶領舞者深深回歸靈魂的中心。

＊味帕沙那靜心

接下來介紹的是幾個靜態的靜心。奧修稱味帕沙那為「洞見的靜心」，其實味帕沙那就是佛門禪坐中的「數息法」（呼吸的觀照），可見「靜心家族」中也是有很靜態的方法的。所以味帕沙那就是「靜坐靜心」，它是一種迅速回歸生命泉源的甚佳法門。

＊金色的光靜心

這是一個利用剛睡醒之際，生命能量非常新鮮、非常纖細、非常具有接受性的時刻所做的靜心。金色的光靜心很短，整個過程只需要二十分鐘，這是一個清晨的靜心、甦醒的靜心，同時也是深入的靜心。

＊那達布拉瑪靜心

奧修說那達布拉瑪是古代西藏的技巧之一，也是一個靜態的靜心，一個「咒語」的靜心，一個發出「嗡」的生命原音的靜心。

＊戈利仙卡靜心

戈利仙卡是一個很緩慢、很寧靜、很拉提漢（自發性）
的移動的靜心，也是一個靜態的技巧。自然而真實的拉提
漢會帶領生命回到最原始、最嬰兒、最深入的記憶之中。

＊神祕玫瑰靜心

即像前文所說的，這是奧修留下的最後及最長的一個
靜心，也可能是最徹底的靜心。

＊「停！」的靜心

最後要介紹的這個靜心，可說是奧修所創立的最短的
靜心。奧修說這是非常簡單的一個方法，每天至少要做六
次，每次只要花半分鐘，所以一天只需要花三分鐘，但必
須突然去做，這是整個要點之所在。譬如，在街上走路，
突然記起來，立即在心裡喊：停！完全停止自己半分鐘，
不要動，保持停格半分鐘，只要「在」就好，只要「覺知」
就好；不管正在發生什麼事，不管別人的反應，完全停止，
停止在「覺知」之中。奧修說每天可以做這靜心很多次，
但不能少於六次，它會使你敞開，「突然間」變得「在」，
於是整個能量都會改變，而正在頭腦裡進行的連續就會被
打斷，因為那麼突然，頭腦無法立即產生一個新的思想。
這個靜心給你的整個存在一個急拉和猛醒 —— 前念已逝、
後念未生的一個覺醒的空隙。[45]

跟著，請參考下表的整理：

---

45 這裡所介紹的十幾個靜心的詳細內容請參考《橘皮書 —— 奧修的靜心
技巧》，同註 28。

表 19：常用靜心一覽表

	靜心名稱	動或靜	特　　點
1	動態靜心	動態	姐妹靜心：以強烈的呼吸、瘋狂、咒語
2	亢達里尼靜心	動態	為主（適合日出時分做） 震動（適合日落時分做）
3	脈輪呼吸靜心	動態	姐妹靜心：脈輪觀想＋呼吸
4	脈輪聲音靜心	靜態	脈輪觀想＋音樂
5	亂語靜心	動態	姐妹靜心：強烈的亂語
6	德伐瓦泥靜心	靜態	寧靜的亂語
7	曼達拉靜心		原地跑步
8	那塔拉吉舞蹈靜心	動態	跳舞
9	旋轉靜心		蘇菲旋轉舞
10	味帕沙那靜心		靜坐
11	金色的光靜心		觀想　　（適合剛睡醒時做）
12	那達布拉瑪靜心		「嗡」的咒語
13	戈利仙卡靜心	靜態	自發性移動
14	神祕玫瑰靜心		笑、哭、觀照 （共二十一天，每天三小時）
15	「停！」的靜心		Stop！ （每天六次，每次三十秒）

　　筆者約在四十歲時開始密集做了兩年靜心，神奇的事情發生了！一、身體健康大為改善，兩年間減重了十七公斤，從小困擾的氣喘病不藥而癒，而且生命中的運動中心被打開了，由此開展一連串的身體工作 ── 長跑、動氣功、靈性舞蹈、瑜珈、球類運動 ── 靜心工作直接衝擊生理層面。二、不只外在的改善，內在也跟著有所變化了。兩年的靜心工作及接著一連串的身體工作，讓筆者的性格變得更直、更開朗、更放鬆、更活在當下、也更有能量。靈性的工作會同時影響身、心兩方面。三、而且在時間點上很巧合的，差不多在兩年靜心工作的尾聲，筆者發覺許多本

來不會的能力竟然一一被打開了！好幾項新的技能逐一萌生，大概靈性的工作讓內心更無為，而無為的心田是最肥沃的心靈土壤罷。那麼，接下來，行動罷。本節所介紹的靜心，都有 CD 音樂的配合，讀者可以自行參閱奧修的著作及到各地的靜心中心去查詢。無庸置疑的，唯有真正的行動與參與，才能深入了解靜心蛻變之旅的沿路風光。

本書用了三章的篇幅介紹了六個修行技術 —— 跑步禪、放鬆練習、痛苦智慧、八不律、坐禪、與靜心。跑步禪與放鬆練習屬於「身」的層面的工作，重點在身體的「放鬆」；痛苦智慧與八不律屬於「心」的層面的工作，重點在情緒的「止怨」；坐禪與靜心則屬於「靈」的層面的工作，重點在頭腦的「忘言」。在這裡，筆者要再一次強調：之所以分析成身、心、靈三個層面去談生命成長的技術，是因為每個法門都有不同的偏重及傾向，但實際修法的過程，其實每一個層面的工作都有伸向、進入另外兩個層面工作的可能性，這樣的說法是基於身心靈的一體性的基本原理而提出的。因為不同的通孔與管道都有可能是進入真理世界或神性意識的甚佳契機及方便法門。在人間修法，容或有不同的宗派、風格、及路線的差別，但真理國度的大門一直敞開，只要你能夠走到門前，是不需要出示身分證明的。

附 1：七支坐法的基本要領及相關技巧

在正文討論過禪坐的「心法」—— 形而上的心念動作，

那麼在這篇附文裡，我們補充說明禪坐的「身法」 —— 形而下的操作技術。只是，身心合一不二，所以在這篇附文的後段，也會順勢提出一些相關的心法及概念。至於禪坐的身法，最通行的技巧即是禪宗的「七支坐法」；所謂「七支坐法」，就是指坐禪時七個身體部位的姿勢的調整，我們由下往上的介紹如下：

（1）腿

盤腿的姿勢可分 ——

散盤，

單盤（又稱緬甸坐。右腳在上左腳在下稱為金剛坐，左腳在上右腳在下稱為如意坐。使用單盤坐姿時注意身體要坐直），及

雙盤（又稱跏趺坐）。

不管使用哪一種盤腿姿勢，雙腳盡量往內收，而盤腿打坐的原因是使氣不浮，容易做到氣沉丹田，氣靜心靜，慢慢的氣歸中脈，等到脈解心開，身心兩忘，便自然而然的進入大定。同時，盤坐時屁股可以用坐墊墊高一點，因為臀部不墊高，重心容易後仰，便讓氣脈阻塞，打坐即會勞而無功。入坐後身體先行慢慢的由大而小的搖晃一下，漸漸選好最佳坐姿，讓雙腿有鬆鬆的感覺。

（2）手

一般禪坐的姿勢，打坐時雙手結「法界定印」 —— 右手在上，左手在下，兩隻拇指指尖輕輕相觸。當然，隨著不同禪坐的習慣，結其它的手印也可以。

　　兩隻拇指輕觸，成一圓相，左右陰陽二氣便互動交融；所以手印的主要功能是「封存能量」，讓能量不外溢，長期打坐的身體也就較不容易疲倦。

　　（3）脊椎

　　打坐時身體自然的挺直，而稍稍前傾；但要注意人體脊椎有自然的曲度，切忌用死力的抬頭挺胸，而相反的要把胸前虛掉，稱爲「搭鵲橋」。

　　準確調整脊椎的力道就是禪坐功力的重點，讓脊椎及中脈伸展成一條柔軟的直線，搭好一條由下向上的能量管道。竅門是腰椎稍稍頂勁而不用力，整個身體要柔軟，幾個緊張點（腰、上背、肩、頸）要放鬆。

　　奧修曾經說過 90°的身體垂直是最佳的放鬆狀態，打坐時整個身體要徹底放鬆，整個身體好像是掛在脊椎的兩邊，這是進入觀照的最佳姿勢。而且身體坐直，也是地心引力對身體影響最少的一種姿勢，地心引力只影響到身體很小的一部分。奧修說七支坐法是一種偉大的組合 —— 當脊椎坐直，較少血液流到頭部，頭腦也就比較起不了作用，相反的，睡姿會吸引最大的地心引力，頭腦便容易昏睡。

　　（4）下顎

　　打坐時下顎內收，姿勢平正，但切忌用力。

　　至於內收的角度，可以隨每個禪修者的個人習慣調整，一般來說頭部稍低，但頸椎不要彎。

　　（5）舌

　　打坐時舌尖輕輕頂觸上顎前端。

這個小動作有大學問，等於搭好一條接通高等能量中心（處於頭部的兩個能量中心）與低等能量中心（處於軀體的五個能量中心）的能量管道。

（6）齒

禪坐時上下排牙齒切齊，但不要太緊，下顎咬合不要用力。臉部肌肉要放鬆，保持微笑及心情愉快。微笑很重要，微笑是高等生命才會出現的心靈動作。

（7）眼

禪坐時眼皮自然下垂、半斂，閉目禪坐是為了收束散亂，眼止心止。但閉目閉幾分不是重點，因為眼皮只要放鬆及下垂，自然會留一條縫，讓一點光線進入眼球，這個小技巧是好的，可以使禪坐者較不容易昏睡。

介紹完七支坐法的身體姿勢，接著進一步說明一些關於「身法」的注意事項：

＊打坐時肩、膝、頸披一條毛巾或毯子，不要讓這些敏感的身體部位受到風寒。

＊打坐環境適宜不冷不熱、不暗不亮。

＊進食前（太餓）後（太飽）一小時，不宜入坐，以免影響消化，也容易分心。

＊剛入坐時全身搖晃一下，然後用意念從腳到頭的掃描全身，用意念放鬆每一個身體的部位，尤其放鬆每個人不同的壓力區。一般來說，身體的壓力容易集中在頸、肩、及肩夾骨的地方。

＊禪坐不要計較、勉強形式上的端正。

也不用刻意調整坐姿，因爲坐久了，姿勢會自然調整。

不要勉強挺直身體，先放鬆，不要給身體任何壓力，讓脊椎在自然的狀況中慢慢挺直。

等到禪坐較進入狀況時，氣貫中脈，坐姿會自行調整到最佳狀態 —— 不調氣而氣自調。

＊坐完後，搓熱雙掌掌心，由慢而快，從頭到腳的按摩全身。按摩的主要目的是爲了不要存留、淤積一些精細的氣在體內，以免妨礙下一次的禪坐。

＊下坐動作要慢。

＊坐完後不要吹風，輕鬆的走一走、散散步，但不要強烈運動。

說完「身法」，跟著介紹相關「心法」的注意事項 —— 除了打坐的姿勢（上文所介紹）、除了禪坐的核心要義（正文所介紹），下文說明的，是禪坐時一般慣用的調心技術，譬如：

＊「止 ⇨ 觀 ⇨ 中觀」的攝心技術

所謂「止」，指將心念停止在一個定點上的攝念技巧。而除了舌根之外，其他五根都有不同的定法及攝念技法，介紹如下 ——

A.止於眼根

包括 a.繫緣於物。譬如打坐時眼觀佛像。

b.繫緣於光明。譬如打坐時眼觀燈光、燭火等。

B.止於耳根

包括 a.內聲法。又分大聲念、微聲念、心聲念的不同

方式。譬如打坐時念佛號、念經咒等。

內聲法著重聲音返聞耳根，聲聲念念，清楚分明，然後由大而小，聲音與心念漸漸歸於靜境。

b.外聲法。譬如打坐時聽聞流水、梵唱、瀑布、風鈴等等。

C.止於鼻根[46]

包括 a.數息法。譬如打坐時正數（一吸一呼數 1、2、3、4……）、反數（一吸一呼數 10、9、8、7……）、奇數（一吸一呼數 1、3、5、7……）等等。

b.隨息法。譬如打坐時心念跟隨呼吸細微的進出。

c.其他跟鼻根有關的攝念法。譬如打坐時觀鼻頭、觀腹息的起伏等。

---

46 將心念止攝在鼻根或呼吸的「數息法」及「隨息法」，是禪坐中最常用的技巧。

奧修曾經說呼吸與思想是同步、一體的，正如身體與心靈是一體的 —— Bodymind。譬如憤怒的思想會產生憤怒的呼吸，性的思想會產生性的呼吸，寧靜的思想會產生寧靜的呼吸……反之，不同的呼吸節拍也會帶出不同的情緒及想法。進一步，甚深禪定到最後會停止所有的思想，也同時停止所有的呼吸。所以甚深禪定與死亡有一共同的現象 —— 呼吸的停止。這就是為什麼有成就的禪定者能夠免於死亡的恐懼，因為他們發現呼吸停止之後，有著更大的生命現象，更深的寧靜及美感。這一段意見見奧修《找尋奇蹟 上冊》第十一章。（奧修出版社，2002 年 6 月初版。）

筆者個人的經驗，用數息法打坐，穴道及喉輪等等部位的氣感比起「身根法」確實是較弱，但用數息法打坐的能量較溫柔、寂靜，入坐後也較容易專注。另外，某一次，筆者嘗試用隨息法禪坐，卻讓我覺察到生命深層細微的生存恐懼 —— 怕不能吸氣，呼吸也變得急促。其實，不同的止、觀方法反應了禪修者不同的性格取向及修行路數，筆者個人的體會，身根法的禪坐較強烈，而鼻根法的禪坐則較靜寂。

D.止於身根

　　所謂身根法的攝念技術，是指打坐時將心念集中於身體上的某一點，譬如：眉間、頭頂、臍下、尾閭……等等。打坐時或用觀想、或守氣脈。身根法的禪坐容易產生身體反應，譬如：冷、熱、滑、澀、輕、重……等觸覺，筆者的經驗是當使用身根的攝念法打坐，天目穴會變得像個點燈器，隨著久坐，能量或氣感會慢慢轉移、點燃到百會穴或太陽穴。但使用身根法打坐最重要的一點是，不管碰到任何身體的氣感或覺受，都不要著相、都不要執著。

E.止於意根

　　所謂意根法的攝念技術，是指打坐時心念集中在觀想或某一個念頭上，譬如：觀心、觀本尊、觀月輪……等等。

　　「止」之後是「觀」，觀的意思是指將心念停攝在一個定點上（前述五種的攝念法）之後，禪坐者接著鬆鬆的觀照定點：觀者 ──────▶ 觀 ──────▶ 觀物或定點。

　　接著是「中觀」，意思是在禪坐更深入的時刻，慢慢的觀者觀物合一、止觀合一、觀物觀者不二，也就是禪坐者進入不二意識、整體意識、自己觀照自己（自觀、自覺）的精神狀態，甚至是觀照「觀照」（觀觀、覺覺）的精神境界。

　　總之，「止 ⇨ 觀 ⇨ 中觀」的攝心技術是禪坐常用的調心技巧。

　　＊禪坐時，遇見任何的幻相，最高的口訣是：「沒有理它」。

　　＊禪坐者對禪坐時的雜念應該採取不拒（不批判）不

迎（不相應）的態度。

　＊除了幻相及雜念，禪坐還有昏沉的問題[47]。這裡提供兩個克服昏沉的方法 ——

　A.使用「吥字訣」，或稱「獅子吼」、「五雷轟頂」。

　在禪坐中感到昏沉時，就突然意想不到的猛喝一聲「吥」！這時整個頭腦會在一瞬間「中斷」，而且整個人會清醒過來，即利用這個前念已逝、後念未生的空隙，立即「鑽」進去安坐。「吥字訣」可以在獨修時使用，也可以在共修時由任何一位禪坐者突然使用，但重點是必須用得絕對突然，才能收猛喝斷唸的效果。

　B.昏睡時即觀想肚臍中有一個紅點，紅光閃爍，愈來愈透亮，然後直衝頭頂百會穴。

　頭腦清涼了，即繼續安坐。

　當然，如果禪坐中覺得睡意太濃，身體太倦，那乾脆先去睡一覺好了。

　＊禪坐時會出現輕安、定靜的覺受，這種種「樂受」就像一隻蝴蝶，在禪坐的國度中翩躚起舞，但一旦禪坐者想用思想或意念捉住她、定住她，稍生異想，這禪坐之蝶即會馬上飛走或死亡。其實「樂受」也是雜念的一種，同

---

47 心念較粗的散亂，稱爲散亂。
　心念較細的散亂，稱爲掉舉。
　而粗的昏沉，是睡眠。
　細的昏沉，才叫昏沉。
　其實昏沉也是一種雜念，昏沉是潛意識裡夢與催眠的作用。
　禪坐中克服散亂與昏沉之後，即進入止境，進入止境而不執著止境，即入定。

樣的不應執著。

　　＊禪坐者要有任何時候都可能入定的觀念，生活中隨時保持禪定的心境 —— 定力堅固，修定致用。

　　＊最後，禪坐者應當了解大靜其實是大動，禪坐其實是一種非常活潑的力量，千萬不要把禪坐變成枯坐。修行之道適宜動靜相生，禪坐與動功配合使用，才更符合天地理法。

　　在這篇附文裡，我們介紹了「七支坐法」及相關「身法」與「心法」的種種注意事項，希望可以對你的靈修生活產生啓發及參考的效果。

附 2：關於靈性舞蹈的技巧

　　在第二篇附文裡，我們補充說明奧修技術中經常使用的靈性舞蹈的技巧。

　　靈性舞蹈、或稱舞蹈禪，用最簡單的話來解釋，就是通過跳舞來增益靈性、修學禪定。但是，這真的能夠辦到嗎？

　　很多朋友狐疑修道幹嘛要跳舞？用奧修的語言風格來回答：跳舞是一個「想起」。通過「完全舞蹈」，讓修行者想起、喚起天生圓滿具足的不二自性 —— 舞者消失在一個「完全舞蹈」之中，而在「消失」裡讓舞者「想起」了自性與神。而「完全舞蹈」的定義是：舞者消失、瓦解了，只有舞蹈留下。當只剩下舞蹈而沒有舞者，這是終極的靜心 —— 品嘗神性的美酒、幸福、寧靜、真理、狂喜、與自

由。所以跳舞不單是身體的釋放，也是靈性的釋放。奧修可能是第一位心靈大師把跳舞說得那麼真實、純粹、及深入。接著，我們便來看看奧修對跳舞的說法：

> 當身體的移動變得欣喜若狂，那麼它就是跳舞；當那個移動很全然而沒有自我，那麼它就是跳舞。……第一次的跳舞是以一種靜心的技巧進入這個世界的。最初的跳舞並非我們現在所謂的跳舞，它是達到狂喜的一種方式……跳舞是可能發生在人類身上最美的事情之一……只要對著神跳舞。不需要有技巧，因為祂不是一個審查員，你只需要如小孩子般跳舞，將它當成一種祈禱，那麼跳舞本身將會有一種完全不同的品質……就像你深愛整個宇宙一般地跳舞，就像你跟你的愛人跳舞一樣地跳舞。讓神成為你的愛人。[48]
>
> 忘掉舞者，忘掉自我的中心，變成那個舞，那就是靜心。盡量跳得很深入，以至於完全忘掉「你」在跳舞……分裂一定要消失……要完全涉入、融入它，不要站在旁邊，不要成為一個旁觀者，要加入！……讓那個舞以它自己的方式流動，不要強迫它，相反的，要跟隨它，讓它發生，它不是一項作為，而是一個發生。……你並不是在做一件很嚴肅的事，你只是在遊戲，跟你生命的能量遊戲……[49]

48　同註 28，《橘皮書──奧修的靜心技巧》頁 132 至 133。
49　同註 28，《橘皮書──奧修的靜心技巧》頁 55。

在下一段文字裡,奧修更進一步強調跳舞的治療功能:

> 在跳舞當中,你的防衛性鐵甲將會消失;首先你必
> 須在歡樂當中叫喊和歌唱,使你的生命變得更加活
> 生生;首先你必須發洩,把你所有的壓抑都丟出來,
> 使你的身體變得很純而沒有毒素,使你的心靈變得
> 很純而沒有壓抑的創傷。[50]

　　看完奧修的意見,接下來,根據筆者個人的實踐經驗,整理成下列五點舞蹈禪的功能與意義,通過靈性的跳舞,我們可以達成:

　　(1)排汗、排毒、運動、放鬆肌肉的效果。

　　　　　　　　身體工作(Body work)的開始

　　(2)搬出「存貨」→發洩負面情緒。

　　　　　　　　情感工作(Emotional work)的進入

　　(3)學習「跟隨」與「忘我」。

　　　　　　　下列三點是靈性工作(Spiritual work)的起動

　　音樂、跳舞只是一個媒介,通過它們,讓我們掙脫日常生活「目的性」、「計畫性」的生命狀態;放下「頭腦、左腦、知性」的偏執→修學「心靈、右腦、靈性」的覺醒[51]。

50　同註 28,《橘皮書 —— 奧修的靜心技巧》頁 97。
51　人腦由左腦及右腦組成,而左、右腦分別負責不同的功能:左腦稱為語言腦、理性腦、科學腦、或意識腦;右腦稱為圖象腦、感性腦、藝術腦、或無意識腦。左右腦中間由腦樑連接,整合生命的一體性機能。據研究,人類生命的真正潛力在右腦,但右腦的靈性功能往往受左腦的知性功能壓制;所以修行的意義,就是要通過種種法門,放下左腦的頭腦作用,然後右腦的功能才能被釋放,進而接通靈性的領域。見本書頁 29-30 的論述。

跳舞提醒我們「跟隨」，在跟隨中漸漸放下頭腦與自我。

（4）喚醒「內在能量的震動」。[52]

（5）練習「觀照」與「覺知」。

像前文講的，在靈性舞蹈中，最後舞者被「遺忘」，剩下跳舞，舞者和舞的分裂消失了，而生命變成一個「跳舞」、一個「觀照」、一個「跳舞的觀照，觀照的跳舞」，在跳舞中訓練覺知、觀照的工夫，觀照每一個動作及心念的移動。

靈性舞蹈跟其他的身體工作一樣，從運動開始，最後達到生命整體的治療。而根據上文五點治療的功能及意義，在下段，筆者列示一些相關的佳句，以供讀者、同修的參考。

＊用舞蹈表達內在的生命經驗。

用舞蹈治療、釋放身、心壓力。

上段第（2）點的功能

＊覺性舞蹈不是要學會甚麼動作，而是要向自己開放。

上段第（2）點的功能

＊動作從不說謊。

身體反應人格。

舞蹈不必說明。　　　　　　上段第（2）點的功能

＊傾聽、面對、跟隨深深埋在身體裡的感覺 ——

---

52 簡單的說，所謂內在能量的震動，指通過身體工作，達到身「鬆」心「開」的治療效果，到一定程度，海底輪（第一能量中心）的內在能量即可能被喚醒，沿中脈而上，最後到達頂輪（第七能量中心），於是打開了終極靈性境界的門戶。見本書頁60的論述。

悲傷、喜悅、疲倦、恐懼……

上段第（2）（3）點的功能

＊舞蹈是一種溝通。　　　上段第（3）點的功能

＊心靈舞者的五個「很」，跳得：

很放鬆 —— 身體假期。

很深入 —— 與靈魂對話。

很強烈 —— 半吊子是不會成功的。

很擺脫庫存動作 —— 告別慣性的頭腦作用。

包括上段第（1）

很有創造力 —— 釋放生命更多的可能性。

（2）（3）（5）點的功能

最後，我們簡單談談靈性舞蹈的具體技術及元素。

靈性舞蹈，實在是一門很活、很豐富的治療技術；關於它的具體方法，實在無法通過文字有效的傳錄，所以筆者最後只能根據個人的實踐經驗，列舉其中可能包含的元素及技巧，聊供參考。靈性舞蹈可以由下列的舞蹈元素或「功夫」組成：

（1）舞蹈技巧，

（2）放鬆技術，

（3）導引呼吸，

（4）伸展練習，

（5）停頓練習，

（6）靜心技術，以及最後的

（7）禪坐練習。

當然，除了種種技術及工夫，更重要的，要有一個放鬆、遊戲、不嚴肅、無為、開放、流動的心。

談完靈性舞蹈的種種，你喜歡這個修行方法嗎？靈性舞蹈已經成了筆者一個很重要的調、治、修、養身與心的工具，筆者常常喜歡把它與禪坐結合，先動後靜，陽陰相合，在跳舞之後禪坐，在身體與心靈得到極大的放鬆之後，往往更能掬飲清純深邃的靈性甘泉。來！大家一起來跳舞！跳舞是一個「想起」，幫助我們想起生命圓滿不二、天生具足的「狂喜」本質。

拾壹：身、心、靈三個層面
工作的生命境界

　　本書進入尾聲，最後一章，談一談身、心、靈工作可能達至的生命境界。

　　在第參章第二節「放鬆、止怨、忘言」的內容中，談到「忘言」的生命境界 —— 如果生命能夠完全放下言語、理性、頭腦、知識的束縛，即進入不可思議的「心靈經驗」。「心靈經驗」的相對面就是「頭腦作用」，所謂頭腦作用也就是言語、理性、頭腦、知識的功能；事實上，我們並不是主張放棄頭腦的功能，而是像本書第四章第二節所引用奧修的話：當心靈是主人，頭腦是僕人的時候，頭腦是人類生命中最有意義的東西之一；但萬一反客為主，僕人宰制主人，就會釀成生命的破壞與災難。那麼，什麼是心靈經驗？什麼是頭腦作用呢？在這一章裡，我們進一步辨析。

　　另外，當身、心、靈進入和諧的狀態 —— 放鬆、止怨、忘言，或者身心靈和諧合一的工作時，生命便會進入「心靈經驗」之中；相反的，當身、心、靈進入不和諧的狀態 —— 僵硬、痛苦、雜念，或者身、心、靈處於分裂的狀態

時，生命便會進入「頭腦作用」之中。因此，判斷是心靈經驗或頭腦作用 —— 心性或理性，便成了辨別修行工作是否準確、有效的一個重要標準與依據，所以更有進一步辨析與說明的需要。

一、心靈經驗與頭腦作用（心性與理性）對照表

對累生累世習慣成為「理性動物」或「頭腦動物」的我們，對神性經驗或心靈經驗感到既不慣又陌生。所以在下表中，我們將心靈經驗與頭腦作用做了一個對照及比較，針對兩者的名稱、本身的狀態（體）、及在人間的作用（用）加以比較說明。如果把這個「心靈經驗與頭腦作用對照表」作為一個修行的參考，建議讀者：在了解全表的內容之後，再次閱讀時，便只需要注意標題的部分，作為迅速判斷、感受自己的生命狀態到底是在心靈經驗的自由、或是在頭腦作用的束縛之中的依據即可。所以重點是：這個表是給我們「使用」的，幫助我們建立修行上的見地，而不只是一個理論或知識系統而已。

表 20：心靈經驗與頭腦作用對照表

	心性 心靈經驗	理性 頭腦作用
體 名 稱 用	心神、心靈、心性、本心、佛性、良知、道、無盡藏、仁、明德、上帝、阿拉、阿耨多羅三藐三菩提……（同物異名）[1]	理性、邏輯、人心、術、妄念……（同物異名）
	心靈經驗、中庸、玄覽、感知……（同物異名）[2]	頭腦作用、推理、認知……（同物異名）
體 ： 本 體 的 狀 態	＊無時間性 　心靈經驗是超越時間的感受與限制的、是自由的、也是成道的生命狀態。 ＊當下（存在感） 　心靈經驗是一種活在當下的存在感受。 ＊不活動（純粹意識） 　心靈經驗是一種「不活動」的純粹意識狀態。 ＊無為 ＊不努力的領域 人生中有一些事情是愈努力愈沒有效果的，只有在不努力	＊時間性 　強烈的時間感受及束縛，是陷入頭腦作用的重要徵兆之一。 ＊過、未（思考性） 　思考性的頭腦作用讓人一直活在過去的情感煩惱與未來的緊張壓力中。 ＊活動（盲目慣性） 　頭腦作用讓人陷入盲目、慣性的活動中。 ＊有為 ＊努力的工作 頭腦作用會催眠人進入盲目、無止境的努力工作中。

---

1 這裡所列舉的是心靈經驗在「本體」名稱上的「同物異名」現象。其中「良知」是明儒王陽明學問系統的「最高用字」，「道」是道家老莊的，「無盡藏」是《華嚴經》的，「仁」是《論語》的，「明德」是《大學》的，「上帝、阿拉」是基督教與回教系統的，「阿耨多羅三藐三菩提」是《金剛經》的。這些都是不同教派、視角對心靈本體的不同稱謂。

2 這是心靈經驗的「作用」名稱上的「同物異名」現象，其中「中庸」（『中』指心靈，『庸』即作用，所以『中庸』即心靈的作用；因此是作『用』上的用字）是《中庸》的，「玄覽」（意即玄妙的觀覽）是《老子》的。

的完全放鬆之中，才會突然成功與美好；像藝術創作、靈感、修行、睡眠、競賽與性……	
* 遊戲的 　心靈經驗是一種遊戲、歡樂的經驗。 　嚴肅是一種不必要的生命負擔。	* 嚴肅的 　頭腦作用會催眠我們說：人生是嚴肅的；歡樂、享受、遊戲、開放、無爲、放鬆，都是不對、罪惡的。
* 不要求 　所有快樂來自不要求的自由。	* 有所求 　所有痛苦源於有所求的期待。
* 流動 　心靈經驗是一種流動的生命狀態。 　追隨自然的流動。	* 計畫 　頭腦作用在製造計畫的緊張壓力。 　服從人爲的計畫。
* 安然磊落（坦蕩蕩） 　心靈經驗是快樂的。	* 緊張擔心（長戚戚） 　頭腦作用是憂慮的。
* 不顧慮 　建立真正的自信時，即進入心靈經驗，所以： 　1.不顧慮別人對自己不夠好。 　2.不顧慮自己對別人不夠好。	* 兩種顧慮[3] 落入兩種顧慮的心理陷阱時，即進入頭腦作用： 　1.顧慮別人對自己不夠好 　　── 強勢者的顧慮。 　2.顧慮自己對別人不夠好 　　── 弱勢者的顧慮。
* 自由感	* 限制感
* 愛、慶祝 　心靈經驗是一種愛與節慶的氣氛。	* 怨、匱乏 　頭腦作用總是讓人感到怨懟及匱乏。
* 喜悅、狂喜 　喜悅、狂喜是一種心靈經驗，也是生命的本質。	* 憂傷、悲觀 　奧修說頭腦永遠都會保持悲慘的狀態。
* 寧靜（活的） 　真正的寧靜是一種從生命內部自然湧現的寧靜，真正的寧靜是不管身處聖殿或鬧市都能夠不被干擾的寧	* 封閉（死的） 　人爲的寧靜是一種封閉的、刻意的、計畫的、強制執行不被外界打擾的寧靜。這是一種經不起考驗、脆弱的、接近死亡

---

3 「兩種顧慮」是第四道的說法。Peter D‧Ouspensky 著，黃承晃等譯《探索奇蹟》（方智，1999 年 7 月初版）。

	靜。這是一種活生生的、開放的寧靜。	氣息的寧靜。
	＊整體、沉默 心靈經驗是一種整體性經驗。 這是一種無法用言語、文字說明清楚的生命經驗。 泰戈爾在其名著《漂鳥集》176 號詩說：「缸裡的水是透明的，海中的水卻黝黑；微小的真理有清晰的言詞，偉大的真理卻只有偉大的沉默。」	＊局部、清晰 頭腦作用必然是一種局部的理論或知識。 它具有清晰的文字、語言、及理性系統。
	＊無困難人生 心靈經驗帶領我們進入無困難的人生。	＊人生難題 頭腦作用專門為我們製造人生的難題。
用：人間的作用	＊右腦的作用（圖像腦、直觀腦、高速記憶腦……） ＊感知、直覺、跳躍、不用、無目的性 心靈經驗是一種感知、直覺的力量。 藝術性心智。跳躍式思考。 心靈經驗不著重實用性，它是一種生命本質的自然湧現。 ＊兒童狀態（喜、全力以赴、自己節奏、不累） 心靈經驗最接近兒童的生命狀態，所以老子說：「復歸於嬰兒。」[4] 兒童在遊戲時，總是充滿歡喜的全力以赴，也總是按照自己的節奏，完全專注，全然投入，不被打擾，而且不	＊左腦的作用（文字腦、分析腦、低速記憶腦……）[5] ＊認知、推理、因果、用、目的性 頭腦作用是一種認知、推理的能力。 科學性心智。因果性思考。 頭腦作用強調實用性，具有強烈的目的性導向。 ＊成人狀態（保留、被動、分工、累） 頭腦作用是成年人的工作狀態。 成年人做事總是容易被動而有所保留，也總是能拖就拖，往往只是分出一小部分的生命能量去工作，而且容易疲倦。例子：大人跟小孩玩大人總是先累倒；大狗狗跟小狗狗

---

4 見《老子》28 章。
5 心靈經驗涵蓋了右腦的功能，頭腦作用相當於左腦的功能。左、右腦功能的差異性，詳見本書第三章第二節。

	容易累；但他們說玩就玩，說停就停，也完全不理會別人的目光。	玩，也總是玩不過小狗狗。
	＊第一手整體而準確的覺受（生命的展現、陽性的） ＊不執著、無我意識 心靈經驗還有一個很重要的特徵：不執著。 真正的心靈經驗是全然忘我的。其實心靈經驗是整體經驗，不是個人經驗。湧現愈強的無我意識，愈進入純粹、完整、深刻的心靈經驗之中。	＊後續性的回憶、記錄、分析、整理（歷史的紀錄、陰性的） ＊執著、自我意識→自保、設計、詭計、催眠 相對的，頭腦作用的重要特徵便是：執著。執著自我及與自我相關的一切。 頭腦作用具有強大的自我意識。從這個角度來看，頭腦作用與心靈經驗是絕對對立、矛盾的。所以頭腦作用為了自保，不讓當事人了解生命還有心靈經驗這個更大的可能性（因為無我的心靈經驗一出現，具有強大自我的頭腦作用即消失），於是千方百計的設計出種種詭計，去催眠當事人忘記心靈經驗的存在；或者設法說服當事人：進入心靈經驗是非常困難、全無可能、甚至是危險的。
面對痛苦、氣及生負面情緒的差異反應	＊整體的心靈經驗 ——面對痛苦 整體的面對、擁抱痛苦；跟著超越痛苦，從其中學習痛苦智慧，並發現痛苦背後原來有著更龐大的、更深刻的生命世界；以此方式脫困，事情過後反而會感激痛苦的教育。 ——面對憤怒 憤怒、生氣時，知道踩到生命中隱藏的地雷了。於是開始投入拆雷、治療的工作。	＊局部的頭腦作用 ——面對痛苦 對抗、逃避痛苦，於是反而陷溺在痛苦之中。 ——面對憤怒 踩到地雷，感到受傷，繼續生氣。這是頭腦作用的結果。

　　上表提到心靈經驗與頭腦作用的矛盾性 ── 心靈經驗的無我意識與頭腦作用的自我意識。所以頭腦執著自己的存在，爲了自保，便千方百計的欺騙當事人，務必不讓心靈經驗得到喚醒與覺知。因此，當我們嘗試通過一些身、心、靈工作來喚醒心靈時，頭腦便會同時設計出種種詭計，來催眠我們，譬如說：「喚醒心靈是非常困難的，幾乎是不可能的！所以不要做什麼修行工作了，那會很痛苦，趕快停止！遠離那等於不存在的什麼心靈或神性。」下面舉的一些例子，便是頭腦作用常常使用的一些詭計及藉口：

　　ex：我的頭好暈……好難過……我不能做靜心、不能做身體工作……本來不會頭痛！

　　ex：太累了……流太多汗了！我不能做下去！

　　ex：我的呼吸不順……我不能繼續做呼吸練習！

　　ex：不要做治療……我不要面對、回想過去！太痛苦了！（這是「落跑新娘」效應。）

　　ex：我沒事，我的病好了，不要再找我做什麼治療了！

　　ex：裝快樂！（逃避治療及逃避面對問題。）

　　ex：我真的可能掙脫父母（或男友）的束縛嗎？我真的可以走出生命的陰影嗎？（「懷疑」也是一種頭腦作用的設計。）

　　ex：一直打坐……一直重複同樣的修行工作，好無聊……（「無聊」也是另一種頭腦作用的設計。）

　　ex：修行有用嗎？……我確實在改變，但……那又怎樣？我的人生會更好嗎？……我不知道……（頭

　　　　腦作用往往欺騙我們不要習慣另一種標準及生
　　　　活，而停滯在盲目的生命慣性之中。）

　ex：先解決麵包的問題，再回來修行。（這是許多人
　　　　常用的「頭腦設計及藉口」，但這是不可能的。
　　　　生命必然是整體性的面對與學習，麵包與修行必
　　　　須同時不可偏廢；不然，往往賺夠麵包，要回來
　　　　修行，卻再也回不來了。）

　ex：我現在修的方法太棒，不用面對過去……修「法」
　　　　就好，不用面對自我……（這是高級藉口，用宗
　　　　教、修法的幻象來逃避問題。）

　ex：先幫助別人！（這也是另一種高級逃避 —— 用愛
　　　　別人來逃避愛自己、用高貴情操的幻象來逃避面
　　　　對真正的生命問題。）

　　從上面的舉例可以看到，頭腦的作用會設計出種種巧
妙、複雜的藉口、理由、詭計，來欺騙人們不要進入心靈
及神性，好讓頭腦的作用繼續存在。

　　反省一下：你有常被頭腦作用欺騙或困住嗎？還是你
的生命狀態經常進入心靈的經驗之中？「心靈經驗與頭腦
作用對照表」是一個很好的驗證系統，可以藉此深思、感
受自我的生命是在進化？蛻變？還是在退轉？停滯之中？

　　當然，心靈經驗是不能只用說的，必須通過上文所介
紹的種種身、心、靈工作的法門及技巧，才有可能一探心
靈經驗的內裡乾坤。

二、「頭腦作用」面面觀及覺知在當下

　　通過身心靈的工作，可以引領生命進入心靈經驗之中；但對早已習慣成為「頭腦動物」的我們來說，心靈經驗其實是一種陌生的狀態，我們更熟悉、更局限、更耽溺其中的，其實是頭腦的作用。所以上一節雖然對兩者做了一個「對照組」的說明，但在本節裡，筆者覺得有必要再加強說明頭腦作用的涵義及狀態，因為就像一個銅板的兩面，了解了其中一面，然後翻過來，就是另一面心靈經驗的覺知狀態了。因此，本節討論的重點，就是關於頭腦作用不同面相的觀察。

　　首先看奧修對「頭腦」（Mind）的基本定義：

　　＊頭腦是所有你曾經體驗過的，曾經穿越過的，所有那些已經死去的 —— 頭腦是你存在中已經死去的部份。然而你繼續攜帶著它。它不允許你活在此地，不允許你活在當下，頭腦是過去 —— 那個已死的盤旋翱翔在活著的上面。它就像烏雲環繞著你；你無法看穿它，你的視線不清楚，所有事情都被扭曲了。

　　讓這片雲消失。保持著沒有任何答案、沒有結論、沒有哲理、沒有宗教。保持敞開，就只是敞開；保持是柔弱的，致使真理發生。……[6]

---

6 見《奧修開悟 ABC —— 新時代入門辭典》頁 157。（方智，2004 年 10 月初版。）

＊頭腦不過是一部生物電腦。孩子出生的時候是沒
有頭腦的，他的內在並沒有持續不斷的喋喋不
休，其構造大約要花上三、四年的時間才會開始
運作。你會發現女孩比男孩要早開口說話，她們
是比較大的話匣子，品質較好的生物電腦。

它需要被餵以資訊；因此當你回想一生發生的事
情時，如果你是男人，大約追溯到四歲就想不下
了，女人則大約到三歲的地方，再過來就是一片
空白。這段時間裡你是存在的，一定有很多事情
發生過，一定有很多事件發生過，只是沒有記憶
被錄下來，你才記不起來。[7]

＊頭腦就充滿了許多文字、許多思緒。[8]

＊你的內在有一個頭腦，但它是社會投射到你的內
在而不是你的。……頭腦是意識形態。[9]

上幾段文字的內涵，用一句扼要的話來總結，就是說：
所謂頭腦，即過去經驗所造成的成見。而這種種成見是機
械性的、後天灌輸的、根深蒂固的、跟文字、跟意識型態
有關的。當然，經驗是可貴的，但經驗如果不能消化、吸
收、然後放下，反而會造成生命的障礙。接著，下面幾段
文字進一步談到了一般人無法擺脫頭腦作用的干擾，因為

---

7 見奧修《奧修說自我 —— 從幻象中解脫》，頁 90。（布波出版，民國
　93 年 7 月初版。）

8 見奧修《奧修說自我 —— 從幻象中解脫》，同註 7，頁 91。

9 見奧修《奧修說自我 —— 從幻象中解脫》，同註 7，頁 106。

頭腦是一部一直不停工作的盲目機器，因此這便牽涉到如何給頭腦設置一個「開關」的問題：

＊你可以把每一部電腦都開了又關 —— 但你無法把頭腦關掉。這個開關不存在。……從出生到死亡它都一直工作著。[10]

＊這個喋喋不休就是我們的教育，但它基本上是錯的，因為它只教了你半個過程 —— 如何使用頭腦，沒有教你要如何停止它，讓它能放鬆下來 —— 因為就連你睡覺的時候它也在繼續工作，不知道要睡覺。七十年也好，八十年也好，它都不斷地工作著。……要給頭腦安上一個開關是有可能的，讓你在不需要它的時候就可以把它關掉。它會在兩方面有所助益：帶給你以前從不知道的平靜、寧靜……因為頭腦一直在喋喋不休所以是不可能的，它一直都讓你很忙碌。

其次，它可以讓你的頭腦休息……它就更有能力以更有效率、更聰明的方法把事情做好。……

所以，你會在兩方面 —— 頭腦和存在 —— 都得到益處，你只需要學習如何讓頭腦停止運作，如何對它說：「夠了，現在去睡覺罷。我醒著，別擔心。」

需要頭腦的時候才使用它，那它就會很新鮮、很

10 見奧修《奧修說自我 —— 從幻象中解脫》，同註7，頁91。

年輕、充滿能量和活水……頭腦因為休息過了而
充滿力量，它使用的每一個字都燒著熊熊烈火，
都是力量。[11]

＊一個日夜不停工作的頭腦一定會變得虛弱、呆
滯、無法引人注意，還有點討人厭。……

只有在你需要它的時候才用到，那它就會有旺盛的
活力，每一個它說出來的字都會直入人心。[12]

　　當然，能夠自覺、自如的打「開」或「關」掉頭腦，
這就是生命修養的問題，就是身心靈工作的問題。另外，
除了「開關」，還有另一個象徵與比喻 ──「主人與僕人」。
奧修說：

＊頭腦是生命中最有意義的東西之一，但只有在它
是僕人的時候，當主人的時候則否。你的頭腦一
旦成為主人，問題就來了，你的心取代了你的存
在，接管了你的一切。接著，它就不會聽從你的
命令，反而會命令你。

我並不是要去摧毀你的頭腦，它是存在中進化最
高的東西之一。我的意思是：「要小心不要讓僕
人變成主人。」

記住：第一個出現是你的存在，其次是你的心，
第三才是你的頭腦……頭腦是邏輯……它非常有
用，在世俗裡沒有頭腦的話就無法存在……你應

---

11 見奧修《奧修說自我 ── 從幻象中解脫》，同註 7，頁 92 至 93。
12 見奧修《奧修說自我 ── 從幻象中解脫》，同註 7，頁 94。

　　該使用它，而不是被它使用，這差別很大。

心沒有實用的用途，沒有想要達成的目標，它就像一朵玫瑰。頭腦可以給你麵包，但頭腦無法給你喜悅，無法讓你歡慶生命，它很嚴肅，無法容忍笑聲，沒有笑聲的生命就達不到人類的標準，變成了次人類，因為在整個宇宙裡只有人類有笑的能力。……

嚴肅是一種疾病，是靈魂的癌症……

我們被頭腦控制著，所有的創造力都為毀滅所用；人們正因飢餓而死去，頭腦正試圖堆積更多的核子武器。人們在挨餓，頭腦卻正嘗試登陸月球。

頭腦毫無慈悲之心。要有慈悲、愛、喜悅、笑聲的話……一顆從頭腦的監禁中被釋放出來的心是需要的。

耶穌這句話說得對：「人不能只靠麵包過活。」但頭腦只能供應麵包……因此我要你讓一切各歸其位：如果在頭腦和心之間有衝突發生的話，第一個要傾聽的應該是心，在愛和邏輯間的衝突裡，邏輯不該有決定權，心才應該有決定權。……

在你的心之上是存在，就像頭腦是邏輯而心是愛一樣，存在是靜心。……

我不是反對頭腦……我要你成為一個交響樂團。……

除非屋子裡洋溢著愛，否則就不是一個家，仍舊是一間房子。如果你在家裡可以找到一些做靜心的時間，來體驗自己的存在，家便升高到最高點，成為

一間殿堂。

這一間房子……對頭腦來說它是一間房子，對心來說它是一個家，對存在來說它是一間殿堂。……一間房子如果沒有擁有這三個層面便不完整……

一個人如果沒有擁有這三個層面，即沒有處於深度和諧之中……[13]

所以，這是一個「選擇」，一個生命方向的選擇：選擇頭腦的開或關、選擇僕人或主人、選擇頭腦或平靜、選擇奴役或自由、選擇頭腦或覺知、選擇聽頭腦的話或不聽頭腦的話。所以必須先行了解頭腦作用的「定位」，修行者才有機會勾選正確的選項：

*讓頭腦休息一下吧，它很需要：只要觀照……漸漸地，頭腦會學著寧靜下來。一旦它知道寧靜能讓它變得強而有力……使得它們變得直接有力，就像箭一樣，它們會越過邏輯的屏障直入心門。那麼頭腦就是在寧靜的掌控之下，一個強而有力的僕人。

存在便是主人，主人可以只在需要的時候才使用僕人，不需要的時候就把它關掉。[14]

*平靜和頭腦是兩條平行線。……

頭腦或平靜；選擇權在你手上。平靜是非常普通、平凡、簡單的現象，而你正在體驗它，但是頭腦

---

13 見奧修《奧修說自我 —— 從幻象中解脫》，同註 7，頁 102 至 105。
14 見奧修《奧修說自我 —— 從幻象中解脫》，同註 7，頁 95。

不斷地在旁邊給予評論：「一定還有更好的。別停下來，繼續追尋。」

你必須對頭腦說：「閉嘴！」這是你的頭腦，而你絕對有權利叫它閉嘴，說你對這種「還要更多、更多……」的胡言亂語沒有興趣。

享受你擁有的一切，你愈享受它，它成長得愈大……頭腦想要多更多，卻變得愈來愈擔憂。[15]

＊你的頭腦並不年輕，它已經有幾百幾千歲了……生命的目的不是被奴役，而是要品嚐自由。

像真理這樣的東西的確存在，但是你用頭腦將永遠無法認識它，因為這個頭腦充滿了被重複好幾世紀的謊言。當你完全把頭腦放在一邊，你就可以找到真理，以新鮮的眼光來看存在，就像新生的小孩一樣……你和存在深深地和諧一致的片刻就會來臨……[16]

＊恐懼是頭腦的一部分。……

頭腦真的害怕靠近任何會帶來更多覺知的東西，這樣頭腦的末日便到了，會是頭腦之死。

但是對你來說不用恐懼。頭腦之死將會是你的重生，真正生命的開始。……你應該歡慶頭腦之死，因為這是最大的自由……

頭腦是監牢。

---

15 見奧修《奧修說自我 —— 從幻象中解脫》，同註7，頁100至101。
16 見奧修《奧修說自我 —— 從幻象中解脫》，同註7，頁110至111。

> 覺知把你弄出監牢，或是了解到它從來沒有進入
> 監牢，它只是以為自己身在監牢中。所有的恐懼
> 都消失了。……
>
> 生命最偉大的發現、最珍貴的寶藏，就是覺知。[17]
>
> *如果你聽頭腦的話，永遠也不會滿足；如果你不
> 聽頭腦的話，此刻就滿足。……頭腦永遠都會保
> 持悲慘的狀態，想要得更多，這個慾望是永無止
> 盡的。[18]

你要做怎樣的選擇呢？選擇頭腦、還是覺知？選擇奴役、還是自由？選擇僕人、還是主人？其實，上文關於種種「選擇」的說法，可以用一句話來歸納，就是「超越頭腦的作用」：

> *英文裡用來表達思考過程的字只有一個，就是「頭
> 腦（mind）」……佛陀和菩提達摩的哲學全在於
> 如何超越這個思考過程。[19]

「超越頭腦作用」是一個基本的方向，但頭腦的作用強大而頑固，所以路是漫長的，超越的過程是艱辛的，而在超越的過程中，頭腦會製造許多似是而非、魚目混珠的謊言：

> *希特勒在自傳中寫道：「你說什麼都行，因為根
> 本沒有真理這種東西。真理是不斷被反覆的謊言，

---

17 見奧修《奧修說自我 —— 從幻象中解脫》，同註 7，頁 123 至 124。
18 見奧修《奧修說自我 —— 從幻象中解脫》，同註 7，頁 98。
19 見奧修《奧修說自我 —— 從幻象中解脫》，同註 7，頁 89。

被重複太多遍了，以致你忘記它是個謊言。」[20]

是的！「謊言」是頭腦作用的產物之一，同樣的，上文所提到的擔憂、奴役、恐懼、監牢、悲慘狀態，也通通都是頭腦作用的製成品。而這種種頭腦作用的狀態，「第四道」用一個詞來總結：「機械性」。而「機械性」的終極表現，就是人本身變成了機器，變成了盲目的頭腦機器。在這裡，「第四道」也表現出對頭腦作用的深刻認識：

　　＊有另外一種機械化是更危險的：就是人本身成為機器。你曾否想過這個事實：所有的人本身就是機器？……藝術、詩歌、思想……這些活動恰恰如同其他的事物一般機械化。人是機器；除了機械性的行動以外，你不能從一部機器盼望什麼。……但要停止作機器是有可能的。[21]

要停止機械性的頭腦作用，需要大量、漫長的身、心、靈工作，即像上文所說的，過程並不容易。進一步，「第四道」有兩個很有名的寓言，可以幫助我們更深入了解關於頭腦的機械性及謊言的強大作用力，這兩個寓言是有關「逃獄」及「催眠」的。

寓言 1：逃離監獄[22]

「第四道」大師葛吉夫常常談到「監獄」與「逃離監

---

20 見奧修《奧修說自我 —— 從幻象中解脫》，同註 7，頁 109。
21 見 Peter D·Ouspensky 著，黃承晃等譯《探索奇蹟》，頁 23 至 25。（方智，1999 年 7 月初版）。
22 關於「逃離監獄」與「魔法師的催眠」兩個逃獄的寓言，見《探索奇蹟》，同註 21，頁 42 至 43、及頁 286。

獄」的例子。葛吉夫認為人生如夢，就像一座監獄，每一個夢中人都是牢囚。如果要逃離「自我」的牢獄，從「自我囹圄」越獄，首先必須了解被囚禁的生存實況。佛學「四聖諦」苦、集、滅、道也是從「苦諦」開始，先得了悟「苦」的人生本質，才會想方設法從中脫困，如果不了解這生存本質，甚至以苦為樂，「逃獄」之道即缺乏了開始的動機。有了逃獄的渴望，接著要得到曾經逃獄成功的人的幫助及建議，要具備逃獄的知識，要擁有逃亡的工具，要定下逃跑的策略，要開始慢慢在牆角挖地道，最好還能有一個逃獄的組織相互掩護支援……修行之道或覺醒之道就是一個逃獄的歷程，逃離監獄，逃離夢，逃離自我的困限與執著。但葛吉夫說在種種越獄的條件中以「**人必須明白他是在監獄中**」為首要條件，因為只要不明白這個重點，只要囚犯錯覺自己是自由的，逃獄之道即不可能開展。事實上要做到這一點是困難的，不是每個生命都能輕易了悟人生的本質，尤其許多老囚犯還會恐懼、逃避外面自由的天地。

　　藏密大師索甲仁波切也說：「**我們自以為崇尚自由，但一碰到我們的習氣，就完全成為它們的奴隸了。**」仁波切還舉了一首「人生五章」的詩說明習氣（夢、監獄、頭腦作用）的深重與難以逃離。[23]當然，這裡仁波切所說的習氣，即是本文所談的頭腦作用：

23　索甲仁波切的話語與詩見索甲仁波切著，鄭振煌譯《西藏生死書》頁52-53。（張老師文化，1996年9月初版。）

1.我走上街，

人行道上有一個深洞，

我掉了進去。

我迷失了……我絕望了。

這不是我的錯，

費了好大的勁才爬出來。

2.我走上同一條街。

人行道上有一個深洞，

我假裝沒看到，

還是掉了進去。

我不能相信我居然會掉在同樣的地方。

但這不是我的錯。

還是花了很長的時間才爬出來。

3.我走上同一條街。

人行道上有一個深洞，

我看到它在那兒，

但還是掉了進去……

這是一種習氣。

我的眼睛張開著，

我知道我在那兒。

這是我的錯。

我立刻爬了出來。

4.我走上同一條街，

人行道上有一個深洞，

　　我繞道而過。

　　5.我走上另一條街。

走上另一條街？是意指從習氣、業力慣性、頭腦作用逃出來嗎？還是指掉進另一種頭腦作用之中？要超越頭腦作用的謊言及機械性，真是不容易。跟著，第二個寓言，是關於魔法師的催眠的。

　　寓言 2：魔法師的催眠

　　不只有個人自設的夢局，生活中更充斥種種集體催眠的機制。葛吉夫即曾說過一個魔法師催眠羊群的故事：

> 有個東方故事，描述一個很有錢的魔法師養了一大群羊，但他非常小氣，不肯雇用牧羊人，也不願在羊群吃草的地方圍籬笆。羊群經常漫遊到森林中或是掉進峽谷裡，更嚴重的是牠們會逃跑，因為牠們知道魔法師要牠們的皮肉，牠們可不願意。

> 最後魔法師想到了一個法子，他催眠他的羊群，首先暗示牠們是不朽的，剪毛對牠們一點也無害，甚至有好處，而且愉快；其次他示意自己是一個好主人，他愛牠們如此之深，以致於願意為牠們做任何事；第三點他暗示萬一真有事情發生到牠們身上，也不會在當時發生，至少當天不會發生，因此，牠們不須為此擔心。魔法師又進一步暗示說，牠們根本不是羊；牠們有些是獅子，有些是老鷹，有些是人，另外一些則是魔法師。

> 從此，所有他對羊群的顧慮與擔心便告結束，牠們

不再逃跑，只是安靜等候魔法師某一天到來，取走
牠們的皮和肉。

這個寓言說出了人生的實況，眾生是做著不同夢境的羊群，人間處處是頭腦作用集體催眠的機制。索甲仁波切稱這種人間的催眠性機制為「奇異衝力」，他說：

我們的生活似乎在代替我們過日子，生命本身具有
的奇異衝力，把我們帶得暈頭轉向；到最後，我們
會感覺對生命一點選擇也沒有，絲毫無法作主。[24]

解除催眠、超越頭腦，理論上是可能的，但實修上非常困難，即使偶然在惡夢中一身冷汗睜眼驚醒，但覺醒的力道曇花一現，頭腦作用又會以十倍的威力讓你繼續沈睡，甚至在夢中以為已經清醒，以迷為悟，做夢中夢，「頭腦魔法師」會想方設法，不讓你我有一點覺醒的機會。

在另外的一些論述裡，頭腦作用有時候被稱為「緩衝器」。緩衝器是減緩、降低、調節「內在的覺知、真我」與「充斥機械性、謊言、催眠等等頭腦作用的外在世界」的矛盾與衝突的一種機制。也就是說，緩衝器讓「真實世界」與「頭腦世界」的衝突不致於白熱化。說穿了，緩衝器其實是一種保命的裝置，緩衝器為我們贏得了麵包、保障了生存，卻因此犧牲了生命中覺知、歡慶、與自由的可能性。即像前文所說的，生命不只需要麵包，也同時需要覺知、自由、與歡樂；說到底，這還是上文所說「僕人與

---

24 見《西藏生死書》，同註 23，頁 35。

主人」混淆的問題。緩衝器會通過種種手段，說服、催眠、或打壓我們的覺知與真我（真我、或生命的本質，是通向覺知與真理世界最好的方便法門），好讓它們不要出現，然後隨著每個生命不同的獨特性而形成一套獨特的緩衝機制，而目的都是為了幫助假我（真我被壓制後出現的自我）能夠順利的融入充滿頭腦作用的謊言世界之中。原來這是一個不能容忍獨特與不同的世界！原來這是一個需要所有人一起說謊的世界！原來這是一個不能忍受覺醒與自由的世界！原來這是一個真我不被見容的世界！原來這是一個需要毀滅珍貴的覺知的世界！原來這是一個要求所有人同流合污的世界！這個世界需要緩衝器，透過緩衝器來催眠覺知、打壓真我、製造假我，緩衝器幫助頭腦世界維持在不進化、不成長、不覺醒的狀態之中。

而由於每個生命天生的本質不同，所以緩衝器會因應每個生命的獨特性而發展出不同的運作方式，下文舉幾個例子。

例 1：塑造嚴肅性格的緩衝器

譬如案主 A 是一個天生充滿理想性格、自在放鬆（甚至有一點小散漫）、嚮往自由的人。這是案主 A 的真我及生命的本質。這樣的人最適合的，是走上一條享受歡樂、練習覺知、追尋真理的道路。但一個充斥頭腦作用的社會怎麼能容許一個覺知者的出現，於是頭腦社會為案主 A 長期量身打造一個緩衝器，通過緩衝器說服 A 說：「人長大了，不能那麼天真了，做白日夢是小孩子的事情，已經是

大人了還在做小孩子的夢就是一種不負責任的行為。你知道嗎？這個社會多麼嚴峻啊！生存的壓力多大啊！賺錢多麼不容易啊！所以人漸漸的長大最重要是懂得努力的學習與工作啊！你知道嗎？嚴格的說，享受是一種罪惡，歡樂是危險的，放鬆是不負責任的，趕快忘記孩子氣的夢罷！努力謀生與工作才是人生的正途。」緩衝器長期催眠案主A，目的是要摧毀 A 生命中珍貴的理想性格。於是經歷頭腦社會長時間的教育、打壓、及催眠，緩衝器形成了，假我出現了，案主 A 被塑造成了一個嚴肅、緊張、正經八百、努力工作、拒絕玩樂、一絲不苟、精於計算、但也是不快樂的人，因為 A 原本那個放鬆自在、嚮往真理的真我被壓抑在生命底層暗自啜泣哩！

　　例 2：塑造圓滑性格的緩衝器

　　案主 B 是一個天生性格直率、敢於直言、富正義感、直覺敏銳的人。這是案主 B 的真我及生命的本質。同樣的，頭腦社會怎麼能容忍一個直言者去戳破社會中充滿謊言與虛偽的真相？又怎能容許一個直率者去打破頭腦社會共同的遊戲規則？因為如果讓案主 B 順利的成長，他可能會直率的說：「你們花了那麼多的時間與精力去工作真的有需要嗎？人需要賺那麼多的錢嗎？你們太過誇張謀生的壓力了。其實，求取基本溫飽根本不是那麼困難的事，太拼命做事反而會造成資源的浪費與環保的問題。而且你們花了太多時間去做欺騙、說謊、隱瞞、計算、傷害別人的事，而這些事情其實都跟謀生無關啊！」這樣的直言是頭腦社

會所無法忍受的，於是只好為案主 B 長期量身打造另一種緩衝器，催眠 B 說：「說話那麼直是很孩子氣的事啊！這樣講話的方法在別人的眼中是很不懂事的，你知道這樣講話會造成多少人的尷尬與傷害嗎？人長大了，有些話必須換另一種方式說，必須拐個彎說，甚至有些話是不能說的。這不是欺騙，也不是撒謊，而是一種禮貌、謹慎、為別人著想的行為。」緩衝器要催眠 B 認同直接不是解決問題的最好方法，直言不是發現問題的最好方式，誠實有時候不是一種美德……對頭腦社會而言，一個會說謊的緩衝器是必須的，它是一個掩埋真相、避免觸發痛苦的必要機制。當然，對性格直率的案主 B，緩衝器也會同時採用處罰及傷害的方法，只要 B 一出現直率的言行，即回報以痛苦的懲罰。長期下來，緩衝器終於形成了，假我出現了，案主 B 被塑造成了一個性格圓滑收斂、說話含蓄得體、待人謹慎溫和，但也絕不會再在人前說真話的人了。原先那個性格直爽的 B 不見了！只能躲在心靈深處的一個陰暗角落裡不敢抬頭。

　　例 3：塑造戰鬥性格的緩衝器

　　在這個例子裡，我們反而假設案主 C 是一個天生性格細膩、溫柔、內向、文靜、平和、愛美的男孩。這是案主 C 的真我及生命的本質。這樣的人很可能走向藝術、文學的工作及內心的世界。但充斥頭腦作用的社會也是不能容忍一個追求內心平靜及美感世界的男孩子的存在的。男孩子？不就是天生競逐權力的動物嗎？怎麼可以有例外呢！

加入頭腦社會的種種生存競爭，不是每一個男孩子的天職嗎？於是緩衝器會長期說服、催眠 C 說：「男孩子長大了，要像一個男子漢，男子漢就要做男子漢該做的事，什麼玩樂器、畫畫、跳舞、學文學，那是女孩子幹的事啊！成熟的男人怎麼可以那麼娘娘腔呢！你看哪一個藝術家不都是多愁善感、亂愛哭的，欸！男兒有淚不輕彈啊！真正負責任的男人是不會去寫詩、彈琴、跳舞的……還有什麼追求真理、追求內心平安，更是玄得不能再玄的事情，真正的男子漢要去做一些真正有用的事，男子漢天生的命運就是要去打倒阻擋你道路的敵人。」緩衝器通過長期的羞辱與壓抑來催眠案主 C 不要當一個很娘與沒出息的男人，於是 C 慢慢被催眠必須當一個強悍、有用、粗魯、外向、善於戰鬥、有競爭力、有上進心的男人的觀念。但這樣的人生選擇與生命底層的本質完全相反，如果沒有反抗的機會，那喜歡藝術的熱情與追尋內在的渴望，便只好在生命的暗夜裡默默悲泣！

　　有沒有注意到上文三個例子有一個共通點，就是都印證了緩衝器是必須通過長期的「後天教育」塑造形成的。這「後天教育」包括了家庭教育、學校教育、社會教育、以及文化傳統的教育；整個頭腦社會的教育機制長期鏤刻每一個人不同的個性、假我、及外殼，總名之為「緩衝器」；緩衝器撫平了真理與麵包之間的對立，保障了生存，但也犧牲了生命更大的可能性。所以緩衝器必須被拆除，然後生命的本質才可能重現，覺知才可能被喚醒。但立即拆除、

破壞整個緩衝器可是非常危險的動作，因為會導致真理與麵包、真我與假我、覺知世界與頭腦世界、靈性成長與基本生存之間完全失去緩衝而進入即時的戰爭狀態，也就是讓真我在全然沒有掩體的保護下暴露在頭腦世界鋪天蓋地的攻擊之中。我們回到上文的三個例子具體說明：

例1：如果案主A立即完全拆除嚴肅性格的緩衝器，而釋放充滿理想、自在放鬆、嚮往自由的真實自己，會立即受到整個頭腦社會四方八面的攻擊 —— 太天真、太自私、愛做白日夢、不負責任 —— 案主A得承受被逼迫變成社會邊緣人的輿論壓力及生存威脅。

例2：如果案主B立即完全拆除圓滑性格的緩衝器，而釋放直率、直言、富正義感的真實自己，會立即受到整個頭腦社會致命的攻擊 —— 異議份子、破壞份子、叛逆份子、破壞社會秩序的敵人 —— 頭腦社會不會容許拆穿謊言的直言者的存在，所以歷史上不是有著許多天真熱誠、正直敢言的天才型人物，最後都落得鬱鬱而終的下場嗎！

例3：如果案主C立即完全拆除戰鬥性格的緩衝器，而釋放細膩、溫柔、內向、文靜、的真實自己，會立即受到整個頭腦社會的輕蔑與侮辱 —— 沒出息、太軟弱、缺乏男子氣概、沒種 —— 案主C得忍受成為主流社會價值觀所排斥的寂寞心靈。

　　所以拆除緩衝器，要一點一點的、緩慢的、有序的、謹慎的、漸進式的、有技巧的拆除。在長期觀察自己、了解自己、工作自己的過程中，一點一點的了解緩衝器的形成歷史及運作模式、一點一點的給予拆除及鬆動、一點一點的發現及喚醒真正的自我、一點一點的增益靈性及覺知、然後一點一點的讓生命顯露在沒有緩衝器的危險之中（漸進式的危險即大大降低了衝突的危險性）、也學著如何一點一點的同時兼顧靈性成長及基本生存。這也正是前文所說的主人與僕人的隱喻 ── 身心靈成長的目的不是要毀了僕人，僕人是有用的，但首先必須要讓主人出頭。魚與熊掌，是可以兼得的，但必須學習成熟、漸進、圓融、靈活的魔法師一般的手段。

　　觀察過「頭腦作用」不同的面相，接著，我們由反談回正，最後一次強調及說明「心靈經驗」中一項可能是最主要的特性，作為討論身、心、靈工作的最後一個音符，那就是：活在當下，不！更正確的說法應該是：「覺知在當下」的生命境界。

　　在上一節的「心靈經驗與頭腦作用對照表」中「體：本體的狀態」的第二項，說：「**心靈經驗是一種活在當下的存在感受。**」那是一種真實生命的存在感。而相對的：「**頭腦作用讓人一直活在過去的情感煩惱與未來的緊張壓力中。**」所以過去與未來是屬於頭腦作用的。這是一個很重要的分野 ── 當下與「過、未」、當下與緊張感、當下與自我感的分野。關於其中的內涵，在本書第九章第二節

「跑步禪」的第（8）點，已有所論述，請讀者自行翻閱前文（頁 90 至 91）。總之，「頭腦作用」無法信任、進入當下；唯有放下頭腦、取消自我、拆掉緩衝器，才能自然而然的進入當下的生命之流。奧修說：

> 頭腦無法信任當下這個片刻，它總是害怕，所以它會計劃。是恐懼在計畫；透過計畫，你錯過了每一件事 —— 每一件美好和真實的事，每一件神聖的事，你都錯過了。
>
> 生命是如此的一個流動，沒有一樣東西可以保持不變，每一樣東西都在移動。赫拉克賴脫曾經說過，你無法踏進同一條河流兩次 —— 你怎麼能夠計畫？等你踏進第二次，就已經有很多水流過去了，它已經不再是同樣的河流了。[25]

無法重複及計畫，這才是真實的生命經驗、心靈經驗。

最後，還有一個問題需要稍稍解說一下：爲什麼筆者喜歡「覺知在當下」這個詞更甚於「活在當下」？「活」，其實是一個好字，但也是一個需要解釋的字，「活」指的是什麼意思呢？至於「覺知」，則是一個明確的用語 —— 佛陀是「覺者」，身、心、靈工作也是要追尋心靈的覺醒；「覺知」，讓我們回歸真理大道而不會犯錯[26]。其實，「覺

---

25 見奧修《生命的遊戲》，頁 292。（奧修出版社，2002 年 9 月初版。）
26 奧修說：「在覺知下，你的所做所爲必是正確無誤，因爲人在覺知的狀態下不會犯錯。」見《奧修說自我 —— 從幻象中解脫》「內頁題辭」，同註 7。

知」與「當下」兩個名言有著非常強烈的同義詞的味道
── 活在當下，代表生命處於真實的覺知狀態，同樣的，
人只要能做到真實的覺知，自然會回歸當下。當然，不管
「活在當下」或「覺知在當下」，都是一個怎麼談都談不
完的根本大法，本書將之作為身、心、靈工作的最後一個
回歸，也許，其中蘊含的深意是：身、心、靈工作是一條
沒有目的地的道路，也根本不需要有目的地，如果一定需
要一個目的地，那麼，這，當下，覺知的活在當下，就是
修行道路的終點站與目的地罷。好好享受踏足在這「當下
之河」的沁涼感覺，「你無法踏進同一條河流兩次」，每
一段當下的流水都是唯一、獨一、不會重複的。

　　這就是身、心、靈工作的終極回歸。覺醒的、全然的
踏足在一個片刻接著一個片刻的生命流水之中，這，就是
當下之河！就是覺性之河！就是回歸之河！就是成道之
河！這，就是，佛之河！

本書圖表一覽

參考書目

＊古代經典

1.《周易》與《易傳》

2.春秋·孔子《論語》

3.戰國·孟軻《孟子》

4.宋·陸九淵《陸象山全集》

5.明·王陽明《傳習錄》

6.東漢·許慎《說文解字》

7.春秋·老子《老子》

8.戰國·莊周《莊子》

9.明·憨山大師著《老子道德經憨山解·莊子內篇憨山註》
新文豐，民國 74 年 12 月二版

10.《金剛經》

11.唐·禪宗六祖慧能《六祖壇經》

12.伊德里斯·夏輯，孟祥森選譯《蘇菲之路》 聯經，民
國 75 年 12 月初版

13.泰戈爾《漂鳥集》

＊奧修的書

1.奧修《身心平衡》　　生命潛能，2003 年 8 月初版

2.奧修《靜心與健康 上下冊》　　奧修出版社，1996 年 9 月初版

3.奧修《靜心冥想》　　奧修出版社，1989 年 12 初版

4.奧修《靜心觀照》　　奧修出版社，2001 年 10 月初版 10 刷

5.奧修《靜心之路》　　奧修出版社，2001 年 3 月初版 2 刷

6.奧修《橘皮書 ── 奧修的靜心技巧》　　奧修出版社，2001 年 7 月初版 11 刷

7.奧修《靈魂之藥 ── 讓身心放鬆的靜心與覺察練習》　　生命潛能，2005 年 4 月初版

8.奧修《脈輪能量書 I II》　　生命潛能，2004 年 9 月初版

9.奧修《覺察 ── 品嘗自在合一的佛性滋味》　　生命潛能，2004 年 12 月初版 2 刷

10.奧修《奧修說自我 ── 從幻象中解脫》　　布波出版，民國 93 年 7 月初版

11.奧修《找尋奇蹟 上下冊》　　奧修出版社，2003 年 4 月初版

12.奧修《與先哲奇人相遇》　　生命潛能，2004 年 6 月初版

13.奧修《智慧金塊》　　奧修出版社，1992 年 3 月初版

14.奧修《生命的遊戲》　　奧修出版社，2002 年 9 月初版

15.奧修《奧修開悟 ABC ── 新時代入門辭典》方智，2004

年 10 月初版

16.奧修《老子道德經 卷一至卷四》　　奧修出版社，1995 年 12 月初版

17.奧修《莊子 ── 空船》　　奧修出版社，2003 年 5 月初版 6 刷

18.奧修《信心銘》　　奧修出版社，2001 年 6 月初版 7 刷

19.奧修《禪宗十牛圖》　　奧修出版社，1999 年 6 月初版 2 刷

20.奧修《蘇菲靈性之舞》　　生命潛能，2003 年 6 月初版

＊ 第四道的書

1.Peter D・Ouspensky 著，黃承晃等譯《探索奇蹟》
　　　　　　　　　　　　　　方智，1999 年 7 月初版

2.Peter D・Ouspensky 著，楊翠華譯《第四道》
　　　　　　　　　　　　　　楊翠華出版，1997 年 5 月再版

3.George Ivanovitch Gurdjieff 著，黃承晃譯《來自真實世界的聲音》
　　　　　　　　　　　　　　方智，2000 年 7 月初版

4.Susan Zannos 著、劉蘊芳譯《人的形貌 ── 身體與性格探索》
　　　　　　　　　　　　　　方智，2000 年 11 月初版

5.George Ivanovitch Gurdjieff 著，劉蘊芳、黃梅峰譯《與奇人相遇 ── 第四道大師葛吉夫的靈修之路》
　　　　　　　　　　　　　　方智，2000 年 6 月初版

＊其他著作

1. 勞思光《中國哲學史 卷一至卷三下》 三民書局，民國 70 年 2 月初版

2. 牟宗三《中國哲學十九講》 學生書局，民國 72 年 10 月初版

3. 牟宗三《中國哲學的特質》 學生書局，民國 76 年 10 月初版 6 刷

4. 唐君毅《中國文化之精神價值》 正中書局，民國 68 年 9 月二版

5. 唐君毅《人生之體驗》 學生書局，民國 74 年 1 月校訂版

6. 唐君毅《人生之體驗續編》 學生書局，民國 67 年 12 月三版

7. 唐君毅《病裏乾坤》 鵝湖出版社，民國 73 年 5 月二版

8. 徐復觀《中國思想史論集》 學生書局，民國 64 年 5 月四版

9. 徐復觀《中國人性論史・先秦篇》 台灣商務印書館，民國 73 年 4 月七版

10. 梁漱溟《東西文化及其哲學》 九鼎出版，民國 71 年 12 月初版

11. 梁漱溟《中國文化要義》 里仁書局，民國 71 年 9 月初版

12. 梁漱溟《人心與人生》 谷風出版，民國 76 年 9 月二版

13.梁漱溟《東方學術概觀》　　駱駝出版，民國 76 年 8 月初版

14.錢穆《人生十論》　　東大圖書，民國 71 年 7 月初版

15.方東美《中國哲學之精神及其發展》　　成均出版，民國 73 年 4 月初版

16.方東美《中國人生哲學》　　黎明文化，民國 73 年 1 月五版

17.方東美《原始儒家道家哲學》　　黎明文化，民國 72 年 9 月初版

18.方東美《生生之德》　　黎明文化，民國 71 年 12 月四版

19.曾昭旭《論語的人格世界》　　漢光文化，民國 76 年 12 月二版

20.曾昭旭《讓孔子教我們愛》　　台灣商務印書館，2004 年 12 月初版

21.李澤厚《中國古代思想史論》　　谷風出版，民國 76 年 9 月二版

22.束景南《中華太極圖與太極文化》　　蘇州大學出版社，1994 年 9 月初版

23.葛榮晉主編《道家文化與現代文明》　　北京中國人民大學出版社，1997 年 1 月初版 2 刷

24.南懷瑾《道家密宗與東方神秘學》　　老古文化，1998 年 11 月初版 18 刷

25.南懷瑾《靜坐修道與長生不老》　　老古文化，1997 年 5 月二十三版 9 刷

26. 南懷瑾《如何修證佛法》　　老古文化，1995 年 9 月八版 5 刷

27. 南懷瑾《中國佛教發展史略述》　　老古文化，1992 年 2 月四版

28. 南懷瑾《金剛經說甚麼》　　老古文化，1993 年 2 月三版

29. 于凌波《簡明佛學概論》　　東大圖書，民 80 年 3 月初版

30. 釋一行《步步安樂行》　　陪達出版社，1995 年 3 月初版 2 刷

31. 鄭石岩《禪・生命的微笑》　　遠流，1992 年 1 月初版 52 刷

32. 游乾桂《用佛療心》　　遠流，1999 年 11 月初版 5 刷

33. 索甲仁波切著，鄭振煌譯《西藏生死書》　　張老師文化，1996 年 9 月初版

34. 張宏實編著《圖解西藏生死書》　　橡樹林文化，2005 年 10 月初版 4 刷

35. 高登海《佛家靜坐方法論》　　台灣商務印書館，2000 年 5 月二版

36. MaharishiMaheshYogi 著，沈慈雲譯《超覺靜坐》方智，1999 年 7 月初版 2 刷

37. 七田真著、盧兆麟譯《右腦智力革命》　　創意力文化，1997 年 8 月初版

38. 春山茂雄著、魏珠恩譯《腦內革命》　　創意力文化，

2001 年 4 月二版 13 刷

39.葛羅夫、班奈特著，方明譯《意識革命 —— 人類心靈的終極探索》 生命潛能，1997 年 1 月初版

40.羅莎琳‧布魯耶著，王明華譯《光之輪 —— 認識人體能量場》 世茂出版，1997 年 5 月初版

41.L‧羅恩‧賀伯特《戴尼提 —— 現代心靈健康科學》 快樂出版，2001 年 8 月二版

42.L‧羅恩‧賀伯特《自我分析》 快樂出版，2004 年 12 月初版 2 刷

43.肯恩‧戴特沃德著，邱溫譯《身心合一 —— 肢體心靈和諧的現代療法》 生命潛能，1998 年 9 月初版

44.栗山茂久著，陳信宏譯《身體的語言 —— 從中西文化看身體之謎》 究竟出版，2001 年 2 月初版 2 刷

45.瑪加‧奈思特著，邱溫譯《肢體療法百科》 生命潛能，1999 年 12 月初版

46.John J.Medina 著，張琰譯《肉體年限》 閱讀地球，2004 年 4 月初版

47.王義炯《人體面面觀》 業強出版，1996 年 8 月初版

48.王唯工《氣的樂章》 大塊文化，2003 年 2 月初版 7 刷

49.露易絲‧賀（Louise L.Hay）著，黃春華譯《創造生命的奇蹟》 生命潛能，1999 年 4 月初版 11 刷

50.胡潔瑩《我要放鬆 —— 實用身心鬆弛法》 香港明窗出版社，2001 年 5 月初版

51.李宗芹《傾聽身體之歌 —— 舞蹈治療的發展與內涵》

心靈工坊，2003 年 9 月初版 4 刷

52. 李宗芹《非常愛跳舞 —— 創造性舞蹈的心體驗》　　心靈工坊，2002 年 12 月二版

53. 佛洛姆（Erich Fromm）著、孟祥森譯《生命的展現 —— 人類生存情態的分析》　遠流，1989 年 6 月初版

54. James Redfield 著，李永平譯《聖境預言書》　遠流，1996 年 4 月初版 3 刷

55. James Redfield 著，李永平譯《靈界大覺悟》　遠流，1997 年 3 月初版

＊期刊論文

1. 曾昭旭〈從仁者不憂、知者不惑、勇者不懼論宗教的保合太和之道〉　《宗教哲學》頁 63-70，民國 97 年 3 月出版

2. 劉大椿〈在科學與宗教之間：一個新的視角〉　《哲學與文化》第 408 期，頁 61-72，民國 97 年 5 月出版

3. 王守益〈意識的無所不在說 —— 從愛因斯坦主導的 EPR 實驗談起〉　《佛學與科學》頁 25-36，民國 97 年 1 月出版

4. 李匡郎〈禪的修行之道 —— 十牛圖頌的修行歷程〉　《哲學與文化》第 35 卷 11 期，頁 57-84，民國 97 年 11 月出版

5. 石朝穎〈禪學與哲學的心靈療養〉　《普門學報》第三期，頁 180-195，民國 90 年 5 月出版

6.鄭錠堅〈「太極兩儀三才八卦論」的深層思考──中國
文化原型的物理詮釋〉　　《萬竅──中華通識學刊》
第一期，中華大學通識教育中心，民國 94 年 5 月出版

7.鄭錠堅〈從老子哲學印證『八不律』的生命智慧〉　　《萬
竅──中華通識學刊》第三期，中華大學通識教育中心，
民國 95 年 5 月版

8.王邦雄〈論身心靈三層次的生命安立之道〉　　《鵝湖》
頁 8-15，民國 91 年 4 月出版

9.紀俊吉、謝秀芳〈論運動與宗教信仰〉　　《大專體育》
頁 69-74，民國 97 年 10 月出版

10.王開府〈歸零──東方宗教的身心靈修養〉　　《孔孟
月刊》頁 44-46，民國 97 年 10 月出版

11.陳素英〈身心靈與宗教信仰〉　　《孔孟月刊》頁 47-50，
民國 97 年 10 月出版

12.司樂奇著、高凌霞譯〈宗教與科學對談：身心靈之治療〉
《輔仁宗教研究》第十四期，頁 1-11，民國 96 年 2 月
出版

13.林綉亭〈奧修靜心與身心靈自我調整療癒研究〉　　《親
民學報》第十期，頁 129-149，民國 93 年 8 月出版

＊工具書

1.韋政通《中國哲學辭典》　　大林出版社，民國 72 年 7
月五版

2.《哲學辭典》　　台灣商務印書館，民國 77 年 7 月臺六版

3.吳楓、宋一夫主編《中華儒學通典》　　大陸南海出版公司，1992 年 8 月初版

4.張其成主編《易學大辭典》　　北京華夏出版社，1992 年 2 月初版

5.吳楓、宋一夫主編《中華道學通典》　　大陸南海出版公司，1994 年 4 月初版

6.卿希泰主編《中國道教》　　上海東方出版中心，1994 年 1 月初版

7.《佛光大辭典 上中下冊》　　佛光出版社，1989 年 2 月三版。

後　記
── 你無法踏進同一條河流兩次

《共舞身心靈》寫完了！

一吐爲快！原來是這樣的感覺。

《共舞身心靈》的內容雖然不見得能夠囊括這二十幾年來的所學、所思、所感、所行的一切知識，但筆者個人曾經碰觸過的重要觀念，差不多都在裡面了。

吐盡胸中塊壘，讓積存多年的知識、觀念、經驗、心得得到一個盡情傾吐的機會，把生命內部清空，讓靈魂更純淨無爲，也是一種靈性的學習與成長罷。吐故與納新，原本就是一體的兩面。

當然，第四道導師葛吉夫曾經說過，真實的知識是很珍貴的，我們要學會保護所擁有的知識，我們要對自己所擁有的知識負責。因此，我盡量做到這一次傾吐是一次很審慎、完整的傾吐，希望能把《共舞身心靈》寫成一本很嚴謹完備的「學術版本」的靈修用書。只是靈修、修行的問題不是任何知識能夠說清楚的，說不清楚的部分，就讓它回歸說不清楚的狀態。這是所有「說道者」所必須具備的基本認識與態度。

　　《共舞身心靈》完稿的時機也有一點特別：筆者花了約十五年的時光全心投入教學工作，十五年間，把正業（學術研究）都擱下了。但很奇妙的，大約在四年前，由於種種因緣，幾乎在同一時間，筆者主要的教學工作及所帶領的幾個修行團體全部都結束了！於是過了四年沉潛、調整、休養、沉澱的歲月，同時利用這段時間重拾研究工作，《共舞身心靈》就是在這段日子裡完成的，算是為這十五年的教學生涯做一個完滿的 ending 罷。

　　那麼，寫完之後呢？下一步呢？不需要有「之後」，也不需要有下一步。寫完了《共舞身心靈》，筆者期許自己能夠充分領悟奧修所說的話：「**你無法踏進同一條河流兩次。**」是的！每一個當下的片刻都是唯一、獨有、無法重來的，在「當下」的生命覺知裡，在「當下」的人生觀裡，所有對未來的計劃都是不必要的；即讓我們展現一個當下全新、全然的自己，從容踏進並且充分享受每一段當下河道獨一無二的似水柔情與無限風光，此願足矣。是為後記。

鄭錠堅
公元 2008 年 7 月 13 日初稿
公元 2009 年 3 月 4 日二稿